Até logo, Dr.,
e por enquanto muito obrigado!

AVVOCA', PER ORA GRAZIE!

Editora Appris Ltda.
1.ª Edição - Copyright© 2024 dos autores
Direitos de Edição Reservados à Editora Appris Ltda.

Nenhuma parte desta obra poderá ser utilizada indevidamente, sem estar de acordo com a Lei nº 9.610/98. Se incorreções forem encontradas, serão de exclusiva responsabilidade de seus organizadores. Foi realizado o Depósito Legal na Fundação Biblioteca Nacional, de acordo com as Leis nºs 10.994, de 14/12/2004, e 12.192, de 14/01/2010.

Catalogação na Fonte
Elaborado por: Dayanne Leal Souza
Bibliotecária CRB 9/2162

C262a
2024
	Caravita di Toritto, Adv. Giuseppe
	    Até logo, Dr., e por enquanto muito obrigado!: Avvoca', per ora grazie! / Adv. Giuseppe Caravita di Toritto ; tradução de Vanise Moura Martins. – 1. ed. – Curitiba: Appris, 2024.
	    319 p. : il. ; 23 cm.
	
	    ISBN 978-65-250-6723-0
	
	    1. História. 2. Vida. 3. Tribunais. 4. Advogados. 5. Juízes. I. Caravita di Toritto, Adv. Giuseppe. II. Martins, Vanise Moura. III. Título.
	
	    CDD – 347.014

Editora e Livraria Appris Ltda.
Av. Manoel Ribas, 2265 – Mercês
Curitiba/PR – CEP: 80810-002
Tel. (41) 3156 - 4731
www.editoraappris.com.br

Printed in Brazil
Impresso no Brasil

Adv. Giuseppe Caravita di Toritto
Vanise Moura Martins

Até logo, Dr.,
E por enquanto muito obrigado!

Avvoca', per ora grazie!

Curitiba, PR
2024

FICHA TÉCNICA

EDITORIAL	Augusto Coelho
	Sara C. de Andrade Coelho

COMITÊ EDITORIAL

- Ana El Achkar (Universo/RJ)
- Andréa Barbosa Gouveia (UFPR)
- Antonio Evangelista de Souza Netto (PUC-SP)
- Belinda Cunha (UFPB)
- Délton Winter de Carvalho (FMP)
- Edson da Silva (UFVJM)
- Eliete Correia dos Santos (UEPB)
- Erineu Foerste (Ufes)
- Fabiano Santos (UERJ-IESP)
- Francinete Fernandes de Sousa (UEPB)
- Francisco Carlos Duarte (PUCPR)
- Francisco de Assis (Fiam-Faam-SP-Brasil)
- Gláucia Figueiredo (UNIPAMPA/ UDELAR)
- Jacques de Lima Ferreira (UNOESC)
- Jean Carlos Gonçalves (UFPR)
- José Wálter Nunes (UnB)
- Junia de Vilhena (PUC-RIO)
- Lucas Mesquita (UNILA)
- Márcia Gonçalves (Unitau)
- Maria Aparecida Barbosa (USP)
- Maria Margarida de Andrade (Umack)
- Marilda A. Behrens (PUCPR)
- Marília Andrade Torales Campos (UFPR)
- Marli Caetano
- Patrícia L. Torres (PUCPR)
- Paula Costa Mosca Macedo (UNIFESP)
- Ramon Blanco (UNILA)
- Roberta Ecleide Kelly (NEPE)
- Roque Ismael da Costa Güllich (UFFS)
- Sergio Gomes (UFRJ)
- Tiago Gagliano Pinto Alberto (PUCPR)
- Toni Reis (UP)
- Valdomiro de Oliveira (UFPR)

SUPERVISORA EDITORIAL	Renata C. Lopes
PRODUÇÃO EDITORIAL	Sabrina Costa
PREPARAÇÃO DE TEXTO	Cláudio Nunes de Morais
REVISÃO	Cláudio Nunes de Morais
	Viviane Maria Maffessoni
DIAGRAMAÇÃO	Bruno Ferreira Nascimento
CAPA	Eneo Lage
REVISÃO DE PROVA	Sabrina Costa

MUITO OBRIGADO AO LEITOR

Dedicatórias do autor

Un rigraziamento particolare alla mia traduttrice, Vanise Moura Martins, che ha magistralmente superato gli scogli di un italiano non accademico ma contaminato da espressioni gergali e dialetto, e che ha messo anima e passione nella traduzione del testo.

Un pensamento especial a mia esposa Angela† com quem dividi alegrias e tristezas nessa vida terrena por longos 20 anos, até que o Senhor a chamou. E um para as minhas três estrelas e filhas Olivetta, Michela e Elena, donas do meu coração.

Giuseppe Caravita di Toritto

✻ ✻ ✻

Dedicatórias da tradutora

Um agradecimento especial ao Pe. Giovanni Cipriani.
À minha filha, Thalita.
Ao meritíssimo juiz Kéops de Vasconcelos Amaral Vieira Pires.
À minha amiga, tradutora, Silvana Frederico.

Vanise Moura Martins

PREFÁCIO

No livro *Até logo, Dr., e por enquanto muito obrigado!*, de autoria do meu amigo e colega Giuseppe Caravita di Toritto, que gentilmente me permitiu dedicar-lhe estas linhas de prefácio, transparece todo o amor do autor pelo exercício da profissão de advogado: a mais linda do mundo! A única capaz de afetar diretamente direitos (e deveres conexos) e a liberdade, ou seja, bens essenciais que sempre foram considerados primordiais para o homem.

Há uma correlação muito estreita entre o exercício da profissão de advogado e o direito inviolável de defesa, garantido em nosso ordenamento jurídico pelo art. 24 da Constituição Italiana, indispensável e fundamental para a função constitucional e social do advogado, que a nova lei de reforma profissional destacou como orientada para a atuação de princípios constitucionais a ponto que a Advocacia há muito clama por uma reforma do estatuto que também sancione formalmente o devido ingresso do advogado na Constituição.

O advogado desempenha funções para garantir o correto exercício da advocacia não só no interesse das partes assistidas, mas também de terceiros e da comunidade e, portanto, para garantir o correto exercício da justiça e as normas da lei do Direito.

A especificidade da função do advogado, a relevância jurídica e social primordial dos direitos e liberdade de que é responsável são evidentes desde o *incipit* do Direito profissional, que:

- Regula a organização e o exercício da profissão e, no interesse público, assegura a idoneidade profissional dos membros para garantir a proteção dos interesses individuais e coletivos sobre os quais atua.
- Garante a independência e autonomia, condições indispensáveis à efetiva defesa e proteção dos direitos.
- Protege a confiança da comunidade e dos assistidos, prescreve a obrigatoriedade da retidão da conduta e o cuidado com a qualidade e eficácia da atuação profissional.
- Promove o ingresso na profissão de advogado e o acesso a ela, em particular das gerações mais jovens, com critérios de valorização do mérito.

Não é por acaso que, para fiscalizar e garantir o exercício da advocacia, foi previsto e regulamentado um regime de direito público de tipo associativo em perfeito respeito pelo princípio da subsidiariedade, pelas Ordens de Advogados circunscritas e distritais e pelo Conselho Nacional dos Advogados, bem como pelo nosso órgão de representação política (a Ordem dos Advogados eleita periodicamente pelo Congresso Nacional dos Advogados: a reunião democrática máxima dos advogados italianos), pelas comissões para a igualdade das oportunidades e pelos conselhos disciplinares distritais.

Para garantir a qualidade dos serviços profissionais, durante o processo da prática forense é aconselhável desenvolver uma cultura jurídica e uma experiência concreta alargada a todos os principais ramos do Direito (e não setoriais): na realidade dos fatos, não há "departamentos entalados" e, de norma, cada setor da ciência pressupõe e utiliza conceitos de outros setores.

A necessidade é que o advogado esteja munido de fundamentos sólidos em todas as principais disciplinas jurídicas e responda às razões óbvias de interesse público e encontre correspondência na circunstância essencial de que nenhum advogado seja impedido de pleitear perante todos os tribunais, causas relativas a uma ou outra disciplina jurídica, de onde vêm a competência, a experiência, o sentido de responsabilidade aliados ao devido respeito pelo código deontológico – com os respectivos cânones de lealdade, honra e diligência – que permitem ao profissional encontrar sozinho o caminho mais adequado aos seus interesses e mais compatível com as aptidões de cada um.

O livro do autor Giuseppe Caravita se enquadra no amplo quadro assim sumariamente delineado, pois, além de ser advogado, é filho e irmão de advogado; e demonstra viver a profissão com um amor visceral e uma paixão que, aliados à sua sensibilidade, lhe permitiram colocar à disposição dos leitores profundos pensamentos e reflexões de forma divertida e irreverente, delineando com maestria e sabedoria os traços humanos, as virtudes e fragilidades dos defensores, magistrados, funcionários administrativos e clientes, ou das várias humanidades que diariamente povoam os nossos tribunais para partilhar o exercício da jurisdição e garantir o exercício de uma função essencial para o Estado, não obstante as questões críticas por todos conhecidas pela ausência de infraestruturas prediais adequadas – e agora também telemática –, meios e pessoal.

Cada leitor, aventurando-se na leitura do texto, poderá reconhecer-se ou reconhecer cenas e situações que presenciou pessoalmente ou que lhe foram contadas em família por aqueles que tiveram o privilégio ou a aventura de lidar com nosso sistema judiciário.

Antonino Galletti

Conselheiro do Conselho Forense Nacional, foi presidente da Ordem dos Advogados de Roma no quadriênio 2019/2022.

SUMÁRIO

1. CARTA A MEU PAI 19
2. AS APARÊNCIAS ENGANAM 20
3. OS CORREDORES DO PALAZZACCIO* 21
4. A CARTA 23
5. UMA PERCEPÇÃO DIFERENTE DO TEMPO 25
6. CLARA, ALFREDO E A RICOTA 27
7. SINGULAR E PLURAL 29
8. O INTERFONE 30
9. CONTO DA TARDE 33
10. SIPISSICHIAVI! 39
11. OLÍMPIA E CAROLEO 43
12. ADVOGADOS E GAIVOTAS 55
13. ADVOGADOS E GATOS PRETOS 59
14. A SECRETÁRIA E O AÇOGUEIRO 62
15. O TRIBUNAL DE QUARK*, UNIVERSO PARALELO 66
16. CARLO, AUTOTRASPORTI 68
17. O AMIGO DE CARLOS 70

18 ADVOGADOS E A PORTA DE VIDRO 71

19 O STATUS QUO DA PROFISSÃO JURÍDICA 73

20 CARTA AO PRESIDENTE DO CONSELHO 74

21 CARO CHANCELER 76

22 O ASSISTENTE DO OFICIAL DE JUSTIÇA 78

23 E, DAQUI A UM ANO, ABENÇOADO AQUELE QUE TEM UM OLHO 80

24 VALZER E ADVOGADOS 81

25 A MACARENA DO ADVOGADO 83

26 A CERTIDÃO DE ÓBITO 84

27 BATISMO DE FOGO 86

28 UM DESPEJO SEM PORTA NÃO PODE SER REALIZADO 88

29 A RECEITA FEDERAL 91

30 A JANELA 94

31 A ZELADORA E O ADVOGADO 95

32 O LOUCO 97

33 O PODEROSO VERSUS ORGASMO 99

34 UM JUIZ PARA O ADVOGADO 100

35 UM ADVOGADO AO JUIZ 102

36 UM ADVOGADO PARA O COLEGA DA CONTRAPARTE 104

37	UM CLIENTE PARA SEU ADVOGADO	105
38	UM ADVOGADO PARA O SEU CLIENTE	106
39	NUNCA ENTRE NA PRISÃO COM SAPATOS NOVOS	109
40	O ASSISTENTE ROMENO	111
41	EU E O MEU CONTADOR	113
42	UMA VEZ DITO FICA DITO	115
43	ORDENS SÃO ORDENS	116
44	13 DE JUNHO DE 1953	118
45	PODE PARAR DE EMPURRAR	121
46	ENVIE-ME O DINHEIRO, IRMÃO	122
47	DIZ QUE TE MANDO EU	124
48	DO OUTRO LADO DA SOMBRA	126
49	O VOCÊ DE COLEGA	128
50	OBRIGADO, ADVOGADO	130
51	TERÇA-FEIRA, 17, GRANDE FIM	133
52	TERÇA-FEIRA, 17	135
53	COLHENDO AZEITONAS	136
54	OS ADVOGADOS VOAM PARA LONGE	137
55	FALAR APENAS UMA LÍNGUA É COMO VER COM UM OLHO SÓ	139

56 QUEM SÃO OS ADVOGADOS..140

57 E CHEGOU O DIA...142

58 TAMBÉM 144

59 BOM TRABALHO, IRMÃOZINHOS 146

60 COMO VOCÊ ME RECONHECEU? 147

61 OS MONSTROS 148

62 O BABÁ DO ADVOGADO 149

63 O FARDO DA DEFESA 150

64 BEM ALI 152

65 COMA 22 153

66 AS TOGAS SÃO USADAS EM PÉ 154

67 TOTÓ, O ADVOGADO E OS RACKS DE CASACO....................156

68 ANTONIO DETTO, TOTÓ E OS MISTÉRIOS DA JUSTIÇA..........158

69 EM BREVE COMEÇAREMOS DE NOVO. 160

70 VAMOS SER PRECISOS, POR FAVOR 161

71 OS ADVOGADOS SÃO MÁGICOS
   (ELES APARECEM, MAS NÃO DESAPARECEM).....................162

72 A CLASSE FORENSE TEM CRÉDITO 163

73 QUINTA-FEIRA, NHOQUE 164

74 ESTIMATIVAS 166

75	VENHA ME BUSCAR	168
76	O SABRE DO ADVOGADO	170
77	A ADVOCACIA FERIDA	172
78	PROCEDIMENTOS	173
79	VAMOS, RAPAZES	174
80	ADVOGADO, ME DEIXE EM PAZ!	175
81	BURACOS NAS ESTRADAS, O ÔNIBUS E O ADVOGADO VAIDOSO	177
82	GRANDE É A FOLHA, ESTREITO É O CAMINHO. FALEM VOCÊS, QUE EU DISSE O QUE TINHA A DIZER. GRANDE TEATRO, A JUSTIÇA, ATO ÚNICO. NÃO SE REPLICA	179
83	OS ROBÔS, A CONSCIÊNCIA ARTIFICIAL, A LEI E AQUELA COISA LINDA CHAMADA LIVRE ARBÍTRIO	182
84	NÃO INSISTA	184
85	OS ADVOGADOS SÃO INÚTEIS	186
86	OS ADVOGADOS MORDEM	188
87	INSTRUÇÕES PARA O MEU CLIENTE	190
88	O ADVOGADO NO SUPERMERCADO	192
89	AS DOZE HORAS MAIS LONGAS DO ADVOGADO XY	194
90	ADVOGADO, LHE DIGO, O DOUTOR ME DÁ MUITA SEGURANÇA	197
91	MAL NÃO FAZER, MEDO NÃO TER. O SILÊNCIO MATA, O CONFRONTO ABRE AS PORTAS DA LIBÉRIA	199

92 O PANAMÁ DOS ADVOGADOS (AQUELES GENTE BOA)...........201

93 DINHEIRO; NÃO AGORA, ADVOGADO,
TENHO MUITAS COISAS PRA PAGAR
SEJAM BEM-VINDOS, COLEGAS,
FAÇAMOS ESSA COISA ESQUISITA QUE NÃO SE PAGA.............203

94 E VOCÊ NÃO ESTÁ MAIS AQUI. PUTA MERDA........................204

95 PAPÉIS E PAPELADAS 206

96 A VERDADE DO PROCESSO 208

97 SEJAMOS PRECISOS, POR FAVOR..210

98 TOGAS ROSA. DEMASIADOS ADVOGADOS 211

99 AQUELES CAPAZES E MERECEDORES, MESMO SEM CONDIÇÕES,
E SE COM MEIOS, ADQUIREM O DIREITO DE ALCANÇAR OS
MAIS ALTOS GRAUS DE ESTUDOS. ARTIGO 32 DA CONSTITUIÇÃO....212

100 ADVOGADOS, ROUPAS LINDAS, LOCAIS E LINHAS DE TELEFONE.. 214

101 ERA UMA VEZ A ADVOCACIA 216

102 COMO EDUCAR O SEU CLIENTE E VIVER FELIZ....................218

103 ADVOGADOS ASSASSINADOS 219

104 UM ADVOGADO QUALQUER...220

105 TRIBUNAL DE QUARK UNIVERSO PARALELO 221

106 DEUS PAGA A TOTTUSU..223

107 O REPRESENTANTE DOS ADVOGADOS
À QUARK UNIVERSO PARALELO 225

108 MEIO-QUILO..227

109 O POEMA DO LOUCO...228

110 BOA NOITE..231

111 TRIBUNAL DE QUARK UNIVERSO PARALELO......................232

112 ADVOGADOS IRRITANTES..233

113 QUEM É? IDENTIFIQUE-SE. QUANDO O DELÍRIO
    ENTRA NO PRETÓRIO..234

114 PROFISSÕES DESAPARECIDAS,
    ADVOGADOS E JOVENS ADVOGADOS...............................236

115 ADVOGADOS E TRAPACEIROS; QUEM COMPLICA O QUÊ........238

116 A NÃO RIQUEZA DOS ADVOGADOS..................................239

117 UMA NOITE SEM FIM..240

118 DEZESSEIS ANOS DE FELICIDADE..................................242

119 A ADVOCACIA É MORTA. OS ADVOGADOS, NÃO..................244

120 ADVOGADOS NO CONGRESSO..246

121 OS ADVOGADOS MORDEM...248

122 O ADVOGADO E O TIGRE...249

123 ADVOGADOS CAPIVARAS..250

124 AS BOLSAS DOS ADVOGADOS E AS ESTRELA DO MAR..........251

125 EU VENDO LIVROS, DIGO BESTEIRAS INÚTEIS
    E FAÇO AQUILO QUE EU QUERO....................................253

126 TODOS À CASA 255

127 O ADVOGADO GARFO 257

128 FALO SOZINHO..258

129 ADVOGADOS, PESSOAS ESQUISITAS
    (OS ADVOGADOS DEVERIAM SER MORTOS QUANDO CRIANÇAS) 259

130 AS FILAS DO TRIBUNAL E AS CUECAS DO VOVÔ 260

131 OS DOIS FUNERAIS DO ADVOGADO DO ESTADO....................261

132 TIA ROSA E O CUTELO..263

133 ADVOGADOS E GARRAFAS. NÃO HÁ MAIS MORAL, CONDESSA 264

134 VINTE E SETE JANTARES DE NATAL NA CASA DA MAMÃE 266

135 FRANCESCO SAVERIO NA SUA TORRE DE MARFIM................267

136 NINI, QUE NÃO SABIA DIRIGIR E ESTAVA CHEIA DE PROBLEMAS,
    ENTUSIASMO, AMOR E IDEAIS 269

137 A CERTEZA JURÍDICA E AS PROVAS TESTE 271

138 AMOR NO TEMPO DOS ADVOGADOS 272

139 MAIS UM ANO SE FOI 274

140 SEM SALÁRIO, SEM HORAS, E SEM CHEFES 277

141 RAÇAS DE HOMENS 279

142 OS PLÁTANOS DA AVENIDA JULIO CÉSARE 280

143 RELATÓRIO 281

144 EU SEI FAZER ISSO...283

145 UM DOS DUZENTOS E CINQUENTA MIL............................284

146 ATÉ LOGO, DR., E POR ENQUANTO... MUITO OBRIGADO!........285

147 PALAZZACCIO...286

148 O NOSSO GRAN PAVESE...287

149 UM CORPO SEM CABEÇA..289

150 PEQUENAS LÁGRIMAS INVISÍVEIS................................291

151 ITALIANO JURÍDICO..292

152 DINHEIRO, NÃO FÉ...294

153 OS LOUCOS SOMOS NÓS..296

154 TRIBUNAL DE QUARK UNIVERSO PARALELO......................298

155 A PAINEIRA...300

156 POIS É, QUERIDA SENHORA, ADEUS
   (E ASSIM MORRE UM ADVOGADO)..................................301

157 A TIA MALUQUINHA...302

158 DE VOLTA AO NOVO MUNDO......................................305

159 DEDICADO AOS ADVOGADOS ROMANOS..........................307

160 TIA EDWIRGES..309

161 AS CRIANÇAS E SUAS PERGUNTAS INFINITAS.....................311

162 E VAI À PQP ESSE 2023...312

163 O ADVOGADO XXXX E YYYY 314

164 VAI SE FUDER... 316

165 JURIDIQUÊS 318

1

CARTA A MEU PAI

    Querido pai, que está lá em cima, no céu, com a mamãe e meus avós, bisavós e todos os tataravós, todos advogados, gostaria de dizer isto a vocês: eu também sou um advogado, como você queria e como eu não queria. Eu teria feito outras coisas, você sabe melhor do que eu, porque quando jovem você teria realizado outras coisas também. Teria escrito, pintado, teria partido como marinheiro. Maldito o senso do dever. Bem-aventurados os olhos das mulheres que nos enfeitiçaram, nos casaram e nos fizeram ter filhos. Sentido do dever e dos filhos, o mesmo que dizer adeus aos livros, pincéis, navios e sonhos de piratas. Abaixo os códigos, e o traseiro na cadeira, e as preocupações. Continuei lidando com as causas e os procedimentos que começavam e nunca acabavam, e iam aumentando à medida que nasciam novas rugas no meu rosto, eu e só você, sabíamos então que era o rosto de um menino que sonhava em ser pirata, ou um policial, ou um bombeiro, tudo, menos exercitar essa profissão que arranha a sua alma. Quantas reformas dos códigos vimos, você e eu? Eu teria feito outra coisa, talvez… Eu teria sido um escrivão em um ministério, ou um gerente de alguma empresa. Claro, eu deveria ter dito muitos "Sim Senhor", mas todos os meses eu teria o estômago cheio. Claro, eu não poderia ter mandado para o diabo quem eu queria, mas no verão de agosto eu teria ficado tranquilo nas férias. Mas não pai, estou aqui, puxando a carroça, e às vezes é muito difícil explicar para a família por que um bom advogado é muito mais pobre que um açougueiro, com todo o respeito pelos açougueiros. No entanto, quando vejo o vazio por trás dos olhos de quem tem apenas a bunda para colocar em um carrinho de brinquedo, fico feliz por não ter um tostão, mas com um cérebro que funciona. Quando no dia a dia consigo me manter em posição ereta com dignidade, talvez porque seja mais fácil sem o peso do dinheiro no bolso, fico feliz por ser advogado e por saber falar com todos, pobres e ricos, bonitos e feios. Então, eu me pergunto se o Sr. já tinha entendido que eu seria um bom advogado, ou se o Sr. partiu para o céu com essa questão ainda sem resposta. Portanto, respondo-lhe: parece que sim, pai, parece que sou um bom advogado. Assim me dizem muitas pessoas. E, quando me sento atrás da minha escrivaninha, parece-me que não poderia ter feito outra coisa na vida. Sério, pai. Obrigado. Seu filho não poderia ter feito outra coisa na vida. De verdade, Pai. Obrigado.

    Seu filho Giuseppe.

2
AS APARÊNCIAS ENGANAM

Cheguei ao escritório muito cedo, pouco depois das seis da manhã. Tenho muitos papéis para preparar e de manhãzinha sou mais concentrado. Estacionei e dei uma volta antes de entrar. Tinha uma velhinha sentada em um muro baixo, tinha algumas bolsas perto dela. Olho para ela e então olho para a calçada. Fico alarmado imediatamente. Um homem grande de terno, a barba sem fazer de uns dois dias, brinco e um sorriso esquisito no rosto, atravessa a rua e segue em direção à velhinha. Eu me aproximo preocupado, mas ainda estou muito longe. O grandalhão chega a um metro da velha, ele está agachado na sua frente com as mãos estendidas, então ele segura as mãos da velhinha... estou prestes a começar a correr, poucos metros, serão dez, não mais, e eu consigo intervir. O grandalhão se ajoelha segurando as mãos da velhinha; a velha retira as mãos e as põe na cabeça do grandalhão:

– Mariozão meu, você tem sido bom?

– Sim, vovó, mas a prisão é um lugar muito feio...pensei muito em você, sabe...?

– Mariozão, vamos ao cemitério ver seu pai e sua mãe...

– Sou um intruso, e me afasto em silêncio...

3
OS CORREDORES DO PALAZZACCIO*

Os corredores do Palazzaccio, o grande palácio de travertino da Suprema Corte de Cassação, são corredores imensos com grandes janelas: são largos, dez metros de largura, pelo menos 20 metros de altura, muito longos, às vezes angustiantes, porque você anda e parece que não consegue nunca chegar a lugar nenhum. Ocasionalmente, portas pequenas revelam uma fuga de corredores, ou portas grandes como as de um prédio de apartamentos no bairro de Prati se abrem para escadas que sobem e descem. Alguns funcionários aparecem e desaparecem nos corredores laterais, empurrando carrinhos cheios de pastas.

Lembro-me de um drama de Ugo Betti, em que um escriturário que trabalha no arquivo de processos definidos diz:

– Sou o coveiro. Este – batendo no carrinho carregado de pastas – é o carro funerário, e estes são os cadáveres. Ele mostra os arquivos. E então continua:

– Quando penso na quantidade de suor, dinheiro e suspiros contidos até mesmo nas cartas mais estúpidas que compõem o menor desses arquivos! Colamos um número neles, gravamos em um grande livro bonito, e as pessoas fingem acreditar que tudo isso continua importante *per omnia saecula saeculorum*, e sempre podemos encontrar o fio de tudo... E então, antes mesmo dos ratos, são os próprios interessados a esquecer...

Nos corredores do Palazzaccio, nestes grandes e enormes corredores onde nos sentimos sós e perdidos, e pequenos perante a imensidão da justiça e dos seus mistérios, o sol penetra pelas enormes janelas: como num imenso pórtico, com arcos altíssimos fechadas por verdadeiras e próprias janelas. Às vezes, o sol entra lateralmente e desenha quatro grandes quadrados de luz no chão, que correspondem à divisão das janelas nas mesmas repartições do vidro. E então os raios de sol entram em um ângulo, e são perfeitamente visíveis no leve crepúsculo do corredor, e terminam, como eu disse, contra o chão.

Outro dia, em um desses quadrados de luz, um homem estava parado em uma cadeira de rodas de inválido.

Aproximo-me lentamente (com um andar elegante). Ele parece estar dormindo, e a única nota de cor é um lenço vermelho que usa no pescoço: a cadeira de rodas é escura, o vestido é preto, uma bolsa preta pendurada atrás da cadeira de rodas, o cabelo da cabeça inclinado para a frente é preto. Só o lenço vermelho se destaca no quadrado desenhado pelo sol, e esses raios tornam-no ainda mais vermelhos e vivos, quase a única coisa animada.

Olho para este homem com a cabeça baixa. "Ele está dormindo", digo a mim mesmo, a cada passo que me leva inexoravelmente em sua direção. E já vejo um pedaço de papel dependurado e torto em minhas mãos, e minha cabeça inclinada para a frente. A curiosidade me faz correr para passar por ele e depois me virar para olhá-lo no rosto.

Já quase cheguei à altura da cadeira de rodas e de seu hóspede parado no quadrado ensolarado: praticamente cheguei à esquina do corredor (porque em cada andar este enorme corredor contorna todo o edifício, e com quatro ângulos retos completa toda a curva do perímetro).

Nesse momento, um grupo de pessoas interrompe a cena. O que há de estranho nisso? Por que isso chama a minha atenção ainda mais do que o homem na cadeira de rodas com seu lenço vermelho? Gesticulam, ou melhor, avançam em semicírculo em torno de uma figura central, gesticulando... Todos olham para ele com atenção e, a uma dada altura, todos caem na gargalhada. Na verdade, não, eles não desatam a rir. Todos riem, mas sem fazer barulho. E no final entendo: é um grupo de surdos mudos, eles se falam com a linguagem dos gestos, e com o linguajar dos gestos o personagem do centro do grupo contou uma piada. Todos riram, em perfeito silêncio.

É uma cena surreal. Eu me sinto perdido, em uma viagem mediante o desconhecido. O escritório de chancelaria que estou tentando alcançar está a anos-luz de distância. O grupo de surdos e mudos subiu uma escada lateral e desapareceu silenciosamente, enquanto os índios de pele vermelha da minha infância que se moviam, silenciosamente atacavam.

Meu único contato com a realidade agora é o rosto do homem na cadeira de rodas. Preciso vê-lo. Desvio o olhar de onde o grupo silencioso da piada silenciosa de repente se materializou e me volto.

Mas o homem acordou, virou sua cadeira de rodas e está se afastando exatamente na direção oposta. Nada sobrou no quadrado ensolarado: apenas o lenço vermelho caído da cadeira de rodas conforme ela se afasta e rasteja pelo chão seguindo seu proprietário.

4

A CARTA

— Advogado Caravilha?

— Caravita, por favor. Sou eu mesmo. Pode falar...

— Ouça, o Sr. escreveu uma carta que era para o meu marido, eu abri, só que meu marido morreu há três dias, e agora como é que fica? Porque eu abri a carta, cabe a mim responder por ela?

— Senhora, sinto muito pelo seu marido, mas se a Sra. me disser o nome dele, talvez eu consiga entender ....

— Escuta, meu marido estava doente há dez anos. Onde ele está agora é melhor do que aqui na Terra, e eu também estou melhor agora, porque antes ele me dava muito trabalho, meu filho... Posso te chamar de filho, né? Que o Sr. tem uma voz que parece a de um rapaz...

— Querida Sra., eu tenho sessenta anos. Por favor, como a Sra. se chama?

— Ouça, o Dr. tem mesmo a voz de um menino, mas o que eu queria saber mesmo é como é que fica agora que eu abri a carta... Não é que eu poderia devolver a carta pro Sr.?

— Querida Sra., se a senhora me disser o nome do seu marido, talvez eu possa respondê-la, mas pela carta, eu lhe digo que não, a senhora não pode em hipótese alguma me mandar a carta de volta, isso não tem cabimento.

— Mas se meu marido morreu, meu filho, eu o que é que eu tenho a fazer com o Senhor?

— Sra. bela, por favor, como se chamava o seu marido? O que é que está escrito nessa carta?

— Ah, mas isso é muito bonito, meu jovem, o Dr. me manda uma carta e depois quer saber de mim o que foi que me escreveu?

— Olha Sra., faça do jeito que a Sra. quiser ... Eu não sei mais o que lhe dizer...

— Então vamos ficar assim: vou devolver a carta pro Sr., o Dr. relê a carta com calma, e, quando se lembrar do que queria, então me chama de volta; tá bom assim?

— Olha, minha Sra., a Sra. não bate bem da bola...

– É, eu sei, meu filho, agora você me comove, é a mesma coisa que meu bondoso marido sempre me dizia, e depois me falava: "Mas eu te amo do mesmo jeito...

5

UMA PERCEPÇÃO DIFERENTE DO TEMPO

Dois cafés no balcão, um para cada fulano que passa, depois, dois *croissants*.

Quanto tempo leva o caixa para realizar esse pagamento? 30 segundos, 40? E não, meus queridos, assim é muito fácil.

O velho cômico fica na frente do balcão e o bloqueia. Após extenuantes moinhas com a sua hóspede, – eu pago – não, pago eu... deixe estar; – pago eu. E aí se inicia um teatrinho absurdo.

– Então, eu pago dois cafés que tomamos, eu e essa linda senhora, que é minha convidada... Viu que no final fui eu que paguei... Então eu... tenho que pagar por um café que a gente não consome imediatamente, porque aí o Dr. Fulano passa, sabe? Aquele de bigode... Não, ele não tem bigode; como se chama o do bigode? Caio? Não, Caio não passa, passa o Fulano, me parece que ele tem uma barba ruiva. Vermelha, né? Loira, você fala? Enfim, ele tem uma barba, este doutor, que quando passa te diz|: – por acaso o Rômulo deixou meu café pago? – Rômulo sou eu, linda senhora, e eu quero muito oferecer esse café ao doutor, que ele é ótimo, ele cuidou de mim tão bem e da santa alma de minha mulher, pobre estrela que está lá no céu... Portanto, então são dois cafés que tomamos no balcão e um para o Dr. Fulano, temos dito: depois pago também dois *croissants*; aqueles ali são quitutes, mas um tem geleia: por acaso custa mais? Não? Custa o mesmo? Ai, que legal! Não... porque achei que custava mais...

Nesse momento, o velho absurdo enfia a mão no bolso, tira uma sacolinha com um punhado de moedas e as despeja no balcão. – Aqui, Sra., conta a senhora mesma... E de repente desaparece. Para onde foi? Claro, ele se abaixou para pegar uma moeda que caiu no chão. Ofegante, ficou até vermelho; com os dedos persegue a moeda, que se move como se estivesse viva. Ele volta a subir, vira-se, olha para mim e diz: – Um minutinho só, por favor, tá? Estamos acabando, só mais um momentinho...

Começa a contar as moedinhas: são todas de dez centavos. Até que chega enfim ao total, pega todas na mão e começa a chamá-las uma por uma novamente.

A caixeira, impassível, continua a mascar o seu chiclete. A fila do caixa se cruza com a fila do balcão de café. É um bar pequeno, um quiosque de hospital. O único de terno e gravata, que está irrequieto e apressado, sou eu.

Os outros são todos senhores idosos (na verdade, não, eu sou idoso, estes são mesmo velhinhos), todos de roupão e chinelos, fugiram de suas enfermarias para uma pausa para o café. A percepção do tempo e seu fluxo são obviamente diferentes. Com certeza o meu não é deles, não o do velho que acaba triunfante por dizer – tá aqui, 4 reais e 80 centavos. Em seguida, ele faz um gesto errado, encostasse à caixa registradora, perde o equilíbrio e joga todas as moedas no chão. Ele se abaixa mais uma vez: aproveito para colocar meu dinheiro na caixa: pago um café, senhora.

A caixeira pega a moeda, faz o recibo, passa para mim: ela não parou de mastigar o seu chiclete.

Debaixo do balcão, o velho bufa, recolhe duas moedas e deixa cair três. Não tenho tempo para saber como vai terminar. A fila do caixa e a fila do balcão são agora um nó indissolúvel.

6

CLARA, ALFREDO E A RICOTA

No chão do pátio há uma pilha de trapos que se mexem lentamente. Não, não são trapos, são roupas: um casaco, uma saia. Merda, ela é uma mulher com o rosto virado para baixo, fazendo movimentos estranhos. Saio correndo do carro e bloqueio outro que, manobrando, está prestes a passar por cima da pilha de roupas.

– Senhora, senhora, vamos, estou aqui, eis-me aqui, não se preocupe.

– Deus! Oh, Deus, que dor!

– Como se chama, senhora?

– Clara...

– Clara, a senhora bateu a cabeça?

– Não, não me parece. Estou confusa, mas estou bem.

– Espere que eu a vire. Me dê a mão, por favor.

O senhor que estava prestes a passar por cima da pilha de roupas saltou e olhou com curiosidade. Quando lhe peço ajuda, ele levanta os olhos rapidamente e começa a acompanhar a evolução de um pombo. Espero que cague na sua cabeça, eu penso.

– Alguém me dá uma mão e nós viramos a senhora? Ela caiu sobre uma vasilha de ricota que havia acabado de comprar.

– Era para o meu marido, fico muito sentida.

– Senhora, pensamos na ricota mais tarde. Como a senhora está? Algo está lhe machucando? Espere um minuto, antes de se levantar, esperamos um segundo e então lentamente a levantamos, está bom?

– Resumindo, fiquei sabendo que a senhora fez uma cirurgia nas rótulas, tem dificuldade de locomoção, caiu de cara para a frente porque tropeçou em um paralelepípedo que estava fora do lugar e não conseguia nem se virar.

– Eu estava aqui com o meu marido, ele deve estar preocupado...

– Espere, senhora, agora a levantamos devagar. Com licença, senhor (me dirijo àquele que está olhando para o pombo), podemos sentar a senhora em seu carro por um momento? (O meu está cheio de coisas, senão eu não teria pedido algo assim, ao curioso por pombos.)

Ele bufa, abre a porta, mas você pode ver que ele faz isso porque simplesmente não consegue dizer não. Com a senhora sentada, continuamos com as perguntas:

– Clara, como está se sentindo? Quer que chamemos uma ambulância?

– Não, deixa eu ir para casa, tenho que preparar o almoço para o meu marido, o meu pobre marido, ele tem que comer no horário certo, é um homem muito regular.

Ela se vira para o observador de pombos, aquele que poucos minutos antes estava prestes a passar por cima dela, que entretanto se sentou ao volante, e olha fixamente para a frente.

– Vamos, Alfrè?

Alfredo bufa, liga o carro e eles saem: incrível! O que ia passar por cima da senhora, que fingiu que nada acontecia e começou a olhar o pombo voar, que bufou quando eu pedi para sentar a senhora no carro por um minuto, era nada mais nada menos que o marido.

Fico ali parado, como um idiota, com um pouco de ricota nas mãos, enquanto vejo Clara e Alfredo irem embora.

7

SINGULAR E PLURAL

– Advogado, me diz o velho, pensativo: – Quando *adispois* eu apusentar, eu de *camion*, ó, nunca mais vou quer asaber!

– Samuer, respondo, eu estudei, eu falo mais de uma língua, eu entendo até o "adispois". Mas você sabe o que eu não estou te entendendo? Os *camion*. O que é que quer dizer *i camions*, Samuer?

– Ué, eu fico espantado, Dr. advogado, retruca o velho, com uma sobrancelha erguida, "e olha que o Sr. me conhece faz muito tempo. Comecei com um *camion*, só um *camion*, faço caminhoneiro, e hoje de *camion* eu tenho três, acabei com a minha cacunda... e agora o Sr. me vem apirguntar o que é que é um *camion*?

– Cê tem razão, Samuer, tô ficando meio bocó, um *camion*, dois *camions*... como é que eu pude fazer uma pergunta estúpida assim?

– Feliz Natal, advogado.

– Feliz Natal, Samuer.

8

O INTERFONE

O advogado Peppino Lanza deixou seu escritório em Chiaia, em Nápoles, no início da manhã. Ele havia comprado um carro: não o carro novo, mas o primeiro carro de todos os tempos. Eram os anos 60, a guerra já era uma lembrança ruim, o bem-estar havia atingido muitas pessoas. Peppino entrou em seu Fiat 1100, com a caixa de câmbio ao volante, e se aventurou a Roma: precisava discutir um recurso no Supremo Tribunal Federal.

Era julho. O sol acabava de aparecer no céu e já estava claro que seria um dia muito quente.

*****

O advogado Francesco Caravita, Cicio para os amigos, Ciccillo para os próprios amigos, acabava de receber os instaladores de interfone em casa.

O interfone era uma grande diabrura: parecia um telefone pendurado na parede, mas na realidade servia para se comunicar com quem estava no portão da casa.

Chega de gritos e assobios de baixo para cima, disse o administrador. E a assembleia do condomínio ficou paralisada: esta é uma casa senhoril no bairro de Parioli, estamos na via Archimedes (soletrando as sílabas e acompanhando cada sibilo com um toque rápido da ponta do elegante sapato de crocodilo) – Você sabe que ninguém nunca "assobiou"? – disse a viúva do general Petrônio com um silvo, encolhendo os ombros como se ele fosse o general ressuscitado.

O administrador, com uma reverência imediata e um golpe de gênio igualmente imediato, desculpou-se e disse: – Chega de porteiros subindo e descendo as escadas.

A ideia de poder manter longe de suas portas o enorme Guido, porteiro do prédio, que subia e descia correndo escada abaixo, espremido em seu uniforme cinza (um do seu tamanho não havia sido encontrado, é claro, e foi excluído com prioridade que poderia ter sido feito por um alfaiate), levou à rápida aprovação da resolução.

E naquele dia de julho os instaladores montaram a diabólica engenhoca. O sol no céu continuava a subir.

* * * * *

Peppino Lanza, pequeno, mas de voz estrondosa, tinha tido uma grande discussão no Tribunal de Cassação. Pelo menos era o que pensava o seu cliente, que foi de propósito ao Palazzaccio para ouvir seu advogado falar sobre a sua história. Ficou perdido entre os grandes corredores do tribunal, e se assustou quando um pombo, entrou por uma janela, voou por grande parte do seu mesmo itinerário, voando sobre sua cabeça antes de sair por uma outra janela (e janela, por assim dizer, eram enormes vitrais); havia entrado ofegante na enorme sala onde seu advogado, de toga e diante de três velhos juízes, o silenciou com um gesto peremptório antes que ele pudesse pensar em falar, sentou-se e viu encantado o seu pequeno advogado, que parecia ir crescendo cada vez mais até atingir dimensões incríveis no momento culminante do seu discurso: – É por isso que se diz que são os gigantes da lei, pensou.

– Advogado, vamos comer, eu o convido para um almoço. Mas Peppino disse não: já era tarde, quase duas e meia, ele queria ir para casa, e primeiro queria ir ao seu grande amigo Ciccillo, para cumprimentá-lo e mostrar-lhe o carro.

Francesco Caravita, Cicio para seus amigos, Ciccillo para os pouquíssimos amigos íntimos que podiam ter a confidência, tinha trabalhado durante toda a manhã, aprimorando atos legais, escrevendo minutas que sua esposa datilografaria depois (nem Ciccillo nem Peppino poderiam imaginar que um dia viriam os computadores e as tarefas de trabalho seriam exercidas entre as minutas e a sala de máquinas). Um bom advogado não tinha *iPad*, tinha uma Montblanc, a Rolls-Royce das canetas-tinteiro.

Depois, ele teria comido com sua família, questionado seus quatro filhos sobre os eventos da escola, repreendido um e preparado o outro.

E finalmente chegou a esperada hora, aquela hora em que qualquer advogado, nos anos 60, se dedicava ao "cochilo".

Estava quente, muito quente. O sol no céu era uma bola de fogo.

* * * * *

Peppino Lanza parou o carro novo exatamente em frente ao número 171 da rua Archimedes: era a década de 1960, os carros podiam ser contados nos dedos de uma mão, não havia problemas de estacionamento. Ele saltou, viu a placa do interfone e percebeu imediatamente que Ciccillo também tinha algo novo para contrastar com seu carro novo.

Ele procurou pelo nome Caravita e tocou a campainha uma, duas, três vezes.

Ciccillo acordou sobressaltado. A casa estava envolta da escuridão, as persianas estavam fechadas, todos cochilavam. É difícil entender agora, mas uma tarde de verão há 50 anos, sem computadores, celulares, televisores, era algo quase sagrado, um momento mágico de suspensão temporal.

– O telefone, o interfone, ele murmurou, e se arrastou até a porta da frente. Ele pegou o fone e disse: – Olá, olá, Ciccillo, sou Peppino, estou aqui em Roma, discuti na Suprema Corte, com enorme sucesso.

– Que coisa linda, Peppino, eu estava dormindo, mas quando você estiver em Roma tem que vir me ver. Me liga mais tarde.

– Ciccillo... Click.

O advogado Ciccillo Caravita confundiu o interfone com o telefone, conduziu a conversa como se fosse um telefone e não um interfone, desligou convencido de que falara ao telefone e voltou a dormir.

Peppino Lanza, advogado do Fórum de Nápoles, um dos poucos amigos íntimos que poderia chamar Caravita com o diminuto Ciccillo, compreendeu imediatamente: voltou para o carro e retornou a Nápoles.

Ele explicaria a Ciccillo o que acontecera na próxima conversa telefônica, a distância de segurança.

9

CONTO DA TARDE

Flaminio Macaluso Lepore, advogado, atendia no seu escritório com zelo e empenho. Desceu de seus aposentos do andar nobre do Palácio Macaluso, não muito longe dos bairros, ao escritório que sua irmã, Carolina, de uma beleza tristemente murcha, havia montado para ele no primeiro andar, no mesmo andar onde ficavam os quartos dos empregados, a cozinha e a sala de jantar. Móveis escuros, iluminados por raios de tecido vermelho, impressão cinza, papel de parede nas paredes, cadeiras justapostas a mesas cheias de papéis e arquivos.

Flaminio e Carolina esperaram pacientemente que a marquesa Macaluso Lepore, a mãe, decidisse entregar sua alma ao Senhor, antes de pensar num possível casamento.

Mas a marquesa estendeu sua vida terrena até a madura idade de cem anos e só voltou para a casa do pai depois dos últimos três anos de demência senil de tal magnitude que terminou de branquear os cabelos já grisalhos de Carolina.

A possibilidade de um casamento foi, portanto, primeiro colocada de lado, e depois definitivamente colocada de lado: eles, desse modo, viviam juntos, entediados como dois bons irmãos.

À noite Carolina bordava e Flaminio lia. Em seguida, eles se retiravam a seus quartos, onde, por muito tempo buscaram o sono e o esquecimento.

Só nas quintas-feiras Flaminio ia uma noite ao clube, que terminava sempre às 10h30min em ponto. Em qualquer caso, às 11h00, todas as quintas-feiras e em qualquer caso, o advogado Macaluso Lepore estava na sua cama. O imenso cansaço de ser filho da marquesa havia encontrado um único consolo, a comida, por isso o seu belo rosto meridional dominava um corpo arredondado. Era, no entanto, um advogado elegante, embora mais redondo do que comprido, e quando se sentava atrás de sua mesa a atenção de seus interlocutores era atraída mais pelo olhar ainda flamejante do que pela redondeza física.

A comida que ao longo dos anos consolou o advogado foi, sem medo de negar, a massa seca: macarrão, os zitos, Pacchero de Gragnano, espaguete de guitarra, Estrozzapreti ou Maltagliati, Nhoque, as massas revestidas e temperadas e aquelas ao forno, a lasanha era a sua paixão. Ocasionalmente, o advogado se permitia uma incursão no mundo do arroz, mas só quando o era disponível o Sartù, ou seja, aquela gigantesca panela de arroz temperada com abundante molho de carne e recheada com ovos cozidos, salame de Secondigliano, almôndegas, queijo scamorza e, em seguida, recheado para dourar no forno.

Carolina entregou-se a essa paixão do advogado e dedicou as manhãs à preparação dos primeiros pratos e condimentos adequados: nenhum dos criados foi admitido por Carolina no seu reino indiscutível e caótico.

As torneiras nunca eram fechadas corretamente e um fio d'água escorria pela bacia, que estava sempre cheia de panelas e pratos. Panelas, frigideiras e telhas já usados estavam empilhados na pia. As panelas e frigideiras eram velhas, usadas inacreditavelmente, mas transmitiam um sinal preciso:

– O molho, feito de molho de carne, é bom porque o usamos nós. Nenhuma panela nova poderia dar o sabor antigo e sempre presente aos seus pratos.

Na gaveta de talheres havia uma faca antiga, agora impossível de fechar, com a lâmina afiada tantas vezes, que estava agora quase cortada pela metade. Carolina sempre a usava para os seus condimentos. As cerâmicas das paredes eram sempre decoradas com esboços do molho que ferveu por horas e horas.

Daquela cozinha saíam os pratos que deliciavam e engordavam o advogado Flaminio Macaluso Lepore, que, no entanto, tinha uma paixão secreta, que o fazia sentir-se um conspirador, um criminoso habitual, um daqueles malandros que ocasionalmente terminavam no seu escritório e, batendo no seu peito enquanto proclamavam sua inocência, piscavam com olhos astutos e vivos.

*****

Lá está ele, um vigarista, sentado em frente a ele, cartas na mão. E Macaluso Lepore já se apalpava, porque aquela nomeação teria adiado a alegria secreta que o seu vício indizível tantas vezes lhe proporcionava, pelo menos uma vez por semana.

– Diga-me! – ele ordenou ao modesto homenzinho que ficava girando o pedaço de papel em suas mãos.

– Eis-me Aqui, advogado, quis dizer, queria saber, enfim, o senhor me deve dizer...

– Vamos, vamos, o que é toda essa confusão? Vá direto ao ponto.

– Advogado, um morto pode ser expulso de casa?

– Ouça, lindeza, mas você realmente tinha que vir aqui hoje para chiar? Façamos uma coisa, enquanto chamo a polícia, você tem sempre tempo de ir embora ...

Macaluso Lepore pegou o telefone e começou a girar o disco de composição.

– Advogado, este é o contrato de aluguel, este é o de despejo e esta é a minha certidão de óbito. O que podemos fazer?

Sem querer, Macaluso Lepore deu por si com as cartas na mão: e entre elas estava uma certidão de óbito.

– O que você está dizendo?

– Isso, advogado, é um artigo de jornal sobre o meu caso!

TREM INVESTE CONTRA CARRO FÚNEBRE: E O IMPACTO RESSUSCITA O MORTO

Incrível, mas é verdade. Cesco Cannavacciuolo, pobre diabo de uma aldeia vesuviana, que morreu com o coração partido após a chegada do oficial de justiça que queria despejá-lo, foi ressuscitado enquanto o levavam ao cemitério. – Não é impossível. É muito raro, mas não é cientificamente impossível – assim afirmou o médico legista nomeado para o caso pelo magistrado local. – A parada cardíaca causa morte aparente e o choque severo reativa as funções vitais. Agora, se considerarmos a forma do acidente...

Na verdade, o caixão do pobre homem fora carregado sem flores e sem seguidores no carro funerário municipal que se dirigia às pressas ao cemitério para um enterro rápido. No cruzamento com a passagem de nível autônoma com a Ferrovia Circo Vesuviana, que não foi fechada por responsabilidade ainda a ser apurada, o vagão engatou os trilhos no momento da chegada do trem. O caixão foi jogado para alto e, caindo no chão, ele se abriu. Numerosas testemunhas oculares relatam que o corpo rolou e foi sacudido por um tremor cada vez mais forte.

– Jesus! – gritaram os espectadores. – Jesus, José e Maria! Cesco respondeu, a certa altura, o corpo ressuscitado. Em meio aos gritos de terror, veio a polícia. Os diligentes funcionários só puderam verificar se o falecido havia ressuscitado.

Cesco Cannavacciuolo foi transportado com urgência para o hospital local, onde foi carinhosamente acolhido e cuidado pelas Irmãs do Coração Trespassado de Jesus.

– Advogado, Cesco Cannavacciuolo sou eu, e esta é a minha certidão de óbito, a encontrei ao lado da ordem de despejo no bolso da minha ação de morte porque ninguém havia me reivindicado. Agora a minha pergunta é a seguinte: se estou morto, mas eu também estou vivo, como me botam para fora de casa? Porque quando eu morri, antes de ressuscitar, o oficial jurídico ficou com tanto medo, que não terminou o ato. E, assim, segundo os policiais que me mandaram para o hospital, eles não podem mais me expulsar.

– Jesus, que tipo de pergunta você está me fazendo, Cannavacciuolo, e eu não posso te responder na hora. E esse é um caso que tenho que estudar, é uma pergunta importante, acabaremos por ser publicados no Foro de Campano, talvez possamos até chegar ao Digesto, ou seja, à Enciclopédia do Direito. Preciso estudar o assunto. Preciso estudar, concentrar-me de energia. Xô, ordeno, saia, volte daqui a três dias com outra ressurreição certamente mais importante e te direi o que devemos fazer.

* * * * *

Caso se quisesse criticar Rosinella, a jovem que trabalhava como empregada doméstica na casa do marquês Macaluso Lepore, dir-se-ia que a penugem debaixo do seu nariz era bastante visível. Ou, para ser exigente, que as sobrancelhas alongadas em um belo arco acima dos olhos esplêndidos se juntavam ali também por um excesso de cabelo. Mas então você teve que parar, porque nada mais poderia ser dito. Rosinella era pequena e comprimida como um pêssego ainda por amadurecer, e tinha a pele de um pêssego e talvez, também, como dissemos, a penugem. Uma pequena obra-prima de agilidade e graça, uma beleza inconsciente de Irpinia. Seu pai a havia entregado à marquesa, que a amava como uma marquesa pode amar uma donzela, ensinou-lhe algumas coisas, arranjou um pequeno quarto para ela e até se lembrou disso, na hora da partida, com um pequeno testamento, tão pequeno, que ninguém ficou chateado, mas isso fez Rosinella se sentir como se tivesse ganhado na loteria.

Rosinella tinha casa e comida, e durante seus 18 anos sem educação, sem arte ou parte, ela teve uma grande fortuna. Trabalhou com serenidade e alegria, e nas quintas-feiras à tarde e todos os domingos passeava com as amigas, esperando o verdadeiro amor que a levaria aos bares que estavam construindo nos arredores de Nápoles.

Frequentemente, e de bom grado, ela esquecia o botão de uma camisa aberta. Frequentemente e de bom grado os olhos do advogado Macaluso caíam sobre a linha do couro cabeludo imaturo do seio, e muitas vezes Dona Carolina fazia um gesto imperioso com a mão rápida, que significava "Feche!".

Rosinella arrumou a sala de jantar, limpou a cozinha e fechou a geladeira, com a massa que sobrou do almoço (que, com a modernidade, havia entrado no palácio há alguns meses): Paccheri de Gragnano, com molho de carne.

Em seguida, foi para o quarto perto da cozinha para dormir uma hora, conforme o costume da casa e seu contrato consentiam.

Fazia calor e ela desabotoou a camisa inteira antes de cair no sono profundo dos jovens.

* * * * *

O advogado Macaluso Lepore, conhecido como Cannavacciuolo, demorou um pouco a pensar, dividido entre a ideia de o seu vício, o chamando e estimulando-o, e uma consideração que acabara de lhe ocorrer.

Mas você vê como é a vida e como é a morte, pensou Macaluso. Ainda esta manhã, o Procurador-Geral da Corte de Apelações havia transformado a reconstrução de um coral e uma tragédia quente em uma linguagem burocrática e distante.

Pasquale Zimmeri, conhecido como Pascal ou "gato", não se sabe se porque ele caminhava silenciosamente e astutamente ou porque tinha sete vidas como os gatos; foi assassinado na praça de sua aldeia, onde todos sabiam o que iria acontecer. O julgamento desenvolveu-se em primeiro grau e depois o recurso final do procurador pôs fim ao fluxo de sentimentos.

Aqui está como ele descreveu a cena: O Zimmeri, descendo de sua bicicleta, foi desenhado a partir de três fotos.

E eis o que realmente aconteceu: Pascal ou o "gato", amado por muitas mulheres e odiado por muitos homens, havia chegado na praça, onde teve que se encontrar com Vincenzo Petra, conhecido como Vicienzo, ou canhoto, por motivos de honra. Pascal era um lutador formidável e Vicienzo um atirador excepcional: por isso Vicienzo esperava por Pascal na escadaria da igreja, onde com a moto não se podia chegar.

Chegar na praça, colocar a motocicleta no tripé e correr na direção da escada para Pascal foi uma coisa só: ele brandia a corrente da moto, com a qual pretendia explicar alguns conceitos a Vicienzo.

A vinte ou mais metros de distância, Vicienzo extraiu seu ferro e disparou três tiros: com impressionante precisão, dois atingiram o inimigo no ombro direito e esquerdo, e o terceiro entre os olhos. Pascal caiu para trás e permaneceu no chão com os braços estendidos como numa crucificação!

Em meio a tudo isso, a praça balançava, gritava, mulheres desmaiavam, sirenes da polícia uivavam e moscas já se acumulavam no sangue recém-derramado.

O procurador geral resumiu tudo isso em poucas palavras: – Foi atingido por três tiros de pistola. E a vida, a morte, a tragédia, onde ele colocou? Onde ele as esqueceu?

* * * * *

Depois desta manhã tão distante do quotidiano, a lei que Macaluso também amava voltou a ganhar forma à tarde: um malandro, um homem mesquinho, apareceu no escritório e contou uma história incrível, que suscitou reflexões e consequências jurídicas importantes.

Mas o pensamento do que o esperava do outro lado da casa havia tomado o controle.

Com langor no estômago e água na boca, saboreando cada passo que o aproximava ao cumprir o seu vício, Macaluso dirigiu-se à área de serviço da casa, onde ficava o quarto de Rosinella, junto à cozinha.

Tudo estava silencioso e envolto em meia luz. Carolina estava rezando o rosário com as amigas da paróquia. Nada perturbava o advogado, que, com uma ligeira respiração ofegante, chegou às duas portas lado a lado. Deste lado a cozinha, do outro lado o quarto de Rosinella.

A porta estava aberta e na cama Rosinella dormia calorosamente. A camisa estava completamente aberta e as formas da garota eram desenhadas e enfatizadas pela luz que se filtrava pela veneziana abaixada.

O advogado Macaluso Lepore pôs a mão na maçaneta da porta do quarto de Rosinella e com grande delicadeza fechou-a lentamente à sua frente. Então ele se virou, abriu a porta da cozinha e entrou no reino silencioso de sua irmã Carolina.

A geladeira zumbia imponente de um lado da sala, guardando o seu tesouro.

Flaminio Macaluso Lepore, advogado, apaixonado por massas secas, também naquele dia sucumbiu ao seu vício indizível, que teria então de confessar à irmã como cada vez que acontecia o que estava para acontecer: abriu a porta da geladeira, pegou o prato de Paccheri de Gragnano com molho de carne, frio e colado um ao outro. Ele achou aquele lanche da tarde irresistível e com o rosto sujo de molho consumiu o prato inteiro, saboreando os Paccheri frios e seu molho irresistível: agora estava pronto para estudar a questão de Cannavacciuolo, o morto ressuscitado que ninguém poderia mandar embora de casa.

10

SIPISSICHIAVI!

Sipissichiavi!

É este o que quer, penso, agarrado à mão de meu pai. Papai resolveu me levar para conhecer o lugar onde ele trabalha: é um dia de junho de 1965, tenho dez anos, não fui à escola hoje. Estacionamos o carro em frente a um prédio grande, enorme, bem em frente ao Tibre.

– Este é o Palazzaccio me diz papai, e não sei se olho para ele, ou para o grande edifício que, na verdade é um palácio, ou para o homenzinho que nos segue de mão levantada. Ele manca visivelmente, praticamente a perna esquerda não dobra, mas elabora um semicírculo, depois dá uma espécie de salto com a direita, e recomeça com a meia-volta da perna esquerda.

– Sipissichiavi! Sipissichiavi!

– Pai, lhe pergunto, aquele senhor que nos segue, hem? Papai se vira: – Ah, o siciliano! exclama, – diga-me, Carmelo! e para mim ele diz: – é o manobrista, não se preocupe.

– Sipissichiavi! – Carmelo diz mais uma vez e, entre um semicírculo com a perna esquerda e um salto com a perna direita, ele levanta a mão direita, com o cigarro pendurado entre os lábios, e o olho esquerdo semicerrado, para evitar a fumaça. Em sua mão ele tem as chaves do carro do papai, e "Sipissichiavi" quer dizer simplesmente "você perdeu as suas chaves".

* * * * *

Papai tem na mão a sua bolsa. Na verdade, uma de suas bolsas. Ele tem pelo menos três ou quatro, uma nova, as outras na ordem em que eram usadas, antigas e, aparentemente, deveriam ser jogadas fora. Nos dias em que sai de casa devido a "um assunto importante", como diz à mamãe, ele enche de papéis a mais feia, a mais velha e a mais esfarrapada.

Ele tem muitas coisas interessantes em seu quarto, meu pai. Pastas vermelhas e azuis, que meus irmãos e eu somos proibidos até de olhar. Folhas leves que ele chama de "papel de seda", folhas de prata, que ele chama de "papel carbono", uma gaveta cheia de canetas-tinteiro, folhas de papel mata-borrão, frascos de tinta, lápis vermelho e azul, apontadores de lápis, borrachas bicolores, grampos e grampos, máquinas para costurar folhas junto com uma mola que esguicha ao tocá-la, uma máquina de escrever com um carrinho que toca a campainha quando chega ao fim do curso, livros abertos com pequenas linhas, folhas de papel pautado, papéis de um certo senhor que chega sempre à tarde e a quem chama de oficial, mas que não tem uniforme nem sabre, uma fotografia de meu avô sobre a escrivaninha e um crocodilo de bronze muito pesado, que coloca nas cartas para as mantê-las paradas nos dias em que a janela se abre e entra um pouco de vento.

✳ ✳ ✳ ✳ ✳

– Obrigado, Carmelo!

– Por favor, Dr., me abençoe...

– E como se chama o mocinho?

– José.

– Que nome lindo, meu filho também se chama José; agora Carmelo vos saúdo que estão à minha espera no Tribunal.

– Certo Dr., Deus me livre...

E subimos as escadas brancas do Palazzaccio. As estátuas nas laterais brilham para nós, papai sobe em linha reta como um fuso, com a bolsa na mão e um pano preto colocado em cima, com cordas douradas. "Que capa linda", penso, quem sabe de quem é e por que o papai a tem? – e me arrasto atrás dele.

Entramos no pátio, viramos à direita, depois à esquerda, subimos algumas escadas grandes, depois entramos em uma escada pequena e estreita. Papai abre uma porta e me leva para uma espécie de mezanino, que dá para uma sala enorme, grande, com uma grande escrivaninha de madeira, como as que existem na escola, mais escura e bem maior.

– Fique aqui e não se mova. Logo você verá o que o papai faz quando ele sai pela manhã – ele me deixa lá sozinho: é mentira, não estou sozinho, mamãe está comigo, ela saiu conosco, caminhou conosco do carro até o Palazzaccio, riu com papai quando o manobrista nos perseguiu gritando: "Sipissichiavi!"

Mas esta manhã estou sozinho com o papai, foi ele quem me disse:

– Vem comigo, vamos...

Ele disse isso para mim, não para meu irmão mais velho, nem para o meu irmão mais novo, não para a minha irmã mais nova; e então esta manhã estamos sozinhos, meu pai e eu. Ele com seu cabelo preto curto, suas sobrancelhas unidas sobre seus olhos ferozes, suas mãos fortes, seus ombros retos. Eu com minhas calças inglesas, logo acima do joelho, e minhas meias azuis, logo abaixo do joelho.

* * * * *

Papai se vira, abre a porta do mezanino, dá um beijo leve em mamãe e faz uma carícia em mim. Então, um último salto, e nessa ordem ele, a bolsa e aquela estranha capa preta com os fios de ouro saem. A quem será que tem de devolver? A mamãe também dá um salto, e sua saia faz um círculo largo com ela, é como se ela estivesse dançando: ela se senta em uma cadeira, me puxa em sua direção, me dá um beijo e diz: – Olha só.

Estou empolgado, quase me sinto mal, mas nem consigo imaginar o que acontecerá. Olho para a grande sala: atrás da enorme escrivaninha há agora três velhos senhores, com capas pretas sobre os ombros, e as cordas douradas entrelaçadas umas nas outras, e pilhas de papéis na frente deles como as que meu pai em sua mesa. De um lado, encostado a uma espécie de banquete que lembra o do padre quando prega aos domingos, está outro senhor, também com manto negro e cordas douradas. Entre eles está um homenzinho, também de manto negro, mas sem cordas de ouro, que corre de um lado a outro da sala com pequenos pedaços de papel nas mãos. Correr não corre, aliás, digamos que se apressa, saltando sobre a perna direita, enquanto a esquerda elabora um semicírculo, tensa e rígida. Que estranho, ele nem começará a falar "Sipissichiavi"? Papai está de pé no meio da sala, e ele também tem sua capa sobre os ombros. O que tudo isso significa, e o que está para acontecer, só o bom Jesus sabe, eu certamente não.

* * * * *

Ele é um homem tranquilo, meu pai. Passa seus dias escrevendo e lendo. E aos sábados e domingos ele gosta de pintar, tem outra sala cheia de pinturas, de telas encostadas na parede, e na mesa tem uma caixa de madeira cheia de tubos coloridos, uns espremidos, outros não. O maior de todos é o tubo branco. E depois tem o cheiro de terebintina, que serve para diluir as cores, e a paleta, que de um lado tem um orifício fascinante onde você enfia o polegar, com todos os respingos de cor nele (a paleta, não o polegar). Ele não precisa levantar a voz conosco, seus filhos. Um olhar dele vale mais do que cem palavras. Um aceno de cabeça é uma ordem peremptória, a ser executada imediatamente: mas em tudo isso, ele sempre fala baixo, e às vezes para ouvir o que ele diz, nós irmãos precisamos interromper qualquer atividade, porque até o voo de uma mosca pode nos impedir de entender bem.

* * * * *

Portanto, meu pai está lá, no meio da sala, com uma capa preta e muitas cordas douradas nos ombros. Mah! E a certa altura ele levanta o braço direito, e com uma voz alta, muito alta, mas não aguda, ao invés, profunda, ele diz, exclama, declama:

– Excelentíssimo presidente, senhor conselheiro, ilustre procurador geral ...

Pulo de volta, e me refúgio nos braços de minha mãe. Meu pai continua falando em voz alta. Aí, sinto de novo um nó na garganta: meu pai no meio da grande sala está falando com os velhos senhores, que olham para ele em silêncio, de longe, das suas escrivaninhas que parecem uma escrivaninha da escola, com a cabeça baixa. Por que ele deveria fazer isso de tão longe é um mistério para mim. Mas estou fascinado, ficaria horas e horas ali para ouvi-lo, e ver como ele se move com as cartas na mão, olhando uma hora para um e a outra para os velhos senhores de capa preta.

* * * * *

Já se passaram 50 anos. Voltei várias vezes àquela sala de aula, e a partir de certo momento a capa preta com os cordões dourados acabou nos meus ombros: argumentei, falei, ganhei, perdi, andei pelos corredores esperando ser chamado. Os velhos senhores da bancada dos juízes ainda são velhos, mas já não são mais os mesmos. Os funcionários do estacionamento fora do Palazzaccio não estão mais lá, agora há um grande estacionamento subterrâneo com muitos jardins de flores belos. Ocasionalmente olho para cima, na direção do mezanino, para ver se por acaso uma criança olha para fora. Isso nunca acontece, e talvez seja melhor assim. Poucos dias atrás, no entanto, uma coisa estranha me aconteceu. Eu estava esperando ser chamado, estava com a toga nos ombros e na mesa do lado de fora da sala de aula onde coloquei as minhas coisas. Não percebi que havia deixado cair inadvertidamente as chaves de minha casa no chão. O cliente de outro advogado, sentado ao meu lado, recolheu-as e entregou-me, e sorrindo, disse-me:

– Sipissichiavi.

E em um milésimo de segundo senti o calor da mão de meu pai me carregando escada acima do Palazzaccio, subi aquelas escadas com ele, e ouvi distintamente sua voz ecoando na sala de aula – Excelentíssimo Presidente...

11

OLÍMPIA E CAROLEO

O advogado Caroleo Francese e sua esposa Olímpia, também ela advogada, se conheceram, amaram e se casaram 40 anos antes do início desta história, quando os advogados ainda se encontravam na via do Governo Vecchio, e os demais escritórios judiciais estavam concentrados no Palazzaccio, do outro lado do Tibre. Eles se cruzaram, lindos, jovens e cheios de esperança, enquanto ambos corriam debaixo dos plátanos de Lungotevere* e seus rostos sérios e compostos se abriam em um sorriso e tinham a velocidade da luz. Na terceira passagem da ponte que conduzia os jovens advogados ao triunfo das escadarias de travertino do Palazzaccio, o advogado Caroleo deteve descaradamente a jovem Olímpia e pediu-a em casamento: a resposta foi imediata e sincera, um sim que se tornou o começo de um amor infinito.

*****

O tempo foi passando, lento e inexorável, como as águas do Tibre que ouviram os passos apressados de Olímpia e Caroleo e a sua declaração de amor repentina e flumínea. Tiveram filhos, que cresceram e voaram, houve momentos bons e ruins, e depois momentos de felicidade pungente, como se a possibilidade de serem eternos os tornasse fortes durante os primeiros 20 anos de amor, aos poucos se transformarão em uma segurança como o granito.

Caroleo tinha graves problemas de saúde, mas a presença forte e doce de sua esposa Olímpia havia dado força e capacidade incríveis aos médicos, que, pelo amor de Olímpia e de Caroleo, fizeram milagres e devolveram a vida ao advogado várias vezes, que, no entanto, estava convencido de que teria a sorte de partir antes de sua amada.

Foi por isso que um dia, Olímpia disse repentinamente ao marido, sem algum motivo aparente: – Quando eu morrer quero escrito advogado na minha lápide. Caroleo, quase sem ouvir, sorriu e continuou. Em vez disso, Olímpia foi para casa, deitou-se devido a um cansaço repentino e deixou-se cair nos braços de uma doença que a levou embora em dois meses. Quando ela morreu a casa estava cheia de parentes, o sino da igreja tocou a Ave Maria e Caroleo, deitado no leito de morte de sua companheira, esperou que ela devolvesse sua alma ao Senhor olhando em seus olhos, que olhavam agora para o além, com aquele fogo do amor que o aqueceu por 40 anos. Com o último toque da campainha, tudo acabou, e a história que queremos contar a vocês se inicia.

Ao último toque da campainha, a alma de Olímpia fluiu para a sala cheia de dor e lágrimas. Ela subiu com leveza e parou para olhar para baixo: de repente ela viu o seu Caroleo, não mais jovem e cheio de fogo como sempre o vira. Ela viu um velho cavalheiro ficando grisalho, quase quebrado em dois perto do que tinha sido seu corpo. Ao perceber esta cena, flutuando no ar, ela teve uma repentina consciência de tudo, e estava pronta para se transfigurar e voar para o céu do Pai Eterno. Mas a consciência de tudo significava também a consciência de que seu Caroleo morreria como ela dentro de um ano: ela então decidiu ficar perto dele, porque um dia ou um ano não fariam mais diferença para ela, e o Pai Eterno compreenderia. Tornou-se assim um ponto brilhante e foi descansar na testa de Caroleo, bem onde as duas sobrancelhas quase se encontravam: ela beijou o marido e ficou à espera de que o ano passasse.

✳ ✳ ✳ ✳ ✳

Ao último toque da campainha, Caroleo sentiu que se partia em dois e engasgou com o peso de uma dor como nunca sentira antes. A crueldade dessa separação não era nem remotamente comparável a nenhuma das muitas dores que ele experimentou durante seus setenta anos de vida. Era como se ele tivesse corrido com Olímpia a uma velocidade vertiginosa por anos que pareciam instantes em direção a uma luz distante, e de repente a sua Olimpia desapareceu no ar, deixando-o sozinho e desesperado à beira de um precipício. Então, de repente, a dor desapareceu e Caroleo sentiu uma força estranha o invadir, a mesma força que ele sentia fluindo dentro dele todas as vezes em que, deitado em uma cama de hospital, sua esposa pegava sua mão e a segurava com força. Ele se levantou, consolou parentes e amigos, beijou Olímpia pela última vez e começou a viver o que restava de sua vida sem ela.

✳ ✳ ✳ ✳ ✳

O advogado Caroleo Francese era um distinto senhor de setenta anos, cerca de um metro e setenta de altura, magro e com mãos delicadas e minutas. O rosto reteve a força do olhar de 20 anos, enquanto o resto das feições se adaptaram suavemente ao avanço da idade. O advogado tinha o hábito de cortar os cabelos, sempre grossos, mas agora grisalhos, uma vez por mês; o resultado foi um cabelo forte e eriçado, que ele exibia o tempo todo porque nunca havia usado chapéu na vida. O escritório do advogado Caroleo Francese também era a sua casa. Era um grande apartamento cheio de luz e, inacreditavelmente, cheio de livros, a grande paixão do advogado. Desde a morte de sua esposa Olímpia, o advogado se dedicou ao trabalho com empenho e paixão, para tentar amenizar as dores que vinham a cada dia. Por 40 anos naquele apartamento ele havia compartilhado as alegrias do casamento e da vida profissional com sua esposa, ela também advogada. Nos primeiros dias após sua morte, Caroleo dedicou suas forças a uma busca meticulosa e precisa das fotografias de sua vida. Ele havia procurado vestígios de sua existência nas grandes caixas cheias de fotos em preto e branco que Olímpia guardava nos armários dos quartos. Em seguida, ele convocou seus parentes mais próximos e pediu fotos de família, procurando com cuidado aquelas onde a sua amada aparecia. E, por fim, com o candor que sua história de amor despedaçada lhe conferia, também pediu a amigos distantes e simples conhecidos que encontrassem as fotos, por exemplo, de casamento onde se encontrasse uma instantânea de sua esposa. Em seguida, encomendou a um fotógrafo um trabalho complicado e paciente, que consistia em isolar e ampliar as imagens que reproduziam o rosto de Olímpia. Surgiu então uma galeria de 22 retratos, que ele organizou cuidadosamente ao longo de um caminho preciso dentro de sua casa, fazendo assim em modo a ter sempre a sua esposa à vista.

* * * * *

Numa tarde de abril, o advogado sentou-se à mesa e abriu a agenda para verificar as tarefas do dia seguinte. Uma nota escrita com a caligrafia de sua esposa imediatamente saltou a seus olhos: – Verifique o juiz da reserva Corsi despejo Sauli. Isso era comum: os advogados escreverem em seus diários com bastante antecedência o que deviam fazer em um determinado dia. Pode acontecer de agendar atividades para dias que nunca chegarão, e este também foi o caso de Olímpia. Era uma velha história que se arrastava há doze anos: em um terreno, antes na periferia da cidade e agora incorporado pelo avanço da metrópole, um velho camarada dele montou um pequeno parque de diversões. O terreno era alugado, concedido por um dos muitos corpos inúteis da qual a República Italiana era constelada. De repente, as autoridades decidiriam retomar o terreno e ordenar o despejo. Sauli, o dono do parque de diversões, lembrou-se de seu camarada advogado e o chamou para apresentar o caso.

Caroleo não deu grande importância à história, inicialmente. Ele havia preparado escrupulosamente a defesa, levantou objeções, contestou, impugnou e fez tudo o que é costume nestes casos.

Para seu espanto, no primeiro golpe a defesa adversária cedeu, entrincheirando-se atrás de um silêncio inexplicável. Assim, suas defesas encontraram terreno fértil, e o juiz adiou o processo, negando qualquer provisão. Depois mudou a contraparte o advogado e os pedidos de liberação voltaram a ser insistentes. Mais uma vez, ele construiu um engenhoso castelo de defesa e, mais uma vez, diante das páginas e páginas de objeções e disputas escrupulosas, o silêncio caiu de repente. Em seguida, um novo ataque, uma nova mudança de advogado, outros pedidos mais urgentes, acompanhados por tons ora persuasivos, ora ameaçadores.

Era Olímpia quem gostava de fantasiar a história: ela era desconfiada por natureza, e às vezes fazia hipóteses para Caroleo que pareciam ficção científica: – Você verá que aquela terra é tentadora para quem já sabe onde a cidade deve chegar daqui a 20 anos. E então tentam pegar de volta, e você está quebrando os ovos na cesta dele.

– Verifique o juiz da reserva Corsi despejo Sauli. Caroleo leu aquela nota algumas vezes, depois percebeu ser a pergunta que tanto interessava e divertia Olímpia. Ele se levantou e foi pegar o fascículo no arquivo; pegou o embrulho volumoso e colocou-o à sua frente sobre a mesa, tomando cuidado para não deixar cair a vigésima primeira fotografia de Olímpia, que estava olhando para ele com ar ousado na sua moldura de prata. – Aqui está, Olímpia, disse Caroleo, veremos até onde chegamos.

*****

O fascículo consistia em uma pasta vermelha, que trazia a palavra Francese no canto inferior direito, arquivo de estudo n.º 4532. A pasta estava entupida de papéis e documentos. Caroleo abriu.

A primeira coisa que imediatamente chamou a atenção de Caroleo foi uma folha de papel, com uma nota autografada por sua esposa Olímpia: – Caroleo, lembra que você me disse que, se o juiz Corsi concedesse a ordem de soltura, teríamos que nos opor imediatamente à execução daquele assunto que Sauli te disse.

Todos os arquivos do escritório Francese continham notas manuscritas por Olímpia. Olímpia adquirira o hábito de ouvir todas as divagações que o marido fazia a respeito de cada um dos arquivos e anotá-los em todos os tipos de folhas que ela punha nos arquivos. O resultado foi um trabalho muito eficaz, pois o cuidado meticuloso com que Caroleo escrevia na sua agenda de estudo com uma caligrafia pequena e elegante e enchia folhas e folhas de escritos defensivos que ditava depois à sua esposa, que na era dos computadores ainda escrevia com uma máquina manual, acrescentava um toque de loucura criativa à sua esposa, que espiava cada pequeno reflexo e inspiração do marido (que ela considerava um gênio) para inseri-lo nos arquivos apropriados.

Caroleo abriu a gaveta da escrivaninha à sua direita e tirou uma agenda de endereços de tamanho médio. Ele colocou os óculos de presbiopia e com as sobrancelhas erguidas começou a procurar o número do telefone de Sauli, passando o dedo pelos nomes alinhados com sua caligrafia precisa. Encontrando o número, ele continuou a apontá-lo com o dedo indicador, enquanto com a outra mão ergueu, tirou o telefone do gancho e discou os números no disco do telefone.

*****

O Luna Park de Sauli foi construído em um pequeno vale cercado por árvores. Vinte anos atrás, era um quilômetro de casas populares que pareciam fantasmas emergindo do nada. Os meninos chegavam em massa nas tardes de todas as estações e gastavam suas boas moedas, deixando feliz Sauli, que vagava se regozijando entre o carrinho bate-bate e a roda gigante, entre os vários alvos de dardos e todos os outros jogos e atrações que eram necessários aos meninos para mostrar aos amigos e meninas como eles eram bons, fortes e precisos e assim por diante. Trabalharam com ele vários netos, que durante aqueles 20 anos constituíram família, trazendo ainda outros jovens para trabalhar nos espetáculos entre as barracas.

Se bem o fluxo constante de dinheiro que o seu negócio lhe garantia lhe permitisse viver num apartamento, Sauli nunca desistiu da cabana situada entre o carrinho bate-bate e o chapéu mexicano: era um verdadeiro caminhão reboque, que Sauli no interior havia transformado em algo como a metade seu escritório e a outra metade como a tenda de um xeique.

Sauli estava checando as contas com o garoto que estava no balcão do carrinho bate-bate. Era de manhã e uma garoa leve havia acabado de parar: as nuvens tinham se dissipado de repente e o sol estava saindo do céu azul. Camilla, a polonesa gorda que cuidava de Sauli (viúvo há seis anos), saiu do *container* casa-escritório e gritou para o carrinho bate-bate, protegendo-se da luz repentina: – Sr. Sauli, o advogado Francese ao telefone, e murmurou algo em polonês enquanto se afastava arrastando os pés com uma vassoura na mão.

*****

Em pé na frente da mesa de Caroleo, Olímpia observou seu marido esperar por uma resposta ao telefone. Tomada por uma ternura repentina, ela estendeu a mão para acariciar o rosto de Caroleo, mas sendo puro espírito, ela não pôde mais que evitar cruzá-lo com a mão. Caroleo estremeceu, como se tivesse se distraído e sido chamado à ordem, ergueu mais uma vez as sobrancelhas e disse ao receptor: – Olá, Sauli, é você?

– Alô, Sauli, é você? disse o advogado Francese, e à resposta afirmativa continuou: – Quero vê-lo o mais breve possível. Venha amanhã de manhã ao meu escritório, aqui no escritório. Tchau! E desligou o telefone.

– Tá bem, Caroleo, amanhã de manhã ao meio-dia... Tchau, tchau... Sauli baixou o fone. Eles travaram guerra juntos, na Albânia, como bersalher**. Ambos eram muito jovens, com pouco mais de 20 anos, exceto que Caroleo era um oficial, um subtenente, e Sauli um simples *bersalher*. Se estimavam, mas Caroleo falava com ele sem nunca questionar sua superioridade: presumia-se que continuasse sendo o oficial e Sauli o *bersalher*. Sauli confiou-se integralmente a Caroleo, e Caroleo retribuiu essa confiança com particular atenção às perguntas de Sauli, mesmo que não fossem tão importantes.

Caroleo, portanto, se preparou para receber seu companheiro de guerra. Ele reorganizou os papéis, colocou o arquivo de um lado da mesa para tê-lo pronto na hora da reunião, foi olhar algumas leis e regulamentos, consultando os códigos alinhados atrás dele, escreveu algo em um pedaço de papel, em seguida, levantou-se e preparou-se para dar um pequeno passeio antes do jantar.

* * * * *

O gabinete do advogado Sacripante era um gabinete repleto de reflexos metálicos, moças esvoaçantes e jovens procuradores escorregadios e sorridentes. Os reflexos metálicos eram os das cadeiras, mesas e outras partes de um móvel agressivo desejado pelo designer de interiores. As jovens esvoaçantes eram as três secretárias do advogado Sacripante, uma das quais se encarregava da central telefônica e da triagem dos clientes, bem como da datilografia; outra cuidava do arquivo e da correspondência, e finalmente uma era a secretária particular do advogado. Por fim, os jovens procuradores eram rapazes que procuravam aprender os truques do ofício com o advogado para um dia serem ricos e maus como ele. Para aprender melhor, praticavam a sutil arte de viver juntos em um grande escritório, de roubar empregos de outros colegas e, ao mesmo tempo, dar-lhes os maiores defeitos e as responsabilidades dos erros que ali cometiam como em qualquer outro escritório. O escritório foi, portanto, um triunfo de sorrisos, bons perfumes e elegantes piruetas com fascículos em mãos. Mas os autores deste balé estavam prontos para esfaquear os seus colegas na primeira oportunidade útil: por isso ninguém nunca lhes deu as costas. O resultado foi uma tensão evidente, palpável como um pó fino que tudo cobria e que só era varrido pelas violentas explosões que o advogado Sacripante fazia de vez em quando aos seus colaboradores. Então, por alguns dias, você podia ver olhos baixos, expressões irritadas... a caligrafia nos diários de estudo tornou-se mais ordenada, as relações entre secretárias e promotores menos descoladas e mais profissionais. Mas, lentamente, tudo voltava ao normal, o que naquele estudo consistia na arte de foder os outros causando o máximo de dano possível. O advogado Sacripante sabia de tudo isso e, de fato, acreditava que só assim se podia dirigir um escritório. Talvez tenha sido por isso que quando ele entrou no escritório, caminhou com passos longos e rápidos, girando em torno com um olhar feroz. Naquela manhã, o Sacripante entrou como de costume, arremessando os arquivos, recolhendo a correspondência da mesa da secretária e mantendo a boca cerrada. Ele estava particularmente zangado e agitado: naquela mesma manhã a Vossa Excelência Trabucchi ligou para ele de madrugada e queixou-se por muito tempo, porque um certo assunto não chegava aos fatos. Tudo fácil, tudo simples, e eles esperavam há anos por uma decisão do juiz.

* * * * *

– Tudo fácil, tudo simples, gritou Sacripante, batendo com o punho na escrivaninha, enquanto em pé, à sua frente, dois jovens estudantes mantinham os olhos baixos, o primeiro com uma fotocópia nas mãos e o outro com um código civil onde havia inserido um dedo para manter o sinal. Tudo é fácil, então a responsabilidade certamente não é sua [...], mas se eu não estivesse aqui para vigiar, o escritório iria para o inferno. Ele fez uma pausa, olhando para os dois jovens alunos com um ar indignado. Os dois doutores calaram-se, até porque ainda não sabiam que prática falava o advogado. Aproveitando a pausa teatral do advogado Sacripante, aventurou-se o doutor Campardini, um menino comprido e alto:

– Advogado, se me disser qual prática mandou a secretária pegar...

– Campardini, que pratica você quer? Quantos anos você tem aqui? Qual é a merda de prática que não conseguimos superar?

E aí o advogado Sacripante ficou vermelho de raiva:

– Será possível que eu tenha que seguir tudo pessoalmente? Há anos que navega neste maldito escritório e ainda não conhece a questão do terreno onde fica aquele maldito parque de diversões...

O advogado Sacripante mais uma vez bateu com o punho na mesa:

– Mas fecharei este escritório, mando todos para a rua, e aí quero ver... Não fique aí parado a me olhar, mexa-se, mande pegar essa prática, ou devo fazer eu?

Secretaria: – Senhorita, me traga a pasta da Fundação Bernardi contra Sauli.

* * * * *

A música fluía do gramofone, doce e cheia: cada vez que ouvia música clássica, Caroleo tinha a impressão, ou melhor, a certeza de que o tempo parava. Quantas vezes ele havia tocado aquele disco de Chopin enquanto Olímpia estava na outra sala. Quantas vezes vibrou com a casa inteira até a última nota, naquela ilusão mágica e maluca de que o mundo estava todo ali. Quantas vezes ele tomou o último gole de chá quente no momento em que o encanto da última nota se esvaneceu e, colocando a xícara ao lado do livro, desfrutou daquele momento infinito e eterno de silêncio que chegou ao fim do disco. Agora ele repetia os mesmos gestos: mas no último momento, a última vibração da música, ele estremecia. Olímpia não estava mais na sala ao lado e tudo estava frio e silencioso. Então Caroleo olhou para o espaço e tentou materializar uma imagem de sua amada companheira. Ele estava absorto nesse exercício quando o som do telefone o sacudiu de repente.

* * * * *

– Alô, diz Caroleo, com um leve suspiro. – Advogado Francese? uma voz feminina desagradável pergunta afretada e hipócrita. – Sim, sou eu, diz Caroleo, e pensa: – Agora recebo um advogado, jovem, arrogante e desagradável. Um momento, que passo ao advogado Sacripanti diz a desagradável voz feminina. – Meu caro colega, sou o advogado Sacripanti – de repente trovejou outra voz, masculina, jovem e arrogante. Caroleo deu um pulo, pois enquanto esperava ficou encantado ao olhar a foto de Olímpia que colocara em cima da escrivaninha, depois respondeu: – Boa noite, advogado Sacripanti, diga-me, e imediatamente pensou: "Agora me dirá a sua voz antipática."

* * * * *

Sacripanti pediu à jovem que trouxesse o arquivo e começou a folheá-lo com fúria. – É possível que, se eu não seguir as coisas, nada sairá disso neste escritório? ele repetia continuamente, enquanto virando os papéis, empilhou-os de um lado e depois os espalhou no mar de outros papéis do arquivo. O arquivo estava uma bagunça. Sempre acontecia assim: Sacripante era um medíocre e, como todas as pessoas medíocres, se destacava na arte de aparentar o que não era. Mas, no segredo de seu arquivo, os arquivos escondiam papéis empilhados uns em cima dos outros. Após o primeiro momento de ardor sagrado, que coincidiu também com o pedido de adiantamento, o entusiasmo esmoreceu, a causa tornou-se um estorvo e o cliente um pé no saco. Por isso, o advogado Sacripanti especializou-se então em casos ordinários, quase uma dezena deles, de cobrança de dívidas e acidentes rodoviários. Mas essa prática não podia abandoná-la: era um assunto que tocava muito ao Sr. Fievolo Cromi de Giribaldi, que considerava Sacripanti um grande advogado e para isso o credenciava junto a bancos e às seguradoras. O Excelentíssimo Fievolo Cromi de Giribaldi era um noto representante da direita mais negra e papal, que tinha em vista fazer uma certa especulação imobiliária, daquelas que em Roma normalmente se faziam em um instante, mas dessa vez um maldito carrossel atrapalhou, agarrando-se ao contrato estipulado com a marquesa Fievolo (falecida aos cento e um anos), que não queria morrer e nem queria deixar o terreno livre.

A Excelência Fievolo Cromi de Giribaldi primeiro tentou bajular o carrossel de Sauli, com promessas de dinheiro e outros espaços em outras terras. Mas ele se chocou com a teimosia de Sauli, que repetia que só queria que eles o deixassem trabalhar, viver e possivelmente morrer no chão por onde os seus carrosséis giravam. Fievolo Cromi de Giribaldi não entendia: não entendia por que um homenzinho modesto era incapaz de recusar suas propostas vantajosas. Mas o que realmente o tirou do sério foi o aparecimento, ao lado do carrossel, de um velho e elegante advogado que começava a lançar estocadas cada vez mais traiçoeiras.

– Será que esse advogado, querido Sacripanti, sibilou Fievolo Cromi, realmente precisa desafiar tudo e a todos, desafiar, rejeitar e fazer toda a bagunça que ele faz? Ele tentou fazê-lo entender que, se chegarmos a uma transação, as taxas para ele de qualquer medida razoável que essas sejam... queremos dizer 30 milhões, 40 milhões... Bem, eu disse, nós pagamos as contas. Você tentou fazê-lo entender isso?

* * * * *

Os 15 anos ou mais que separaram Caroleo de Sacripanti representaram uma lacuna intransponível em termos de estilo, orgulho, habilidade e cultura.

Caroleo estudou em internato, aos vinte foi para a guerra, aos vinte e três foi feito prisioneiro, aos vinte e cinco esteve em campos de concentração, depois voltou, se formou e imediatamente começou a trabalhar; Sacripanti era um produto americano, a vida abrira-se para ele com conforto e facilidade: por isso não conseguia compreender o valor do silêncio ou da recusa.

– Então, colega, Sacripanti sussurrou no aparelho, não dá para concordar? E, após um breve silêncio, ele acrescentou: – Meu cliente está pronto para pagar seus honorários.

Olímpia era um ponto brilhante, mas quando essas palavras foram ditas, expandiu-se em um véu de luz. Então o véu se abriu e, como num holograma, Olímpia apareceu atrás de Caroleo, curvado sobre o telefone. Ela sorria e, sorrindo, pôs a mão no ombro de Caroleo.

* * * * *

Caroleo esticou o pescoço, com o olhar astuto de um gato que começa a ronronar: depois sorriu um sorriso de desafio e de comiseração, mas cheio de gentileza e cortesia, que emocionou Olímpia, e respondeu: – Estimado Sacripanti, minhas contas são pagas pelos meus clientes ... E eu, como você bem sabe, porém, não tenho instruções sobre essas transações. Estamos prontos para ir em frente ver com quem vai concordar o juiz.

Olímpia olhou para o seu amado marido: sempre se orgulhou dele, amou-o pela ousada confiança e cortês firmeza com que enfrentou e resolveu os problemas que lhe eram submetidos. Ele sorriu e lentamente se dissolveu em um brilho de luz. Caroleo fechou os olhos com uma das mãos, enquanto a outra permaneceu imóvel sobre a escrivaninha.

* * * * *

Não os aborreceremos com longas e complicadas explicações jurídicas: apenas lhes diremos que a causa teve um desenvolvimento novo e inesperado. Um novo advogado apareceu no horizonte, o professor Gigante Calvoresi, a quem Sacripanti se juntou. Rijo e muito desagradável, o professor Gigante Calvoresi enfeitou suas memórias defensivas com termos obscuros, lembrou ao colega Caroleo a diferença fundamental entre a fase de rescisão e a fase de resgate, afirmou, destacou, sublinhou ... E não deu um passo adiante; Caroleo, esgrimista astuto, defendeu-se e deu outro golpe.

Mas Sauli de repente perdeu a luz da razão: ele começou a arrastar uma perna, então uma pequena paresia bloqueou seu olho esquerdo e, finalmente, ele começou a murmurar e misturar as palavras. Seu último ato de lucidez foi dar uma procuração geral a seu sobrinho Ofrodisio, antes de parar em uma poltrona esperando a última ligação. Ofrodisio era jovem e alerta, e ele havia entendido há muito tempo que o cerne da questão que girava em torno daquele campo era, em última análise, um belo monte de dinheiro: ele não entendia a postura do tio, não entendia o significado da obra de Caroleo e em todos esses anos ele havia tentado fazer com que Sauli encerrasse o caso. Em vão, Sauli disse-lhe que o aquilo que lhe parecia muito dinheiro derreteria como a neve ao sol, enquanto o trabalho que garantia o parque de diversões permitia que ele e outras famílias crescessem e sobrevivessem. Em vão, Sauli tentou explicar-lhe o que significava para um homem manter o punho e não ceder à bajulação fácil: Ofrodisio encolheu os ombros e recusou-se a ouvir. Ofrodisio ousou o insuperável e, apesar das disposições do tio, embolsou o dinheiro: então as notas foram-lhe entregues por um dos muitos praticantes do escritório de Sacripante, esse doutor Alfredo Malandrinho, que se preocupou em assinar um extenso termo de renúncia da transação, preparado com extremo cuidado pelo professor Gigante Calvoresi. Nem Sacripanti, nem o gigante Calvoresi (que realmente sonhava em ver Caroleo capitular) queriam conhecer Ofrodisio.

*****

Os jasmins voltaram a florescer no terraço da casa de Caroleo e, como todos os anos, a casa encheu-se do seu perfume intenso e carnudo. O tempo passou e o ano que separou Olímpia de Caroleo estava prestes a chegar. Caroleo vivia exausto, e com os olhos acariciava as fotos de Olímpia: às vezes, de madrugada, quando a luz do amanhecer entrava em casa, cortando sombras e luzes, ele se levantava devagarinho da cama e andava pelas fotos que tinha construído. Ele olhou para aquelas imagens feliz, tentou captar o sentimento que o animara e à sua esposa, e estendeu a mão numa carícia que vagava no vazio...

A luz da tarde do sol de junho entrava na sala pela janela protegida pela veneziana abaixada... fluía: *"um ano antes, um ano atrás, ontem ou um século atrás, não sei mais"*, pensou Caroleo. *"Eu estava na ponte de Roma, em frente ao Palazzaccio, e tinha pedido a Olímpia... quer casar comigo?"...* Foi ontem, foi um clarão, foi... parecia a primavera. Cansado, bem, estou cansado. Na penumbra tem um ponto, um ponto de luz... parece dançar... *"Que olhos você tinha, Olímpia?" "Eu, eu lembro deles, sabe? E sua voz, sua voz também. Você sabe o que estou perdendo? O teu sorriso: era luz, luz pura, e a luz não se lembra... ou está aí ou não está... aqui, que estranho, agora tem luz..."* Aquele ponto na parede é luz... não está na parede... está no meio da sala... *"Não, perto da janela, e não é um ponto, é maior, maior... aí está a sua luz, Olímpia, aqui tem a tua luz, você está aqui..." "Você sabia que Sauli foi enganado por seu sobrinho? Ontem mesmo, sabe?". "Cansado, sim, muito cansado... deixa o sobrinho de Sauli ir para o inferno..." "Essa luz, Olímpia, é tão quente, tão intensa, como estar no sol... Acho mesmo que agora vou fechar os olhos e descansar... para o inferno com Sauli, seu sobrinho e todos os advogados... Fecho os olhos e sonharei com você..."*

N. da T.:

(*) LUNGOTEVERE – É uma avenida que percorre o rio Tevere e que atravessa toda a cidade de Roma.

(**) BERSAGLIERE – Especialidade da infantaria do Exército Italiano.

12

ADVOGADOS E GAIVOTAS

Eu faço sempre assim: quando o Presidente da Corte me dá a palavra, eu arrumo a toga nos meus ombros, pego os papéis com as últimas notas rabiscadas às pressas e as conserto batendo o lado mais curto na mesa na minha frente, então me levanto lentamente. E, quando estou de pé, levanto os olhos, olho no rosto de um por um dos juízes, e aperto meus lábios em uma espécie de sorrisinho que geralmente surta com os nervos dos meus oponentes.

É uma especialidade da casa, um presente do meu pai, que nos deixou de herança junto com um sobrenome importante e volumoso e uma arrogância graciosa que muitas vezes vem a calhar com o meu trabalho: o de advogado.

Quando me dão a palavra, é claro, devo ficar de pé: e o movimento que faço de onde estou sentado leva só um instante, mas dura uma eternidade.

Naquele momento, quando me levanto, estou só. Atrás dos assentos dos advogados está o público, na minha frente um espaço vazio (ah, quão grande e cheio de ilusões e esperanças pode ser aquele pequeno espaço vazio) que me separa da bancada dos juízes, e depois temos eles, os juízes, que me olham como se não me vissem.

Tudo já aconteceu, mas tudo ainda está por acontecer: o destino de alguém pode estar nas minhas palavras, nas minhas pausas, nas minhas hesitações, nas minhas certezas.

Por isso, quando me levanto, sinto aquela estranha sensação de suspensão temporal: é como quando você está perto do mar, mas para vê-lo é preciso escalar uma duna de areia. No meio do caminho, você fica suspenso entre o céu e a terra e, além da duna, ouve o som do mar, mas ainda não o vê.

Ainda hoje tive uma audiência, numa aula repleta de cadeiras de madeira, pastas de escritório apoiadas em mesas, porta-bolsas que invocam as causas e reconhecem os defensores – Bom dia, advogado, aqui de novo, como vai? Velhos acadêmicos que aguardam as homenagens de jovens advogados, e jovens advogados que, impossibilitados de exibir diplomas universitários, demonstram uma confiança ousada.

Ainda hoje me preparei para me aproximar do balcão e me sentei à espera da minha vez de falar.

Ainda hoje esperei para celebrar meu rito, para me por de pé e saborear a paz que sinto ao me levantar, quando tudo já aconteceu e quando tudo ainda está por acontecer.

Mas hoje é junho, um dia quente.

As janelas estão abertas e de lá saem as vozes roucas das gaivotas do próximo mar de Fiumicino* e alcançam o Tibre, que flui a poucos passos daqui.

E assim quando me chamam e me levanto preparando os papéis, da mesma maneira que estou mudando da posição sentada para a posição ereta, eis que, como nos últimos dias de escola, uma mosca entra na sala de aula e com seu zumbido sequestra a todos, deixando ao longe e de fundo a voz do professor – eis que o grito rouco de uma gaivota me sequestra e me leva até a praia.

E, quando volto ao tribunal depois de ser sequestrado pela chamada rouca da gaivota, já decidi o que farei a seguir, e decidi antes mesmo de fazer o meu sorriso para os juízes e o presidente mais ilustre. Assim que a audiência acabar, vou cumprimentar o tribunal com deferência, darei minha mão a alguns colegas altamente estimados, irei driblar os jovens advogados que gostariam de se exibir comigo, vou dar um tapinha no funcionário fazendo escorregar uma gorjeta na sua mão e então irei pegar o carro.

Depois de fazer tudo isso (sorrisos, saudações e piruetas) vou entrar no carro e ir direto para a costa marítima.

Ligo o carro e vou-me embora.

Percorro a estrada entre as casas e vou direto para o anel rodoviário, pegando a superestrada que me levará em direção ao litoral.

Dirigindo o carro, fechado na cabine de pilotagem e finalmente sozinho: também este é um momento mágico, de suspensão e solidão.

Não é uma solidão triste, é uma solidão desejada, procuro escapar da pressão dos compromissos da vida profissional. Finalmente posso pensar, girando livremente, sem medo de interrupções abruptas.

Quando éramos pequenos meus pais nos levavam de férias (coisas para os ricos, eu sei) em Santa Marinella, pouco antes de Civitavecchia**.

Tínhamos um carro lindo (eu sei, coisas para ricos) com três lugares na frente e três lugares atrás. Nós crianças competíamos por quem poderia estar na frente, entre a mãe e o pai, que dirigiam esse grande carro com o câmbio ao volante.

Não havia rodovia naquela época, mas a Aurelia*** corria longe do mar até um certo ponto, depois de escalar, mas não muito, mas nem mesmo tão pouco, se curvava ligeiramente para a esquerda dando-nos uma vista do mar de tirar o fôlego, que brilhava sob o sol da tarde. A esse ponto papai começava a cantar uma canção cujas primeiras palavras eram: – O mar é meu amigo do coração... Naquele momento sabíamos que estávamos oficialmente de férias.

Foi meu pai que nos transmitiu essa imensa paixão pelo mar, vivida intensamente, chinelos e costumes, na água desde o início da manhã e depois nadando até a exaustão, com uma proibição absoluta de máscaras e barbatanas.

Não forço o ritmo, mas por mais que eu viaje com calma, essa viagem, como qualquer outra viagem, chega ao fim e eu estou exatamente onde eu queria chegar, perto da floresta de pinheiros fragrantes, perfumados.

Caminhar será mais longo, mas eu tenho tempo. Ser trabalhador autônomo às vezes tem suas vantagens. Estarão me procurando no escritório, e, com as modernas tecnologias telefônicas que nos conectam a tudo, estarão tentando passar ao meu celular um Tizio ou outro Caio. Certamente haverá um evento inesperado para lidar com um dos meus colaboradores que não saberá o que fazer, e algum promotor financeiro estará entalando a Centralina, dizendo que deve absolutamente falar com o advogado pessoalmente, mas hoje eu desliguei o celular.

Caminho em silêncio sobre a areia branca e fresca à sombra dos pinheiros. Tirei meus sapatos e joguei-os debaixo de um zimbro, e agora ando descalço. A jaqueta e a gravata estão no carro. Eu avanço lentamente, seguindo os meus pensamentos.

Uma gaivota lança um grito rouco. Será a mesma desta manhã?

A gaivota se pousa no cume da duna que finalmente alcancei. Mas poderia ser realmente a mesma desta manhã? Quanto velozmente uma gaivota pode viajar?

Estou de pé, sozinho na frente da duna. Atrás de mim estão os pinheiros, alinhados como um pequeno público silencioso, na minha frente o espaço vazio (ah, quão grande e cheio de ilusões e esperanças este pequeno espaço vazio pode ser) que me separa do cume da duna, e então lá está ela, a gaivota, que olha para mim como se não me visse.

Tudo já aconteceu, mas tudo ainda está por acontecer...

N. da T.:

(*) FIUMICINO – é uma cidade italiana na cidade metropolitana de Roma, capital do Lácio.

(**) CIVITAVECCHIA – é uma cidade italiana na cidade metropolitana de Roma, capital do Lácio. Voltada para o mar Tirreno, sua história está ligada à marinha e ao comércio, tanto que hoje o porto de Civitavecchia é um dos mais importantes da Itália, o segundo porto europeu em número de passageiros anuais em trânsito.

(***) AURÉLIA – é uma estrada estadual italiana que segue de Roma até a fronteira com a França e parte o caminho do consular de mesmo nome; Gaius Aurelio Cotta.

13
ADVOGADOS E GATOS PRETOS

Nasci em 14 de setembro de 1955 em uma clínica romana, por volta da meia-noite. Cheguei lá depois de uma longa parada na via Archimede, das 9h30 até cerca das 10h15, hora em que o ônibus finalmente passou, o "52", para ser exato, na sua última corrida.

A parada foi provocada por um gato preto, e pela superstição de meu avô, que com seu carro ia levando minha mãe à clínica, junto com meu pai: meu avô e minha mãe, da Calábria, teimosamente decididos a não andar nem mais um metro até quando outra pessoa não tivesse passado. Meu pai, napolitano, mas não supersticioso, zangado, incrédulo, suplicante, não dá trégua, desdenhoso, furibundo de novo, depois com as mãos nos cabelos e, por fim, fechando-se em silêncio louvável.

Sou o segundo, meu irmão mais velho nasceu em casa: a parteira, a mesa, a água quente, minha avó que ia e vinha, meu pai que perguntava, minha avó que o calava, e ele ficava lá fora esperando.

Para mim eles decidiram pela modernidade: em 1955 eram efetivamente poucos os partos em uma clínica. Mas a modernidade colide com uma superstição. Um gato preto? Não se sabe nunca... – espere aqui, pai, alguém vai passar.

É noite. Quem vocês querem que passe, na via Archimede, em Roma, em 1955? Praticamente ninguém... E em vez disso um carro se aproxima dando partida... O motorista olha, sai, se aproxima... – gato preto, hein? Inacreditável, ele entendeu na hora. E, ainda mais incrível, ele também estava levando a filha para a clínica, para dar à luz.

– Não, não se pode passar, mas estamos brincando?

Meu pai e o outro pai retorcem as mãos, as parturientes olhavam fixas à sua frente, com os lábios cerrados, os dois sogros combinam a estratégia entre eles: em breve deve passar o ônibus, que faz terminal a 300 metros mais adiante, é a última corrida, estacionamos e batemos um papo.

O ônibus chega e finalmente podemos partir. Bem, não sou supersticioso, mas os gatos pretos ainda têm um certo efeito em mim, porque meu pai me contou essa história mil vezes. E certamente meu colega, que como eu estava para nascer em um carro na via Archimede, deve ter o mesmo problema.

Talvez seja por isso que, quando vejo um gato preto, eu tendo a mudar de direção.

É por esta razão, sem sombra de dúvida, que esta tarde, assim que saí de casa para ir ao escritório, virei o carro sem hesitar porque um estúpido gato preto tinha atravessado a minha rua: mesmo porque a estrada dá a volta ao redor da casa e do jardim, se passo por cima ou por baixo, não faz diferença.

Não é propriamente um jardim, digamos que possuo quase um hectare de terreno ao redor da casa, e a estrada dá a volta: moro em uma, o lugar não é isolado, a estrada leva a outras casas.

Então viro o carro e vou para o escritório. Já fiz quase metade do caminho quando outro maldito gato preto me corta novamente. E, portanto, não posso subir, nem aqui... e agora?

E de repente um carro emerge de trás da curva. Sim, eu sei, é do cara que chegou recentemente, que mora na vila depois da curva. Deve ter mais ou menos a minha idade, nunca nos falamos, pode ser a ocasião certa, mesmo que eu lhe enfie o gato preto.

O carro se aproxima e para. O cara salta antes de cruzar a linha que o gato preto andou. Ele sai e, sem dar mais nenhum passo, diz: – Gato preto, hein?

Oh, merda, eu acho. E decido jogar a carta da sinceridade: – E de que outra forma posso explicar minha parada no meio da estrada? Sim, não é que eu seja supersticioso, mas a gente nunca sabe... Se eu te dissesse. E você pensa que eu estava passando escada acima, do outro lado, e passei por aqui porque um gato preto também cruzou a minha rua do outro lado.

– Ih, danou-se! ele diz, e agora como faremos? – Ah, espere, diz ele, enquanto eu subia passei pelo caminhão de lixo, que passa bem por aqui. Vamos parar, bater um papo.

Acendemos um cigarro e, enquanto esperamos a passagem do caminhão de lixo, trocamos as informações usuais. – Sou de Roma, eu também, mudei recentemente, não, tem 18 anos que moro aqui, sou arquiteto, sou advogado... Aqui está o caminhão, até a próxima, foi um prazer...

O caminhão passa e leva o azar do gato preto. O arquiteto para perto do carro, levanta a mão para me cumprimentar, depois se aproxima de mim e diz: – Sabe, não sou supersticioso. Só tenho essa estranha obsessão com o gato preto, que deve ter sido causada por uma história que meu pai sempre falava. Basicamente, eu estava para nascer no carro, por causa de um gato preto que havia cruzado a rua na frente do carro do meu avô, que estava levando minha mãe e meu pai para a clínica...

– Arquiteto, mas você nasceu em 14 de setembro de 1955, em Roma?

– Sim, advogado, mas como você sabe?

– Arquiteto, vamos tomar um café no bar aqui embaixo, quero lhe contar uma história...

14

A SECRETÁRIA E O AÇOGUEIRO

Eu tinha 20 anos. E havia acabado de sair da escola de datilografia, e meu pai, de sair do tribunal, ele conseguiu que eu fosse contratada pelo advogado Xxxxxx, um cavalheiro simpático e imponente, com um leve sorriso apenas esboçado sob seu pequeno bigode preto.

Passei o inverno inteiro estenografando os documentos que ele me ditava e depois digitando numa enorme máquina preto reluzente, que à tarde devia cobrir com uma capa cinza: fiz isso todo o inverno, dizia, antes que o imponente advogado, sempre muito gentil, me confirmasse que, sim, eu lhe estava bem, e que eu mesma poderia preparar toda a documentação para a minha admissão.

Quando contei ao meu pai naquela noite, antes mesmo de pôr a mesa, vi um sorriso de orgulho aparecer rapidamente em seu rosto, e também o lampejo de uma lágrima quando ele se virou para olhar a foto da mamãe, que tinha nos deixado alguns anos antes.

No trabalho, tive que usar um avental preto. Era a década de 60, havia algo extraordinário no ar. Os alunos estavam agitados, coisas estranhas eram lidas nos jornais. Manifestações, desfiles, Valle Giulia, o uso de gás lacrimogêneo, o confronto com as trupes da polícia, Pasolini, o amor livre, a revolução.

Mas eu não tinha tempo para essas coisas. Tinha um horário bem específico: das 9h00 às 13h00. Depois, o advogado ia para casa almoçar e descansar à tarde, e voltava para o escritório às 16h00 em ponto. O meu trabalho continuava no período da tarde, portanto, das 16h00 às 20h00. Só então eu podia ir para a casa: dois ônibus, uma caminhada curta e às 21h00 meu pai e eu jantamos juntos, em frente à televisão que eu quis comprar com os meus dois primeiros salários.

O advogado Xyyy era um homem bom, e quando percebeu que das 13h00 às 16h00 eu não tinha outra escolha senão refugiar-me na padaria debaixo do escritório, autorizou-me expressamente a permanecer no escritório mesmo sem ele. Eu jamais me teria permitido pedir um tal privilégio. Essas três horas sozinha em seu escritório eram um grande presente. Eu tinha tanto tempo e tanto conforto que até decidi recomeçar a estudar. Pensei em me preparar para os exames de contabilidade e então passei a estudar de cabeça baixa.

Um dos clientes do advogado era um açougueiro local, um homem grande, sempre zangado, com um pescoço taurino. Às vezes eu entrava em seu açougue, todo branco, com ganchos nas paredes de onde pendiam pedaços de carne ensanguentada, e a porta da câmara fria logo atrás do balcão, onde ele, o grandalhão, agitava suas facas (ele tinha todos os tipos, largas e pesadas, compridas e finas), passava umas contra as outras para refazer o fio.

– O que damos para essa linda senhora? Ele dizia às mulheres que entravam e que, depois, iam pagar no caixa, onde a esposa do açougueiro, uma mulher de beleza escultural, exibia um decote generoso e sorria misteriosamente apenas quando um homem entrava por engano.

O açougueiro era muito ciumento. Algumas vezes ele havia vindo com a esposa ao escritório do advogado. A partir da porta fechada eu ouvia palavras terríveis: – sem-vergonha, homens, sorrisos, entenda, advogado, separação, disse ele [...], mas o que você está dizendo, loucura, cobrisse e por quê..., disse ela. E então eles saíam, e o advogado mantinha as mãos nos dois ombros enquanto os conduzia até a porta, como se os acariciasse, mas ele ficava sempre mais rígido e ela cada vez mais bonita. E um dia ela saiu da sala do advogado mascando um chiclete, enquanto ele lhe lançava olhares de fogo.

Chegou o calor. Primeiro de maio com o sol e as primeiras andorinhas, depois junho com o seu calor intenso e o poente da tarde, finalmente julho, quente, sem fuga, o sol no céu de manhã à tardinha.

As três horas sozinha no estudo do advogado foram ficando exaustas. O estudo, aliado ao cansaço de um ano inteiro entre os papéis, as anotações, os arquivos e a máquina de escrever fizeram sentir o seu efeito, que para mim se transformou numa leve ansiedade, um medo sutil de acontecimentos que eu nem conseguia imaginar.

Foi então que, quando no dia 24 de julho, às 13h30, com um sol escaldante no céu, a campainha do escritório tocou, então me levantei com uma leve sensação de pânico.

O que fazer? Eu estava autorizada a abrir a porta, claro, mas jamais isso aconteceu quando o advogado não estava. Os clientes, o porteiro, os oficiais de justiça, todos chegavam a partir das 16h30.

Olhei pelo olho mágico. Era o açougueiro. Abri a porta com a corrente.

– Com licença, estou sozinha, não sei se posso deixar o senhor entrar ...

– Calma, disse ele, é uma coisa rápida.

Abri a porta e tirei a corrente, e a ansiedade e o desconforto começaram a aumentar.

O homenzarrão com seu jaleco branco manchado de sangue entrou com uma enorme caixa de papelão nas mãos. Ele a colocou bem na frente da mesa do telefone, olhou para mim e disse: – Deve falar pro advogado que com a minha esposa está tudo bem. Resolvi tudo, definitivamente. Agora vou me trocar e depois parto. Eu fiz de testa própria, e eu sei que desta vez eu fiz bem: com aquilo, apontando para a caixa, o advogado sabe o que tem que fazer! E, antes mesmo que eu pudesse dizer uma palavra, ele se virou e desapareceu.

Ansiedade por fadiga, isso eu já disse. Depois, angústia e paranoia. Eu estava parada na frente da caixa, paralisada. Não sabia o que fazer: e de repente um líquido vermelho começou a escorrer lentamente do canto esquerdo inferior. Sangue. Eu queria desmaiar, queria gritar, queria fugir, mas não conseguia. Eu estava simplesmente paralisada. Eu, uma garotinha de vinte anos, com meu avental preto, sozinha, no escritório do advogado Xyyy, e todos os seus papéis, e livros, e as venezianas semicerradas, e as cortinas fechadas, com a luz que entrava lateralmente, e aquela maldita mosca que voava, voava zumbindo ao redor da pequena poça de sangue coagulado perto do canto esquerdo da caixa.

Olha você aqui. O açougueiro matou a mulher, rasgou-a em pedaços, meteu-a na caixa e trouxe-a para cá, antes de fugir sabe-se lá para onde. Mas, por que ele fizera uma coisa dessas? Mas por que isso teve que acontecer comigo? O silêncio foi terrível e, enquanto a mosca zumbia, pensei ter ouvido o som de gotas de sangue caindo no chão. Eu poderia ter chamado a polícia, mas para isso eu teria que chegar perto daquela caixa terrível e seu conteúdo...

Fiquei em transe por quase três horas. Ainda me lembro do gosto salgado das lágrimas que escorriam dos olhos e iam diretamente à minha boca, que nem conseguia fechar. Somente o som das chaves na fechadura me fez retornar a um fragmento de lucidez. E, quando o advogado entrou, comecei a chorar sem parar.

– O que aconteceu, senhorita?

O açougueiro, a caixa, o sangue, a mosca, tá tudo bem, com certeza, eu, ele, não pude nem falar o que pensei: "o açougueiro matou a mulher dele, ele a despedaçou e a trouxe aqui."

O advogado olhou para mim por um segundo, depois começou a rir de gosto. E depois de me acariciar rapidamente a cabeça (era a única vez, mas era como se meu pai estivesse me acariciando) ele explicou. O açougueiro, após vir ao escritório, chamou-o em casa. Ele fizera as pazes com sua esposa, disse ele, e sua esposa explicou-lhe pela primeira vez como e o quanto ela o amava, e como ele era sua única razão de viver, e que sem ele ela nem queria pensar nisso. E ele, feliz, decidira ir a Capri com sua esposa por uma semana, e não pedir a separação como o advogado o tinha aconselhado, e que, para agradecer o advogado pela confusão, achou por bem cortar em pedaços um bezerro que acabava de chegar do matadouro e trazer para o escritório: [...] saboreai que carne, advogado, mas recomendo, assim que puder coloque na geladeira, agora vou-me, a fazer minha lua de mel com minha esposa, que desde quando nos casamos não fizemos.

Ninguém havia pensado na senhorita do escritório, ou seja, em mim. Eu não deveria estar ali e, mesmo se não estivesse, quem teria aberto a porta para o açougueiro e sua caixa de sangue? Três horas de puro terror, com a convicção de estar trancada em um escritório com uma senhora amável feita em pedaços pelo marido Barba Azul, e ao invés disso era o final feliz de uma história de amor.

Naquela tarde, o advogado me fez ir para casa quase imediatamente, o tempo suficiente para me ditar uma carta.

Quando contei a história a meu pai, enquanto comíamos, meu pai deu um sorrisinho e depois se virou para olhar a foto de minha mãe. Também o seu foi amor, mas eles nunca puderam ir para Capri.

15

O TRIBUNAL DE QUARK*, UNIVERSO PARALELO

Tribunal de Quark, Universo Paralelo.

Esta manhã, o presidente do tribunal de Quark encontrou-se com uma delegação de advogados que apresentou um problema de significativo interesse ao Supremo Magistrado.

– Nós, advogados da Corte de Quark, referiu o presidente do Conselho da Ordem, consideramos que a excessiva carga de trabalho dos chanceleres é contraproducente para o correto exercício da sua delicada função. Propomos, por isso, a redução dos horários de acesso às chancelarias, e temos o compromisso de buscar as melhores soluções para um desenvolvimento harmonioso da delicada e relevante função de nossos chanceleres e funcionários administrativos.

O chanceler chefe do Tribunal de Quark, entretanto, rejeitou o pedido de redução da jornada de trabalho.

– Com muita dor recebemos esse pedido que nunca teríamos gostado de ouvir – respondeu o chanceler chefe com um sotaque vibrante e sincero. – Nossa dedicação ao trabalho nos impede até mesmo de hipotetizar uma tal perspectiva. Pedimos firmemente, no entanto, para podermos prorrogar o prazo de recebimento dos documentos, e pedimos que tenha fim com esta prática humilhante que se apodera de pegar os arquivos em nosso lugar e de oferecerem para fazer fotocópias. Nossos jovens chanceleres assistentes estão felizes em colocar sua força e entusiasmo à disposição de toda a advocacia.

O presidente do Tribunal de Quark ouviu em silêncio.

Então, no silêncio profundo e comovente dos espectadores, todos pronunciaram as seguintes palavras: – O Tribunal de Quark, que tenho a honra de presidir, expressa sua profunda gratidão aos advogados e ao pessoal da chancelaria. Sem vocês, este tribunal não existiria. Sem vocês não poderíamos fazer a justiça a qual somos chamados a administrar. Todos nós, juízes do Tribunal de Quark, estamos ao serviço dos cidadãos, que bem sabem que aqui somos chamados a exercer a altíssima função de fazer justiça. Vocês, advogados, são parte essencial dessa função. Vocês, chanceleres, são o braço indispensável dessa função. E, nessa harmonia total, o Tribunal de Quark consegue discernir o certo e o errado e de pronunciar julgamentos impecáveis. Obrigado a todos.

Os aplausos estrondosos de advogados e registradores abafaram as últimas palavras do presidente do Tribunal de Quark.

Fora do tribunal, um grupo de cidadãos felizes agitava cartazes com várias palavras: "A lei é igual para todos", "A justiça é administrada em nome do povo", "Obrigado, juízes! Obrigado, advogados! Obrigado, chanceleres!", "Viva Quark e sua corte!"

A polícia jogou flores nos espectadores.

Tribunal Xyyyy. Mundo real. Esta manhã, os chanceleres, barricados em seus escritórios, gritaram – Está fechado, volte outro dia... advogados na fila das 7h00 exibiram seus documentos. A tensão se sentia como uma lâmina de faca. Um homem grande, de dois metros de altura e pelo menos 140 quilos de peso, tirou a camisa e começou a cortar o peito com uma lâmina de barbear:

– Quero falar com o juiz, há 15 anos espero minha indenização.

Um membro da força policial se aproximou com circunspecção e cautela:

– Venha, não faça isso, coloque sua camisa de volta, por favor.

Clientes enfurecidos esperavam do lado de fora do tribunal por seus advogados.

– Aqui tem que passar esse filho de uma senhora, disse um deles, me pediu até dinheiro... Um senhor de idade avançada falava ao celular: – Conseguimos, pai, ganhamos. Fala pro vovô, que tinha tanto a esta causa.

Tribunal de Quark, Universo Paralelo.

Esta manhã, observadores do tribunal de Xyyy estabeleceram a comissão para a Complicação de Assuntos Simples, formada especialmente pela República de Quark, Universo Paralelo, para o agravamento dos Assuntos de Justiça de Quark.

– Removemos o presidente do tribunal de Quark e o comissariado, o Conselho da Ordem. A harmonia é prejudicial ao bom funcionamento da justiça. Precisamos do caos. Precisamos restaurar a justiça a níveis ótimos de desorganização, ineficiência e desigualdade. Nossos chanceleres serão reeducados com treinamentos especiais para aprenderem como realmente se trata o usuário. Temos muito que aprender: também poderemos enfrentar esse desafio, disse o ministro.

"As disputas judiciais tenderiam a se multiplicar incomensuravelmente se as pessoas não tivessem medo dos tribunais e confiassem em encontrar neles uma justiça rápida e perfeita." (K'ang Hai, Imperador da China, do 17° século).

N. da T.:

(*) QUARK – é um mundo inventado pelo autor e faz referência a um programa científico de TV na Itália, realizado e conduzido por Piero Ângela.

16

CARLO, AUTOTRASPORTI

– Toma isso aqui, advogado, o carteiro entregou agora.

– É, Carlo, uma empresa de transporte. Um verdadeiro animal, arroto livre, peidos casuais, tem 50 anos e se veste como um rapaz, frequente e voluntariamente segura o seu dote masculino com a mão esquerda. Se senta e diz:

– O doutor precisa ir ao tribunal amanhã, advogado.

– Quem deve ir ao tribunal, Carlo?

– O doutor, eu é que não sei que coisas são essas?

E ele me passa um ato. Então começo a ver de que se trata.

– Dario, essa coisa, como você chama, é um apelo. O que aconteceu na primeira instância?

– Aonde, advogado??

– Deixa para lá, Carlo, agora leio e depois lhe digo. Por favor, tire os dedos do nariz.

Termino de ler. – Carlo, eles te processaram, sete anos atrás, você não compareceu e ainda assim eles rejeitaram o pedido da outra parte, que recorreu agora.

– Mas, realmente, advogado? Parecia até que ele tinha entendido.

– Sério, Carlo, tire os dedos do nariz, que dá nojo.

– E o que temos que fazer agora?

– E, meu filho, se você me vem 12 horas antes da audiência, o que quer fazer? Espere que eu ligue para o colega. Por outro lado, como dizem, *habent sua sidera lites**

– O que o Sr. disse, advogado?

– Eu disse que você teve sorte; e a sua contraparte, não. Agora ligo imediatamente pro colega e oferecemos algum dinheiro: e é capaz que aceitem, porque uma tal sarna, é melhor para todos os dois, acabar com isso, assim como você tem que tirar os dedos do nariz, porra.

Ligo para o colega, inicio imediatamente a negociação, a coisa prossegue como deve prosseguir. Faço os arranjos que tenho que fazer, e Carlo continua a fuçar no nariz com o dedo indicador da mão direita, a mesma mão que, agora que chegou a hora de despedir-me, ele me estende para me cumprimentar.

Hesito, titubeio, então penso que felizmente não é a mão esquerda, aquela com a qual geralmente ele coça o saco, mas a direita, e que dentro do nariz afinal ele colocou apenas um dedo, e heroicamente estico a minha mão direita.

– Nos vemos, advogado!

– Vai, Carlo, vai, vejo você amanhã à tarde com os cheques.

E enquanto a secretária o acompanha até a porta, corro até o banheiro para lavar as minhas mãos.

N. do R.:

(*) *habent sua sidera lites* – Do Latim: "Os processos têm seus astros", isto é, dependem do céu (Paulo Rónai. *Não perca o seu Latim*; com a colaboração de Aurélio Buarque de Holanda Ferreira. 1ª ed. Rio de Janeiro: Nova Fronteira, 1980; p. 77).

17

O AMIGO DE CARLOS

— Advogado, boa noite, sou um amigo do Carlos, o caminhoneiro, o doutor está nesta tarde? Porque tenho que entender a garagem de santa alma de minha tia, paz para a alma dela, que fez um bordel, ela e todos os mortos dela. *

— Com licença, mas não estou entendendo, sabe?

— Boa noite, advogado, sou o Sr. Maurizio xxx, conhecido do Sr. Carlos yyy, dono da empresa de transporte. Tenho um problema urgente para resolver, é uma garagem que ainda pertence à minha tia, já falecida. Acredito que tenho usucapido, mas precisaria da ajuda de um advogado.

— Ah, tá, agora estou lhe entendendo bem, deve ter havido um problema na linha, porque eu não havia entendido o conceito antes. Olha, vejo você na próxima sexta, às 17h30.

— Advogado, posso subir, estou embaixo do escritório.

— Como? Não entendi?

— Não, advogado, queria saber se por acaso não conseguimos acelerar o ritmo, porque o problema me deixa um pouco ansioso. O doutor não poderia quebrar a regra e me ver hoje?

— Tudo bem, mas você não deve subir, deve subir quem fala italiano.

— Advogado, não estou entendendo bem, sabe? Você poderia repetir isso?

— Claro: não tem que subir você, que não se entende uma porra quando fala, manda-me subir uma outra pessoa, alguém que saiba falar italiano, vai à puta que pariu você e quem não te entende.

N. da T.:

(*) Os relacionamentos com os clientes são às vezes difíceis, porque estropiam as palavras, sobretudo aquelas técnicas, e tornam incompreensível aquilo que dizem.

18

ADVOGADOS E A PORTA DE VIDRO

Advogados em fila única às sete horas da manhã. Longas listas de nomes nas folhas. Logo começará a chamada, quem está ali, está; quem não está, problema seu. Arquivos empilhados nas mesas de audiência, folhas com longas listas de nomes, logo vão começar a chamada, quem está aí, bem; quem não está é da conta dele. Advogados se amontoavam diante das portas da chancelaria, folhetos soltos pendurados com fita adesiva e atulhados de nomes. Logo começarão a chamada, quem está aí, bem; quem não está aí é problema seu.

– Colega, já vou, já volto, tava aqui, esse é o meu nome, desculpa, mas aí diz Crprszta, pode ser qualquer um, eu não te vi. Entro um instante, só vim trazer os selos.

– Está bem, então entra.

– Quando eu era rapaz, teve uma greve monumental dos oficiais de justiça. Não me pergunte quais eram as alegações, porque eu nunca soube. Posso dizer quais foram os efeitos. Se você quisesse notificar (deve ter sido em 1975, se bem me lembro), você tinha que estar na fila às 4h30 da manhã. A fila era incrível: começava na porta de entrada (uma porta de vidro, e contarei em breve por que esse material era importante em determinada circunstância) e percorria todo o edifício moderno de concreto armado na via Poma, a poucos passos do Tribunal de Roma. Portanto, a partir daí, daquele golpe e seus efeitos devastadores, eu deveria ter entendido muitas coisas. E ao invés eu ainda estou aqui a lhes dizer essas coisas, um sinal claro e evidente de quem não entendeu nada. Bem, o que me marcou naquela greve que durou meses foi um episódio que teve consequências grotescas. Um advogado de certa exuberância física e igualmente conhecida intemperança verbal, após ter feito fila por cerca de sete horas direto, foi bloqueado. Um oficial de justiça implacável, que supervisionava a greve e regulamentava o ingresso aos escritórios, bloqueou sua passagem. Às 12h00, implacável e inflexível, fechou a porta e não permitiu mais o acesso a ninguém. Ele praticamente fechou a porta na cara do advogado exuberante e destemperado. São 12h00, quem está aqui bem, e quem não está é problema seu. O advogado tentou empurrar, abrir, mas o outro foi mais rápido.

O pária ficou roxo, verde, vermelho, tentou conter sua raiva e então explodiu em um retumbante "vá se foder". Mixarias, da atualidade. Uma coisa muito grave na época. O oficial de justiça chamou a polícia, procurou testemunhas na fila externa, naturalmente sem encontrar nenhuma (distração temporária? Surdez? Solidariedade conspiratória com o exuberante, destemperado e simpaticamente insultante colega?). Coletou textos das fileiras de seus colegas do lado de dentro da porta de vidro. O oficial de justiça relatou ter sido insultado sanguineamente. O advogado relatou ter sido mal interpretado a dizer: –Não me trate como uma mula. O oficial alegou ter ouvido, o advogado argumentando que a porta de vidro, na verdade, impedia a percepção exata e que a raiva injustificada do oficial de justiça o levara a entender enganosamente uma coisa pela outra. E para provar que tinha razão, o advogado convidou os policiais e os oficiais da justiça a ficarem deste lado da porta de vidro, enquanto ele repetia as palavras ditas. E foi assim que ele conseguiu enviar o oficial de justiça a tomar naquele lugar mais duas vezes. Nesse ínterim, a multidão era dispersa, a tensão diminuiu e, lentamente, entre um sorriso forçado, um tapinha no ombro dado pelo marechal bem-humorado ao oficial de justiça, um olhar perspicaz do advogado exuberante e destemperado, o assunto foi lentamente encerrado e finalmente resolvido diante de uma rodada de café e um cigarro fumado rapidamente antes de retornar à atividade normal.

19

O STATUS QUO DA PROFISSÃO JURÍDICA

O status quo da profissão jurídica. A defesa é um lobby. Os advogados ficam no parlamento e elaboram suas próprias leis. Feita a lei encontra-se o engano. Preciso de um advogado com a faca entre os dentes. Os advogados são todos filhos de prostitutas. Os advogados são uma casta.

– Advogado, por enquanto, obrigado. Advogado, temos que fazê-lo pagar, não me importo com a despesa. Advogado, por que perdemos? Advogado, essa era uma causa ganha... Advogado, o genro do meu cunhado disse-me que leu na internet que tem que fazer isso e aquilo.

– Advogado, advogado, advogado... Advogado, tire meu filho daquele lugar horrível, afinal era só uma arma de brinquedo. Advogado, não fui eu que fiz o abuso no edifício! Advogado, tiraram minha pensão de invalidez porque me encontraram dançando tango, mas o doutor tem ciência?

– Advogado, mas o que está fazendo, vai sair de férias? Advogado, estou com um grande problema, quero matar a minha sogra, posso? Advogado, então depois fazemos tudo um conto só.

– Advogado, pegue o arquivo. Advogado, aonde você vai com esse arquivo? Advogado, faça as cópias você mesmo. Advogado, as cópias urgentes? Volta daqui a uma semana? Advogado, Advogado, Advogado, meu lindo. Nosso advogado vigoroso e resistente.

Ou como disseram uma vez, falando de mim (li na transcrição de uma escuta telefônica em certo processo penal): – O meu advogado é o melhor... Ele é louco como um cavalo, mas garanto que é bom.

– Advogado, obrigado por tudo, o doutor não tem preço.

– Advogado, mas o que está fazendo? Está me pedindo dinheiro? Mas se eu apenas te dissesse que o senhor não tem preço...?

20

CARTA AO PRESIDENTE DO CONSELHO

Caro primeiro-ministro, hoje o senhor disse: – Se os advogados nos fizessem a cortesia de trabalhar um pouco mais...

Sinceramente, eu não entendi essa frase. Para começar, não entendo que parâmetro o senhor usa para medir o nosso trabalho. Somos profissionais autônomos: traduzido para o italiano atual, significa que trabalhamos sem salário, sem horas, sem patrões. Essas são três condições que poucos neste país conseguem compreender.

Sem salário: no final do mês ninguém tem um salário. Em agosto e dezembro, se não separarmos como formigas para o resto do ano, ninguém nos paga feriados ou 13.º salários. Ao lado do nosso trabalho diário, o que é ser advogado, temos que fazer um outro trabalho, o de fazer com que nos paguem. Veja, caro primeiro-ministro, entrou muito na moda zombar de advogados. São muitos, são tubarões, são traineiras, são velejadores... Isso significa que a opinião pública tem de nós um conceito muito baixo. Exceto quando está a correr para o advogado, quando não pode mais ficar sem o que, traduzido sempre para o italiano atual, significa aparecer com os ovos já quebrados e esperar que o profissional os conserte, tudo obviamente grátis *et amore deo*.

Sem horário: sabe, caro primeiro-ministro, quanto tempo pode durar uma audiência? Não, Vossa Excelência não pode saber, porque obviamente não frequenta as salas dos tribunais. Pode durar apenas um momento, ou uma hora, ou três horas. Depende do assunto com o qual você está lidando, ou aquilo que você tem a dizer e fazer naquela audiência. Mas, naquele momento, ou àquela hora, ou aquelas três horas, podem ser no início, ou no meio, ou no final de uma manhã inteira. E você não pode saber quando será chamado, e então espera por horas e horas. Depois, é claro, há a recepção no escritório, as questões a serem estudadas e os procedimentos a serem preparados. Eu, por exemplo, adoro trabalhar tarde da noite. Me concentro mais. Conta como tempo de trabalho, ou na sua opinião, o fato de não ser um tempo oficial o transforma automaticamente em algo que não é trabalho?

Sem patrões: orgulho-me de nunca ter recebido ordens ou disposições de ninguém. Meus mestres são meu coração, meu cérebro e minha dignidade.

Essa é a nossa condição. Nosso caro primeiro-ministro, porque o compartilho com 250 mil outros advogados em toda a Itália. Portanto, essa minha opinião muito pessoal conta uma fração igual a 1/250.000 de todo o corpo social da advocacia. Mas tenho certeza de que todos diriam as mesmas coisas que estou dizendo. Trabalhar mais? Com muito prazer. Dê-nos um sistema de justiça que realmente funcione e, em vez de trabalhar 12 horas por dia, trabalharemos também 14 horas. Dê-nos a confiança que merecemos e, juntos, podemos construir um novo caminho para a justiça. Dê-nos as ferramentas de que precisamos para fazer o que precisa ser feito. Como alguém disse, dê-nos um ponto de apoio e nós ergueremos o mundo.

21

CARO CHANCELER

Caro chanceler, que me olhou como se eu fosse transparente quando entrei em seu gabinete, quero dizer-lhe que há pelo menos 30 anos que tenho lutado contra os mares livres das cortes. Entro e saio das chancelarias sempre batendo a porta, entro e digo – bom dia, espero a minha vez de falar, buscarei os arquivos mesmo quando caberia a você, procuro as pastas sempre tendo em mente a famosa lei dos arquivos: o fascículo que você procura está sempre na última pasta que você abre, independente da ordem em que você as abre. Sorrio quando posso e, quando preciso, fico com raiva. Porque, sim, caro chanceler, também sou capaz de ficar com raiva. Como, por exemplo, esta manhã, quando entrei na sua chancelaria, e pedi para fazer cópias de uma disposição a ser notificada com cláusulas que queimava: você me avisou ontem, via PEC, e tenho cinco dias secos para fazer cópias, preparar o relatório e notificar pelos correios. – Olha ali, você me disse. – Queremos ser honestos? Você me disse depois de alguns minutos durante os quais você ao telefone manteve uma conversa particular, mas tão particular que quase fiquei envergonhado. Você entenderá bem que, com todo a compreensão deste mundo, estou até certo ponto interessado no namorado de sua filha. E posso garantir que me interesso ainda menos pelas doenças senis de seu pai, a quem vai todo o meu respeito e também a minha simpatia (perguntou-me cinco vezes o meu nome, percebes?). Me interessa, ainda menos, a cor do cocô do seu sobrinho, como lhe diz sua filha mais velha, que obviamente te ligou de outro escritório público, definitivamente não me interessa. Mas enfim: esperei você terminar seu telefonema, pedi pelo meu bom arquivo, disse-lhe que não o conseguia encontrar, e insisti que o procurasse. Bem, você tinha uma ampla gama de respostas para escolher e, em vez disso, me disse: – Advogado, não insista, se não volte amanhã... Não, isso não é digno. E de fato, o sangue me subiu à cabeça e eu te respondi: – Tu, advogado, com esse tom, fala com a tua irmã. A mim me trate de doutor, com vós no final. Se quiseres pode dizer o Sr. advogado, ou, alternativamente, advogado Caravita, que é o meu sobrenome. E depois acrescentei: – Não insisto com os senhores, faço imediatamente um pedido por escrito e volto à polícia, se for preciso, porque o arquivo deve sair imediatamente, veja o senhor como... E saí em direção à sala dos advogados, onde redigo a minha instância.

Estou velho, sei ser muito, mas muito desagradável. Não me surpreende nem um pouco que o senhor, caro chanceler, quando voltei depois de um quarto de hora com a minha instância para ser protocolada, tenha me recebido dizendo:
– Pois bem, advogado Caravita, o seu processo está aqui. De quantos cópias o senhor precisa?"

22

O ASSISTENTE DO OFICIAL DE JUSTIÇA

Caro advogado, que te inquietas para além da porta, e que sopras, e que dizes coisas estranhas e até um pouco desagradáveis, só porque estás na fila uns minutos a mais, querido advogado, dizíamos, talvez seja apropriado que você saiba que por estranhas razões, por estranhas reviravoltas da vida, consigo ler as palavras a partir dos labiais. E bem, sim: eu sei que você acabou de me mandar para aquele lugar, e que você usou alguns epítetos desagradáveis. Mesmo assim, caro advogado, volto aqui a fingir que nada aconteceu, com os ombros encurvados e com este meu "sorriso miserável", como acaba de o chamar. Sei o quanto podem ser ferozes, vocês jovens advogados. Eu vi vocês passarem sobre multidões, dezenas e dezenas, primeiro como jovens praticantes, depois como jovens advogados, depois como advogados maduros, depois idosos e, finalmente, velhos. E só quando ficaram velhos começaram a sorrir para mim, talvez porque, já velho, tenha aprendido a entender as pessoas além das aparências.

Então, dizíamos: meu sorriso miserável. E sobre o meu palor – queremos falar sobre isso? Uma garota me disse isso outro dia, uma advogada muito jovem – Nossa Senhora, que homenzinho triste, olha como suas sobrancelhas estão abaixadas, como um cachorro espancado.

E, sim, um cachorro espancado. Queria vê-lo, meu caro advogado, assentado atrás do balcão, depois de 30 anos passando papéis, colocando selos, escrevendo números, rasgando contas, procurando documentos, entre outras duas mil folhas, dizendo – Não está pronto. E receber um monte de insultos por coisas que obviamente não podem ser sua culpa, como você se sentiria?

E é assim que me sinto: um cachorro espancado. Mas não é tanto o meu trabalho, e o estar aqui, no escritório de notificação, dia após dia, sempre fazendo os mesmos gestos, e procurando fichas cheias de palavras e histórias, das quais só li o número impresso em algum lugar na primeira folha, e colocar as folhas de acordo com esse número.

É este vidro que me separa de você e de todos os outros. Eu aqui, você aí. Só um velho advogado sorri para mim, já disse isso. Você não, querido jovem advogado, está zangado. Seus olhos estão cheios de desdém e você diz coisas terríveis, mesmo que não saiba que eu sei ler os seus lábios. E dessa sua inconsciência vem uma confiança ousada, que te faz sentir ainda mais rígido, e te faz dizer coisas ainda mais terríveis, que não posso ouvir, mas que posso ler em seus lábios.

Mesmo assim, meu querido jovem advogado, eu continuo sorrindo, com meu sorrisinho miserável. Sou um auxiliar oficial de justiça e estou aqui no Gabinete de Notificações há 20 anos. Você tem a idade de meu filho hoje, se sete anos atrás aquele carro idiota não tivesse desviado de repente e o atingido com força. Eu nunca ficarei com raiva, e continuarei aqui com os ombros encurvados e o meu sorriso que parece miserável para vocês, mas não é: gostaria de sair daqui e abraçar a todos vocês, jovens advogados que ainda têm uma vida inteira pela frente, mas não posso, e não me resta que sorrir. Estou aqui sepultado entre papéis e tinteiros, e meu único consolo é o sorriso de um velho advogado que ainda vem aqui, e o faz porque se sente, garanto-vos, jovem e ousado como vós. Mas tanto é inútil: o tempo passa, os papéis se acumulam e eu estou aqui, esvaziando o mar com um balde. Devolvo cem documentos por dia, e chegam outros duzentos...

23

E, DAQUI A UM ANO, ABENÇOADO AQUELE QUE TEM UM OLHO

Giovanni trabalha como telefonista em um órgão público. Ele não olha para mim, ele simplesmente levanta o rosto para mim. Tem uma expressão de surpresa em seu rosto, ele não entendeu bem. Pelo contrário, ele entendeu perfeitamente bem, e tem que tomar uma decisão rapidamente: – me diz foda-se ou não? Felizmente, ele compreende o sentido do que acabei de dizer e começa a rir. – Em um ano, bem-aventurados aqueles que têm olho... Isso mesmo, advogado... – É verdade, Giovanni é assim...! Giovanni me expôs o seu problema, procurei e talvez tenha encontrado a solução. E, no final, feliz pelo meu trabalho, apimentei meu discurso com aquela frase infeliz: – E, daqui a um ano, abençoado aquele que têm um olho. Giovanni, que ri agora comigo talvez porque encontramos a solução, ele é cego de nascença.

24

VALZER E ADVOGADOS

  Estou escutando uma valsa. Estou ouvindo no volume máximo. Como posso descrever aquilo que sinto? Para mim, é assim: imaginem Roma, à noite, o centro. Lua cheia, noite funda. Por uma estranha magia, a cidade está deserta. Apenas os monumentos, as ruas e alguns gatos. Tudo magicamente azul e celestial, como deveria ser uma noite serena e feliz. Uma nuvem passa lentamente na frente da lua e a música começa. Primeiro lentamente, depois cada vez mais forte. Da esquerda um pequeno bando de pássaros passa com as asas abertas, eles são potentes e velozes, apenas alguns batimentos rápidos de asas. Agora olhem para baixo: uma fonte perto do Coliseu, a água que escorre. Um gato preguiçoso se aproxima e depois trotando se vai. Agora olhem para cima e subam comigo. Abaixo de nós, os Fóruns Romanos, e um vagabundo de bicicleta, que passa despercebido. A música aumenta, lentamente, mas cada vez mais forte. Agora sigam-me enquanto voo em direção ao Palazzaccio: para quem não sabe, é um palácio de travertino, o Palácio de Justiça, do outro lado do Tibre, em frente à Piazza Navona. No meio caminho entre a Piazza Navona e o Palazzaccio, voando também, vem ao meu encontro uma jovem de cabelos negros e olhos de fogo, pequena e forte. É o meu norte e o meu sul, foi ela quem um dia me fez ouvir os sinos a tocar na tempestade. Ela me estende a mão: eu a pego e lentamente começamos a dançar uma valsa de uma beleza pungente sob o céu de Roma. Estamos suspensos no ar e primeiro voltamos lentamente, depois cada vez mais um, como um turbilhão. Como eu gostaria que nunca acabasse ...

  Esposar-te-ei de novo, se você quiser:
Nossas mãos segurarão as flores
que a vida nos deu.
Serão rosas, grandes, vermelhas
e como todas as rosas
terão espinhos, fortes e longos.

Esposar-te-ei de novo, se você quiser
nossas filhas vão segurar a grinalda
do nosso novo amor
serão filhas grandes e fortes
e terão asas para voar.

Esposar-te-ei de novo, se você quiser:
Nossas mãos segurarão as flores
serão rosas, e margaridas
e camélias, azáleas e buganvílias
e alecrim azul,
e flores de cerejeira, prontas a voar.
Sorrisos e lágrimas e
gritos felizes de meninas
prontas para voar,
o grito das andorinhas e o latido dos cães,
o vento que passa pelas oliveiras:
esta será a nossa marcha nupcial.

Esposar-te-ei de novo, se você quiser:
Agora em silêncio, esperarei pela manhã.

25

A MACARENA DO ADVOGADO

Advogado, por agora muito obrigado.

Quantas vezes você já ouviu essa frase? É a *macarena* do advogado, que faz assim.

O cliente se posiciona em frente ao advogado, e diz:

– Advogado, por enquanto muito obrigado.

Mas realmente teria que pagar, que antecipar, que depositar...

E aqui começa a *macarena*:

Advogado, por agora muito obrigado, depois fazemos um conto único.

A mão direita no bolso esquerdo do paletó, para imitar a busca da carteira, depois mão esquerda no bolso direito, mas apenas por razões de simetria, depois fazemos um conto único, ao doutor penso eu,

mãos que tocam nos quadris, a procura de algo que lá não está

e que eu fiz o último cheque ainda esta manhã,

mãos que se cruzam nos braços, no sinal inconfundível do guarda-chuva.

E depois mãos abertas e braços escancarados... e se pode recomeçar.

26

A CERTIDÃO DE ÓBITO

O município de N.... é uma pequena cidade bonita situada na encosta de uma colina com vista para um lago vulcânico. Os cartórios da cidadezinha são administrados por um único balcão que faz tudo no município, no centro do vilarejo. A esses escritórios se chega subindo uma escada muito íngreme de cerca de 25 degraus. À esquerda, em um corredor muito pequeno, foi criada uma janela que funciona como um balcão. Quem tem que pedir alguma coisa, portanto, tem que subir essas escadas e esperar no topo delas.

Estou aqui, hoje, para obter uma certidão de residência que serve para uma notificação de um ato judicial. Estou no topo da escada: lá de cima vejo chegar uma velha muito magra, enrugada, mas reta como um fuso, ligeiramente retorcida, acompanhada por um senhor idoso. – Aqui, tia, temos que subir lá..., e aponta para a rampa íngreme.

A velha tia se projeta a enfrentar a escada, falando sem parar e explicando por que é injusto que uma senhora da sua idade faça um esforço sobre-humano como aquele, quando seria tão simples colocar um elevador, mas tanto o que lhes fala é inútil, eles não vão fazer isso nunca... praticamente chega ao topo falando. – Senhora, me digo, certamente a senhora não tem problemas de respiração, ela subiu como uma pessoa enérgica... – Jovem, ela responde, eu vou e venho há 87 anos pelas escadas deste município, as quais são todas em subida, como terá constatado. – Sim, mas o caminho de volta, é ladeira abaixo, lhe digo. Ela me ignora. Pelo contrário, ela olha para mim e diz: – Estou velha, o senhor não vai querer que eu fique na fila, correto? – Deus me livre, lhe respondo, se acomode.

A velhinha levemente torta, mas na realidade reta como um fuso, se volta para o sobrinho e o intima: – Me espere aqui. E ao balconista, um homem de idade indefinível, grisalho, calvo, magro, com a mão esquerda dançante e trêmula, lhe explica: – Liguei hoje de manhã, tenho que retirar uma certidão de óbito, preciso dela urgente para o funeral.

Não consigo evitar, sou assim mesmo: – Por que outro motivo eles não a enterram, senhora? A velha, reta como um fuso, ainda que ligeiramente inclinada como a Torre de Pisa, vira-se e com um leve sorriso me diz: – É claro, isso mesmo. Minha pobre mãe espera no cemitério pelo enterro, porque aqueles incompetentes da funerária perderam a sua certidão de óbito.

O balconista grisalho, careca e magro, com a mão esquerda dançante e trêmula, estende um papel – Aqui está a sua certidão de óbito, senhora.

Será como dizem. A certidão de óbito será também da mãe da senhora (que supostamente deve ter morrido por volta dos 110 anos), mas a ideia de que a velha senhora tão reta como um fuso, mesmo que ligeiramente torta, viesse buscar sua "certidão de óbito" e que agora ela fosse ao cemitério sozinha é linda demais.

E, para me deixar em dúvida, a velha ao invés de dizer "tchau" olha para mim e diz – adeus. O senhor que a acompanhava está já na porta, não o vi descer. Só ouvi um rápido bater de asas: pensei em um pombo, mas talvez estivesse errado.

27

BATISMO DE FOGO

Eu tinha cerca de 20 anos. Meu pai me mandou para a Praça Clódio, onde ficavam os novos escritórios do tribunal de magistrados. Um meandro de corredores, um cruzamento de escadas e pisos construídos em perfeita simetria. Entrava-se nesses prédios sombrios, tornados ainda mais escuros pelos pisos de calçada portuguesa, que na mente de quem os projetou deveriam significar e representar a estrada e, portanto, o mundo cotidiano, que entrou no reino da justiça. O efeito era exatamente o oposto. A simetria dos corredores, então, era tal que, após alguns minutos da entrada no enorme edifício, o sentido de orientação se perdia completamente. Fui então ao Tribunal de Magistrados de Roma, Praça Clódio: [...] procure este escritório, e com este número de função peça o processo. Era uma espécie de arquivo secional, já não me lembro por que não se fundiu com o arquivo central. Entrei no prédio, subi a primeira escada à direita, peguei o corredor à esquerda, desci um corredor escuro, subi novamente à esquerda, desci à direita, passando em outro corredor cheio de arquivos aqui e ali. No final de um corredor sem janelas, vi uma porta entreaberta. Da sala vinha o chiado de um rádio, daqueles pequenos rádios portáteis que as pessoas da época carregavam aos domingos, quando saíam com a família, para acompanhar o campeonato de futebol.

Cheguei ao final do corredor e estendi a mão para abrir a porta. Eu estava prestes a receber meu batismo de fogo, mas não sabia. Então abri a porta: no meio da sala, cercado por montanhas de pastas, estava um senhor, com um espanador preto, sentado numa mesa nua, sobre a qual, sozinhos, estavam o rádio de plástico vermelho e os botões brancos. Logo acima da mesa pendia do teto uma lâmpada nua, sem lustre. Com os cotovelos apoiados na mesa, o senhor encarregado do escritório lia o *Corriere dello Sport**. Ele olhou para cima e viu meu rosto de bebê. Sem hesitar, sem compreender, sem acima de tudo testemunhas, ele olhou para mim e disse: – Que porra você quer? Esse foi meu primeiro impacto com a máquina gentil e compreensiva da justiça. Na saída, depois de ter cumprido a missão que meu pai havia me designado, o ar de Roma me parecia belo e leve. Ao me afastar da Praça Clódio, fiquei impressionado com as pessoas correndo de um lado para o outro, advogados e promotores com as bolsas nas mãos e o olhar concentrado.

Todas me pareciam malucas: fui para casa e transferi essas emoções para um desenho, o qual é a capa deste livro. O intitulei de "advogados que correm": desde então não parei de correr.

N. da T.:

(*) *CORRIERE DELLO SPORT* – é um jornal italiano de esportes, publicado em Roma. Fundado em Bolonha, em 1924, passou por várias mudanças de razão social e também de função (de 1926 a 1943 foi o órgão oficial do CONI). Seu nome atual data de 1977, quando incorporou o jornal bolonhês *Stadio*, fundado em 1945. É um dos três principais jornais esportivos nacionais, juntamente com o *Tuttosport*, de Turim, que faz parte do mesmo grupo editorial, e o *Milanese Gazzetta dello Sport*, publicado pelo RCS MediaGroup.

28

UM DESPEJO SEM PORTA NÃO PODE SER REALIZADO

Contraparte é um pouco bom, um velhaco, aquele que viveu uma vida de expedientes. Mas há sempre um brilho vivo em seus olhos, é inteligente. Em suma, como acontece com todos os advogados, mais cedo ou mais tarde, a pessoa contra quem sou chamado a trabalhar é infinitamente mais solidária do que a pessoa que me confiou a tarefa.

Nesse caso específico, o meu cliente é um senhor de cerca de 80 anos, um tipo daqueles que roubam a saúde dos familiares (e de fato a mulher é uma pobre coitada monótona, que transita entre as paredes do lar e raramente sai, e as filhas são duas mulheres gordas e infelizes, penso que ainda solteironas).

Demos o despejo por rescisão do contrato de locação. Conseguimos a validação, e deu-se início à *via crucis* da execução: ingresso após ingresso, o cara que eu tinha que despejar sempre nos recebia, eu e o oficial de justiça, com um sorriso no rosto, nos oferecendo um café.

Finalmente hoje chegou o grande dia. Não há mais desculpas, nem há possibilidade de remandar. O velho mal-humorado quer vir também, para desfrutar da humilhação de seu antigo inquilino. Temos de tudo: oficial de justiça, polícia, médico e chaveiro. E, sim, o chaveiro: pronto para trocar a fechadura e entregar as chaves, colocando-nos assim de novo em posse.

É dia de primavera, o sol brilha, tem andorinhas no céu, meu cliente asqueroso colocou uma gravata absurda, de mil cores. Deus sabe o quanto eu gostaria de rir hoje e, em vez disso, terei que assistir à derrota definitiva em silêncio.

Subimos as escadas. No patamar da casa lá está ele, o malandro, com uma bandeja e grãos de café. Ele sorri. "Que merda está sorrindo", penso eu. Então olho para trás dele. O malandro desmontou a porta da frente: não há mais batente, sem moldura, sem moldura na porta. Apenas um olho bem aberto sobre a pobre mobília.

– Oh, foda-se! – diz o oficial de justiça.

E o chaveiro diz: – E agora o que eu desmonto? E onde coloco a fechadura de volta?

– Advogado, esse levou a porta! – me diz o oficial de justiça.

– Estou vendo! – respondo eu.

– E agora o que fazemos?

– Isso me coloca em posse, não é?

– Advogado, sem porta? E quem é que pega a responsabilidade, você, seu cliente?

– E tens razão, oficial... E o que faremos? – Chaveiro, quanto tempo você leva para pegar uma porta e montá-la?

– E eu por acaso sou carpinteiro? E aonde eu pego uma porta? E então não veem que faltam todos os chassis... E preciso pegar as medidas, ir à procura. Se quiserem chamo o meu cunhado, mas se tiverem pressa isso custa. A propósito, vocês têm que me dar os mesmos 300 euros, é claro isso?

– Oficial, mas já lhe aconteceu algo assim?

– Não mesmo... mas eu sabia que em Nápoles depois da guerra eles faziam ao contrário, ou seja, eles apertaram as portas depois que o oficial executava a hipoteca dos móveis. Eles colocavam uma fileira de tijolos e os móveis não passavam mais. E, para derrubar a parede, se tinha de fazer o acidente de execução. Queremos fazer o acidente, advogado?

– Mas, pelo amor de Deus, não penso nisso de forma alguma. Olhe, oficial, um reenvio curto, quão curto pode ser? – Advogado, pelo menos 20 dias...

O inspetor finalmente abre a boca, mas a decepção é imediata. É ele quem nos pergunta: o que devemos fazer?

– Inspetor, um momento, por favor, espere um momento... Tem um problema aqui, não posso deixar a casa aberta, tenho que fechá-la de alguma forma. Podemos murar ele dentro, inspetor?

– Advogado, mas isso é um sequestro de pessoa...

– Inspetor, mas eu estava brincando. Mas o senhor supõe que eu levanto uma parede... e, além disso, aonde encontro os tijolos agora, mesmo que eu queira... Mais dois chutes na bunda nem mesmo por falar, né?

– Advogado – nos diz o oficial de justiça, aqui não se trata de pontapés na bunda ou de paredes: não tomo posse sem a porta. O que eu sei o que esse cara tem em casa? Tenho que fechar, entregar as chaves, nomear o cliente como guardião e voltar (não dá para fazer hoje, nem preciso falar), para fazer o inventário. E aí ele terá o problema de se livrar dessas coisas, se o cara não tirar.

– Policial, tem razão, remanda, por favor, eu volto com o carpinteiro e trago uma porta nova...

Eu não consigo sorrir. Devo sorrir. Mas levanto o olhar, e o patife simpático quase pisca para mim.

O queimo com uma sobrancelha levantada, mas já nos entendemos. A próxima vez será a definitiva. Mas, nesse meio tempo, ele, o velhaco, teve a sua última satisfação...

29

A RECEITA FEDERAL

Chamaram o meu número de senha, o display deu um din-don e uma voz eletrônica disse: JA12. Sou eu.

– Por favor, sente-se.

Vou, e me assento. Ela é loira, arrogante, elegante, à sua maneira bonita, inquietante. O cartório deste país é frequentado por pessoas impossíveis, ela deve ter sido treinada pra manter distância. Ou ela é mesmo odiosa?

– Como posso ajudá-lo, Sr.?

– Devo cadastrar um contrato – e então eu me enrolo um pouco como Fantozzi*.

Ela estende a mão:

– Me dê.

Não há ponto de exclamação, mas sua frase é claramente uma ordem. Ela começa a ler, levanta uma sobrancelha e me diz:

– Confesso, como se fosse antani.**

– Desculpe-me, não entendi, respondi eu. Ela deu um leve suspiro:

– Embora fosse uma superpichotada betumada, com o chapelamento à direita...

– Desculpe-me, não tô entendendo – eu insisto. (E ela continua contando as linhas do contrato.) – Ai, tô ferrado – penso eu.

– Mas há 70 linhas; meu Sr., ultrapassou o limite pelo qual, no parágrafo 3, do coma 27, do artigo 28, do Decreto Presidencial 59827.12, que chama a lei número tal e tal de 1939 e posteriores modificações – diz ela triunfante. – O Sr. tem que me trazer *duetriceventi* selos, bem rapidinho, com um selo *allertiato*.

– Não entendo, mas me adapto. Posso escrever isso, por favor? Depois vou pegar os selos.

Olho-a, e me dá vontade de sorrir:

– Olha, senhora, eu realmente preciso lhe dizer uma coisa!

Ela diz:

−Me diga – dando uma de esnobe.

– Não sinto essa pressão desde que me formei no ginásio; sabe, o medo de errar, os exames e tudo mais. A senhora me fez rejuvenescer 40 anos. Obrigado!

Ela me olha e no final se derrete; ela sorri, e fala:

– Ah, como eu gostaria de rejuvenescer um pouquinho também!

E depois:

– O Senhor não é daqui, não é verdade? Outra classe! Se o senhor soubesse o que eu tenho que suportar!

Naquele momento, irrompe uma vaca sharonstonizada de turno***, gorda e vestida como uma modelo efébica****, que, do alto do seu sapato Anabela e com vinte mil unhas laqueadas de vermelho entre as mãos e os pés, agita as folhas com os selos balançando:

– Aqui está essa porra de ato com os selos de merda que o Sr. pediu.

Os selos são claramente tirados de um outro ato e colados mais ou menos.

A loira, altiva, bonita a seu modo, levanta-se e parece crescer muito ao dirigir-se à vaca com a trança oxigenada:

– Esses selos foram destacados de um outro ato. E, se o sr. não sumir daqui em cinco segundos, eu vou chamar a polícia.

A bobona raffaellacarrizzata*****, com o umbigo de fora, suspira, depois desaparece como o gato de Cheshire****** e, em vez de um sorriso, permanece um perfume intruso.

– Então vá pegar os selos, por favor, eu espero o Sr. Aqui.

E me sorri. Mesmo os funcionários da Receita Federal, às vezes, podem ser seres humanos.

N. da T.:

(*) FANTOZZI – Ugo Fantozzi é um personagem literário e cinematográfico italiano, concebido e interpretado por Paolo Villaggio, cujas histórias são contadas numa série de contos e filmes escritos e interpretados por ele próprio.

(**) ... COMO SE FOSSE ANTANI – É uma frase sem sentido que ridiculariza a autoridade. Com um tom grandiloquente, ele ri, arranha, raspa conceitos e situações. Antani não tem sentido, não tem significado, como a palavra *dadaísta*, por exemplo.

(***) ... VACA SHARONSTONIZADA DE TURNO – O autor faz uma comparação com uma outra utente que entra com uma vaca do estilo da atriz Sharon Stone.

(****) ... EFÉBICA – Que evoca a aparência externa ou tem a graça e a delicadeza azedas ou ambíguas de uma juventude.

(*****) ... RAFFAELLACARRIZZATA – O autor compara a outra utente da Receita Federal com a atriz italiana, *showgirl*, cantora, dançarina, apresentadora e autora de TV, apresentadora de rádio Raffaella Carrà†, que lançou um novo estilo como *showgirl*, ágil e moderno, no outono dos anos 70 em um programa de TV onde causou um enorme escândalo por causa do umbigo de fora.

(******) CHESHIRE – Gato do livro *Alice no País das Maravilhas*, de Lewis Carroll.

30

A JANELA

Estamos olhando por uma janela, olhamos para fora e está escuro. É como se estivéssemos olhando para o mesmo ponto sem poder ver todos a mesma coisa e, entretanto, o tempo passa. Naquele ponto em que estamos olhando (não o único, certamente) naquele ponto da vida, do nosso jogo do qual somos espectadores e protagonistas ao mesmo tempo, passam pessoas, fatos acontecem, histórias são realizadas. Todos nós olhamos para o mesmo lugar, no escuro. De repente uma luz se acende, e você pode imaginar como se fosse um raio que por um instante perfura a escuridão para a qual estamos todos olhando. Se estivermos olhando no mesmo momento e para o mesmo ponto, aquele lampejo repentino nos dá a possibilidade de ver a mesma coisa. Um conto, uma narrativa é um lampejo repentino, sem qualquer pretensão de verdade. Podemos ter a chance de ver a mesma coisa por apenas um momento. O próximo flash pode revelar outras coisas, outras visões, outras histórias. Nenhuma pretensão de verdade, portanto. Somente um modo como um outro de ver juntos um único momento, um único instante, enquanto a vida continua a fluir de mil maneiras diferentes

31

A ZELADORA E O ADVOGADO

— Caro advogado, eu o vi outro dia no tribunal. O doutor tem sempre o mesmo ar ousado e aqueles olhos que riem mesmo quando deveria estar sério. Mas que impressão ver o doutor assim, de terno e gravata. O doutor entrou na mesma sala onde eu estava na fila para pegar uma cópia de uma determinada escritura e não me reconheceu. Eu, sim, porém. O doutor disse:

— Eu sou o Advogado Caravita.

— E imediatamente levantei os olhos para te olhar. Foi o Sr., Caravita, seção B, colégio Mameli. Um menino mau, pronto para usar as mãos. Mas bom e generoso, sempre soube disso. Por cinco anos você comprou a pizza que eu vendia no meu balcão de zeladora. Ah, aqui, agora você se lembra...

— Claro, sou eu.

— Lembro-lhe do primeiro dia de colégio, você veio correndo, estava atrasado, suado e sem fôlego, você me perguntou:

— Senhora, por favor, onde está o primeiro B?

— E eu te encaminhei para a porta certa... O Sr. se lembra quando foi suspenso por dez dias por ter socado aquele seu companheiro que estava te atormentando? Eu sabia que mais cedo ou mais tarde ia acabar assim, te atormentou desde o primeiro dia. Ele te seguia por toda parte, fazia versos, te empurrava ... E você estava bem e calmo. E eu pensei: dá um tapa na cara, desse valentão, o que você tá esperando? Claro que eu não poderia te dizer, mas eu esperava muito que você fizesse. E então chegou a hora. Eu estava entrando em sua sala de aula para dar uma mensagem para o professor, assim que o sinal do recreio tocou, e você saiu primeiro, você quase me esmagou. Você estava com os olhos em chamas, e atrás de você estava esse garotão, alto, um verdadeiro pé no saco, desculpe o termo... Ele te seguia e resmungava alguma coisa. Você se virou e deu um golpe direto bem embaixo do queixo dele. Um punho perfeito. O valentão arregalou os olhos, deu três passos para trás e caiu no chão... Ah, que satisfação! Claro, eu imediatamente tive que gritar junto com a professora:

– Caravita, imediatamente na presidência!, mas eu queria era te dar um tapinha nas costas e dizer "Você fez bem". E assim você se tornou um advogado... Que sensação vê-lo crescer, tornar-se sério e equilibrado...

– Querida Fernanda, sou Caravita, seção B, ensino médio Mameli. Eu te reconheci, sabe, outro dia no tribunal. E como poderia te esquecer? A Sra. tinha a melhor pizza que já comi. Eu pegava a sua pizza e colocava para aquecer no radiador. Eu era um bebezão, ingênuo e assustado, como no primeiro dia em que cheguei, correndo, todo suado e atrasado, e se você não estivesse ali a manhã toda eu teria percorrido a escola inteira procurando a minha sala. Fui tão ingênuo, que, durante pelo menos dois anos, me apaixonei sem nunca ter tido a coragem de falar com ela, pela menina da primeira fila, para ser preciso, o cabelo dela, porque era a única coisa que via do meu assento no fundo da classe, onde costumava me camuflar entre os casacos pendurados no cabide. Mas você sabia que aqui no Tribunal não temos cabides? Agora eu não sei onde me esconder, e talvez seja por isso que me tornei tão ousado. Eu não era, quando menino: talvez parecesse, mas não era. Eu estava com tanto medo de não ser adequado. Você se lembra de quando entrou na sala de aula enquanto o sinal do recreio tocava? Você entrou e eu saí. Atrás de mim, estava aquele menino odioso (acho que ele virou magistrado, felizmente eu nunca o encontrei), aquele que me atormentava há dois anos, todos os dias. Você entrou, eu saí, quase te esmaguei. Então eu vi seus olhos, pasmos, foi aí que percebi que eu tinha que fazer algo... Eu me virei e dei um soco naquele valentão barato. Ele deu três passos para trás e caiu. Você me agarrou imediatamente, a professora gritou, e você disse: Caravita, para o diretor, imediatamente... E quando você me empurrou, percebi que a mão que você colocou no meu ombro era uma reprovação, mas também uma carícia. Se você soubesse quantas pessoas ainda precisariam de repreensões e carícias... Sim, sou advogado, mas não acredite que me tornei sério e equilibrado, como você poderia pensar... Por dentro sou sempre o mesmo menino mau que costumava ser.

Ou pelo menos gostaria que você ainda pudesse pensar assim, mesmo que eu use terno e gravata, e aqui estou eu, com uma bolsa cheia de papéis e códigos...

32

O LOUCO

— Caro advogado, hei...

— Ei, estou aqui, onde você está olhando?

— Desse lado... Eu sei, todo mundo me vê e ninguém olha pra mim. É assim agora. Te disse... Sou o louco. Isso mesmo, o louco, o mentecapto, ou mas quem é aquele ali, e que diabos ele está fazendo aqui no tribunal? Como qual? Há um em cada tribunal, mais cedo ou mais tarde todos o conhecem. Você e eu nos encontramos há anos. Eu sei quem você é, já te vi chegar mil vezes de mil maneiras diferentes, alegre, zangado, com um cigarro na mão, às vezes com a bolsa aberta, e queria te dizer: advogado, a sua bolsa está aberta, o senhor perde os papéis, umas duas vezes com uma garota linda, que eu acho (acho, hein, me perdoe a confiança) depois você se casou. Sou eu que escrevo, escrevo, escrevo. Todos os dias, durante anos, estou na primeira mesa à direita, entrando pela porta principal, e escrevo. O que eu escrevo? Não sei, eu não sei escrever... Isto é, eu sei o que gostaria de escrever, o problema são as coisas que tenho na cabeça e gostaria de poder contar para alguém, mas ninguém me ouve. Agora é tarde demais, conto menos que a minha sombra, se ainda tenho uma sombra, e é por isso que ninguém mais quer me ouvir. Pego papel e caneta e escrevo. *Rectius* (uma vez ouvi dizer a um colega seu, ficou gravada na minha cabeça, e assim que posso a digo. Para quem, se ninguém está me ouvindo?). Tento escrever, mas depois com a caneta eu faço somente rabiscos no papel. Linda essa palavra também, hein? Rabiscos... Aprendi isso com o Marechal da polícia, que uma vez me disse: "Mas, sim, fica aqui, a quem você incomodaria... mas cuidado que assim que você incomodar alguém, eu o expulso. Continua com os seus rabiscos..." Eis-me aqui. Perdi tudo, casa, trabalho, parentes, amigos, mas aconteceu há tanto tempo, que não tenho nem lágrimas para chorar ... Eu, como na Caritas, durmo em dormitório público... Para comer você tem que estar lá ao meio-dia, para dormir é preciso estar na fila às 18h30. O que você quer que um vagabundo como eu faça? Venho aqui e finjo ser normal. Eu sei, percebi por mim mesmo que num momento ninguém mais cai nessa. Não sou normal, aliás, às vezes penso mesmo que não sou e basta. E então eu escrevo. Eu escrevo, escrevo, olho para as pessoas, me iludo achando que sou como elas, que ainda têm algo para fazer. Eu vejo você passar, ir e voltar. Eis-me aqui, como uma coluna, como uma parede, como um pobre Cristo que escreve, ou melhor, que desenha rabiscos nos pedaços de papel. Os papéis, advogado, eu roubo dos cestos, e também tem um funcionário do Tribunal que de vez em quando me dá alguns. Ele sabe quem eu sou, todos sabem quem eu sou. Ou melhor, todo mundo sabe quem eu não sou. – Advogado, eu jogo essas folhas num cestinho, ninguém as lê mesmo, e mesmo que quisessem ler, não entenderiam nada porque eu não sei escrever. Seria bom se alguém me ouvisse, mas isso ninguém faz há muito tempo. Dá um tempo infinito. E a todos os que entram no tribunal, eu gostaria de dizer o seguinte: se primeiro alguém não vos ouviu, como faz o vosso advogado, de nada adianta vocês escreverem. Você, advogado, teria sido minha voz, se somente eu o tivesse conhecido há mais tempo.

33

O PODEROSO VERSUS ORGASMO

    A prática de chamar os casos civis em voz alta ao entrar no tribunal é um costume antigo. Não quero dizer antigo, porque remonta pelo menos aos anos 80, mas certamente velho. Pelo menos tão velho quanto eu. Eu descobri esse tipo de uso pela primeira vez quando meu pai me mandou em uma audiência. Seu cliente era chamado pelo sobrenome, Potente. A contraparte, que acreditem ou não, recebeu de sobrenome Orgasmo. E, portanto, de acordo com o costume e de acordo com o meu pai, eu deveria ter entrado na aula e dito em voz alta: "Potente". Jamais farei isso, pensei enquanto ouvia meu pai elencar as instruções do caso. Mas, 40 atrás, era impensável contradizer um pai que também era seu *dominus*. E, mesmo que coloquem a coisa ao contrário, não era possível do mesmo jeito: contradizer um *dominus* que também era seu pai? Impossível.

    Fui então ao tribunal, pensando e ruminando sobre o que fazer para evitar um constrangimento tão grande. Por mais que estivéssemos nos anos dos hippies e do amor livre, e eu fosse um apoiador feliz disso, a ideia de gritar "Potente Orgasmo" entre estranhos em ternos e gravata me fazia embrulhar o estômago.

    Entrei na sala de aula, sussurrando "Potente Orgasmo". Tomei coragem e em voz baixa disse "Psste Osmo". Eu olhei em volta, e em uma voz mais alta eu disse – Potente e então sussurrei – Oh ssasmo. E por fim veio ao meu encontro um advogado idoso, da idade do meu pai, e disse-me – Jesus, mas você é o filho de Caravita, Jesus Maria, mas você saiu a cara dele, és idêntico, te reconheci imediatamente... Vem, eu tenho o fascículo, vamos verbalizar...

34

UM JUIZ PARA O ADVOGADO

– Prezado advogado, vi você entrar no tribunal com seu arquivo em mãos. Eu sou o seu juiz, mas somente no sentido de que sou o juiz a quem seu procedimento foi designado. A sala de aula está lotada, eu sei. E aprecio muito a quem, como você, sabe se mover com discrição, sem colidir, sem empurrar. Você coloca seu arquivo na "pilha", aquela pilha horrível de arquivos. Você sabe melhor do que eu que as primeiras das divergências ao redor fila de precedências para falar comigo já são formões. Você nunca levanta a voz, ao invés, e você não sabe o quanto eu aprecio isso.

– Daqui a pouco te chamarei, em breve, e será também a vez do seu homólogo. Você não sabe como é a questão do ponto de vista deste lado da escrivaninha: na minha frente se sentam (quando há tempo e jeito de se sentar, às vezes na minha frente há uma parede humana de verdade), se sentam eu disse as pessoas mais diversas possíveis. Velhos advogados conversando em voz baixa com jovens advogados arrogantes, rapazes bem treinados e elegantes profissionais idosos com princípios, barriga, advogados muito jovens trocando olhares ferozes. Os rolos são sobrecarregados, os arquivos passam por mim na velocidade da luz, procuro me lembrar das coisas que estudei (porque garanto que julgamos as coisas, a gente estuda, em casa, porque aqui no tribunal não há espaços de trabalhar). Mas se eu parar para falar, imediatamente inicio a sentir a impaciência serpenteando naquela parede humana à minha frente.

– É fácil, você sabe, sentar-se no tribunal. Às vezes eu bato na mesa. Eu sei, é demais, é errado, estou exagerando, e me dou conta assim que acabo de bater na mesa. E aí, porém, não posso mais voltar, tenho que manter o ponto.

– Sabe o que invejo em sua profissão, caro advogado? Que você pode, na verdade, você deve ser um partidário. Você não tem um vínculo de objetividade, não tão forte quanto eu. Você pode esticar e encurtar os fatos, algumas coisas você pode sobrevoar, outras coisas você pode ignorar e outros apontar o dedo com espanto e indignação. Não, eu devo decidir, pressupondo um esforço de objetividade e um conhecimento das questões jurídicas abstrato às pessoas, sobre quem devo tomar uma decisão naquele caso em particular. É por isso que procuro tratar a todos com frieza e desapego. Não é arrogância, é medo de ser mal interpretado. E às vezes, se te sorrio, você não deve confiar naquele sorriso: estou tentando colocar em paz a minha consciência de juiz e a simpatia pessoal que sinto por você, e já sabendo que infelizmente terei que culpar você, tento ser perdoado antecipadamente com um pequeno gesto de simpatia. Sei que você fica agitado quando chega a notificação da sentença e sente um frio na barriga. Quero dizer a você que, mesmo como juiz, sinto eu também um frio na barriga, toda vez que assino uma sentença e torno pública minha decisão, e não posso voltar atrás. Chegou a sua vez.

– Bom dia, advogado...

35

UM ADVOGADO AO JUIZ

Caro juiz, entrei na sala do tribunal idealmente na ponta dos pés, pelo respeito que demonstrei sempre pelo trabalho dos outros e pela função da justiça. E em pé fiquei por mais de uma hora, após lutar com os meus colegas para colocar o arquivo na "pilha", ou seja, naquela pilha de arquivos que V. Ex.ª quer que seja posta no armário perto da sua escrivaninha. Eu coloquei meu casaco em algum lugar, porque em nossas salas de aula não há cabideiro, e deixei a bolsa em um canto. Ocasionalmente dou uma olhada ali, porque desde que circulo pelos tribunais, tenho ouvido histórias incríveis de bolsas roubadas. Com efeito, uma vez, sem desviar os olhos do relatório que escrevia, disse à mão que pegava a minha bolsa – não, essa é a minha, e me salvei assim. Então, estou de pé no tribunal e V. Ex.ª de vez em quando dá um grande tapa na escrivaninha, silenciando a todos. Isso me faz sorrir, porque apesar dos meus bons 60 anos, você ainda consegue me fazer sentir como uma criança na escola. Silêncio! Silêncio que te mando ao diretor! Em breve estarei sentado à sua frente e em alguns minutos terei que lhe explicar muitas coisas, se tiver a sorte de poder falar. É muito provável, porém, que me dirás simplesmente: me reservo, assinando o relatório sem nem erguer os olhos. Veja, isso é uma coisa que me incomoda: não conseguir estabelecer contato com V. Ex.ª. Sempre que V. Ex.ª seja sempre V. Ex.ª mesmo na próxima audiência, porque agora o revezamento de juízes é incessante. Tudo bem, é assim que funciona.

E, quando o processo terminar, espero e desejo que V. Ex.ª leia os meus laudos e o que escrevi, pelo menos com a mesma paixão e empenho que eu pus. Escrevi, reli, retirei as palavras inúteis, reabri o processo mil vezes e verifiquei a jurisprudência e os fatos do processo. Às vezes, eu esquecia de salvar o arquivo e perdia um dia de trabalho e precisava começar de novo. Indiquei em negrito, com todas as letras maiúsculas e sublinhando as palavras, as coisas que me pareciam mais relevantes. E então esperei a sentença sair. Você sabe o que nunca mudou desde então? Aquela sensação de frio na barriga quando chega uma notificação: uma vez era o oficial de justiça, hoje é com o correio eletrônico. Então eu leio, com a ansiedade inalterada, quer eu ganhe ou perca, o aperto no coração é sempre o mesmo... E cada vez que leio uma sentença, quer ganhe ou perca, eu fecho o fascículo. Um outro pedaço de vida que se foi. E então eu olho para uma certa foto que tenho em minha escrivaninha e penso no nosso poema:

> Não havia mais sons
> nas ruas solitárias,
> nas ruas solitárias
> não havia mais rumores.
> Você, não mais relutante,
> ainda se aproximava
> a sua mão à minha
> e os nossos corações floresciam
> numa cadência ternária
> num ritmo extraordinário
> de felicidade.

36

UM ADVOGADO PARA O COLEGA DA CONTRAPARTE

Caro colega, sou o seu adversário. Às vezes eu sei que estou certo, às vezes eu sei que estou errado. Mas a nossa profissão não prevê a busca da verdade absoluta: isso deixemos para os professores universitários. Nós visamos fazer o interesse do nosso cliente. E, portanto, por isso quero vencer de todas as formas, quando chegarmos ao tribunal. Você sabe o que é difícil? Manter a calma, ser destacado. Só Deus sabe, estimadíssimo colega, quantas vezes eu teria gostado de levantar a voz e depois me levantar e quem sabe gritar. Mas me ensinaram que não se bate de frente. E então sorrio para você e conto até dez, como me ensinaram quando ainda era criança. Às vezes, quando você se apresentava com uma atitude confiante e arrogante, por um momento, eu me sentia em dificuldade: depois penso que você é alguém como eu, você come, respira, e vai ao banheiro como eu, e isso me conforta. Aí, como os processos são longos e as esperas nos corredores dos tribunais são exaustivas, iniciamos a nos falar. Os filhos, as esposas, os maridos, a escola, as dificuldades, as alegrias, os medos. Parei de pensar em você como um inimigo e então começou a parte difícil de explicar aos clientes. Advogado, o que está fazendo, apertando a mão do advogado da contraparte?. Quantas vezes já ouvi isso, especialmente quando era um jovem advogado? Claro que aperto a mão do meu colega, querido cliente, ele é meu adversário, não é meu inimigo pessoal. Começamos a conversar, eu disse. E jamais, e quero dizer jamais, me ocorreu de não conseguir encontrar uma forma de comunicar. Todos têm seus medos, suas certezas, suas teses, suas ambições: cada um pode dar e receber algo. Fico feliz quando venço uma causa. Penso que você também fica feliz quando ganha um processo. Seria lindo poder vencer todos, mas isso não é possível. Quando eu era pequeno, no escritório do meu pai, advogado, abria escondido os fascículos: lia os documentos que meu pai escrevia e deleitava-me. Estamos certos, como é bom meu pai. E aí lia os documentos do outro advogado e aí eu pensava: "ele também tem razão, também ele é bom."

O mistério de estar certo em dois sempre foi fascinante para mim, e esse mistério me permitiu enfrentar litígios no tribunal por anos e anos sem ir para o hospício. Caro adversário, sou seu colega: somos advogados.

37

UM CLIENTE PARA SEU ADVOGADO

Prezado advogado, sou seu cliente. Vim até você com os meus cartuchos e minhas preocupações, tentei explicar-te bem o que estava acontecendo comigo. Nem sempre sabe, a gente encontra a palavra certa, às vezes ela está lá na garganta e não sai. E depois o Dr. estudou, eu não, seu trabalho é feito de palavras, o meu é feito de dor nas costas e muito esforço, e pouco dinheiro no final do mês. O senhor me explicou muitas coisas. Eu entendi muitas coisas, outras não. O doutor usou palavras desconhecidas para mim. O que é um litisconsórcio? O que é uma notificação? O que quer dizer perdemos um termo? Eu pensava ter razão, assim, muito simplesmente. E, em vez disso, entendo que o caminho será longo e difícil, e que nem tudo depende de mim ou também do doutor. Esta noite eu não dormi. Preciso de você, querido advogado, e não me agrada nem um pouco no final da tarde ser motivo de discussão no Facebook e ver que o senhor e seus colegas discutem e dizem uns aos outros as coisas que, se disséssemos no canteiro de obras, acabaríamos por nos martelarmos. Gosto quando o doutor sorri com calma e confiança, e me diz "fica tranquilo". Gosto muito do doutor, e me assusta pensar que, em vez disso, o senhor também pode perder a calma e a tranquilidade. E depois tem uma coisa que eu gostaria de lhe perguntar: eu li por todas as partes que 50 mil advogados se "cancelarão". Uma vez ouvi dizer que os advogados eram como os padres, eles podem jogar a toga ou a batina, mas sempre padres e advogados permanecem. Do que doutor vai se excluir, querido advogado? O doutor deixará de ser advogado também? E o que isso significa, em termos práticos, para mim? Que terei que ir procurar uma outra pessoa e começar a explicar tudo de novo? E quem vai me indicar o novo? E se ele não me estiver em simpatia como me está simpático o Sr.? Sabe, eu estava quase começando a te querer bem, e mesmo que talvez eu pague pouco e mal, eu estava pensando em lhe trazer uma cesta de coisas gostosas para o Sr. para o Natal...

38

UM ADVOGADO PARA O SEU CLIENTE

Caro cliente, sou o seu advogado. Eu me encarreguei do seu problema, te ouvi, resolvi o problema com você, tornei-o compreensível. Nem sempre aquilo que você diz é compreendido imediatamente. É preciso ouvir com atenção, peneirar as palavras, distinguir as ditadas pela raiva das ditadas pelo coração, separar as que surgem da ignorância e da sugestão daquelas que são ditas com alma sincera. Propus soluções, fiz hipóteses, fiz perguntas, fiz anotações.

Isto, caro cliente, vale para todos os problemas que podem ser submetidos a um advogado: problemas de crédito a recuperar, de dívidas com o mundo bancário, empresas, sócios, famílias, relações de condomínios; com a administração pública, de filhos, esposas e maridos.

Nós ouvimos: nós, advogados, ouvimos.

Eu e todos os meus colegas dedicamos nossa força física e intelectual ao trabalho, isto é, a você, ao seu problema, caro cliente.

Não é verdade que o nosso trabalho é sedentário: corremos de manhã à tardinha, e nos Palácios da Justiça subimos de um andar a outro, à procura do balcão certo, e depois descemos de novo, e subimos novamente, e caminhamos por quilômetros.

Em nossas bolsas estão os seus papéis, as suas esperanças, a sua raiva e a sua decepção, a sua ansiedade e os seus problemas. Nossas bolsas pesam muitíssimo, pois carregamos conosco a vida de nossos clientes.

E depois de ouvir, caro cliente, temos que decidir qual é o caminho certo a seguir, e temos que segui-lo, e gostaríamos de não errar nunca. Às vezes cometemos erros, no entanto, sofremos em silêncio e passamos noites inteiras ruminando sobre os nossos pensamentos. Quem não faz esse nosso trabalho não sabe o que significa acordar à noite e ficar olhando para o teto, esperando o sono que não volta.

Cada um de nós ouviu seu *dominus* (ou seja, o advogado sênior, que lhe ensinou o ofício) dizer: até que você não passe uma noite saudável olhando para o teto, com o estômago revirando e as palavras se sobrepondo em sua cabeça, você não será um advogado.

Velhos entre nós também dissemos aos seus discípulos, e os mais jovens antes ou depois o dirão.

Às vezes encontramos a solução, muitas vezes ganhamos uma causa. E, então, sempre em silêncio, rimos dentro de nós, porque ninguém jamais entenderá o que um advogado sente enquanto conduz o navio até o porto.

Prezado cliente, a gente parece uma turma desunida, porque cada um de nós todos os dias tem que enfrentar tudo e o oposto de tudo, e se eu ganhar significa que outro perde, e se outro ganhar significa que eu perco.

Parecemos desunidos, mas não somos. O sentido da solidariedade se aprende nas trincheiras, nas trincheiras dos tribunais onde descemos todos os dias para fazer o nosso trabalho. Ali você aprende solidariedade e respeito, justiça e muitas outras coisas bonitas. Se aprende também a ser firme e corajoso. Portanto, esse é o mundo em que eu, caro cliente, vivo todos os dias há 30 anos. Eu e 250 mil outros colegas. Agora, de repente, alguém vai dizendo que somos muitos. É um enorme erro grotesco, e te explico o porquê, caro cliente:

Até antes da Segunda Guerra Mundial, o número de advogados era limitado, como os tabeliões. Eram ricos e poderosos.

Mas gente como você, caro cliente, fazia uma semana de fila para conversar com o advogado. E, então, afinal, gente como você, caro cliente, por que diabos teriam que ir ao advogado?

As coisas mudaram, os cenários foram alterados completamente: a propriedade privada não é mais uma coisa de famílias ricas de elite, milhões de italianos são donos de suas casas.

Isso significa simplesmente que milhões de italianos têm problemas com condomínios, relacionamentos com vizinhos, hipotecas, reformas, compra e venda. E isso para ficar em apenas um setor.

O número de advogados não deve ser relacionado com o número da população italiana, mas com o volume de relatórios problemáticos. Bancos, empresas, relações de trabalho, condomínios, separações, divórcios, administrações de apoio.

É por isso que existem milhões de controvérsias na Itália.

E o problema não são os advogados, caro cliente.

O problema é o Estado, que não sabe dar uma resposta adequada.

E paro por aqui, porque teria que lhe falar sobre muitas outras coisas, e o discurso teria uma duração insustentável.

Mas, o que queria dizer-lhe, caro cliente, é que o seu advogado, seja ele jovem, velho, mulher ou homem, careca ou cabeludo, gordo ou magro, simpático ou muito sério, é uma pessoa que cuida do seu problema, e o carrega o dia todo, mesmo quando você não pensa mais nisso. Ele é uma pessoa que se atualiza e estuda para lhe prestar o melhor serviço possível. É uma pessoa que, profissionalmente, resolve o problema dos outros: o ouve, o segue e o respeita. E, portanto, pague quando ele lhe der o conto.

39

NUNCA ENTRE NA PRISÃO COM SAPATOS NOVOS

Experiência de vida: nunca entre na prisão com sapatos novos.

Sou advogado, lido com o Direito Comercial e Societário, e o Direito Penal relacionado com este setor: bancarrota, falências, lavagem de dinheiro, crimes de colarinho branco, gente que vem das esferas mais altas da sociedade.

Quase ninguém consegue suportar o impacto com a prisão. A transição do mundo dourado para a detenção é dura, às vezes realmente eles não entendem o que está acontecendo até o último momento.

Como aquele que encontrarei hoje na Regina Coeli*. "Dialogarei" como se costuma dizer na lei com um empresário poderoso e conhecido enredado numa série de faturas falsas, cifras gigantescas. Na verdade, ele é vítima do mecanismo, ou seja, os tubarões o comeram vivo, mas só descobriremos mais tarde. Ele se acha um mafioso, quase se orgulha disso, falava e fazia bobagens enquanto era interceptado e agora mais ou menos com razão o mantêm em prisão preventiva.

A história para mim, começou às 4h15 de uma certa manhã. Toca o celular, olho para o visor, digo à minha mulher: – Se eles estão bebendo, não é uma visita de cortesia a esta hora, e o alcanço. Ele está com um robe de seda, seguido pelo filipino, que continua a servir-lhe café, e pelos quatro suboficiais da polícia financeira, que estão realizando uma busca. Ele tem em mãos os papéis que lhe foram notificados e olha em volta com espanto, mas também com indiferença. Às 6h30 o chefe da patrulha diz-me: – Advogado, quer explicar o doutor ao cavalheiro o que acontece agora?

– O que acontece agora, Giuseppe? – Acontece que vamos em primeiro lugar ao comando para assinar alguns papéis, e depois eles te levam para Regina Coeli. Certamente não preciso te explicar o que é Regina Coeli.

Pois é, hoje estarei "conversando" com ele. Uso o meu bom terno cinza, uma camisa bonita, uma linda gravata, cabelo curto raspado como eu gosto e sapatos novos, em couro preto brilhante, com a sola na parte superior lucidada como um brilhante. Nunca entre na prisão com uma gáspea de couro lustrada.

No balcão da entrevista, apresento meu cartão e minha consulta, e faço tudo aquilo que é necessário ser feito.

Atrás de mim, está um trabalhador de limpeza: é um lugar cobiçado entre os prisioneiros, dá a oportunidade de se locomover, de passar o tempo trabalhando, de não pensar muito. É por isso que qualquer trabalhador de limpeza faz seu trabalho com muito, muito zelo. O chão atrás de mim é polido como um espelho: uma combinação muito perigosa (sapatos novos e piso brilhante).

Enquanto espero que o prisioneiro venha trazido até a sala de interrogatório, decido ir tomar um café no armazém interno. Só tenho que virar a esquina e andar três ou quatro metros, é questão de poucos minutos ao todo.

Dou um passo, dou dois, logo depois o ângulo descrito acima. A sola do sapato direito, brilhante, desliza no chão, muito brilhante. Você já sonhou em descer as escadas e já acordou chutando o vazio? A sensação é essa. O pé não pega, ele vai para trás, o peso do corpo vai pra frente, e no final da feira eu perco o equilíbrio e escorrego para frente. Para não cair, salto, me empurro com o outro pé, estico os dois braços para a frente e me agarro à primeira coisa que está à minha frente: um guarda penitenciário que vem da direção oposta, falando com um colega.

– Foda-se! E quem porra é você, Cristo, eu escorreguei, desculpe, sou um advogado...

– Doutor... vá pro inferno, me fez tomar um susto....!!

Tradução:

– O que se passa? Oi, e quem está pulando em cima de mim?

– Não, espere: eu tropecei, sou um advogado...

– Advogado é a puta que pariu, você me fez levar um susto...

Certo. Estamos sempre numa prisão, não deve ser agradável ver um homem grande e de certo peso cair em cima de você, que te agarra com todos os dois braços e te arrasta ao chão. Por sorte conseguimos nos explicar à velocidade da luz, mas o certo é que desde então não calcei mais sapatos novos para ir a uma entrevista na prisão.

N. da T.:

(*) REGINA COELI – A prisão de Regina Coeli (Casa do Distrito de Roma Regina Coeli) é a principal e mais conhecida prisão de Roma e é, administrativamente, o bairro de origem da capital italiana. Fica no bairro de Trastevere, no número 29 da via dela Lungara, está localizado em um complexo de edifícios que remonta a 1654, a antiga sede de um convento, e convertido ao seu uso atual em 1881. Recebeu o nome da estrutura religiosa, dedicada a Maria, Regina Coeli.

40

O ASSISTENTE ROMENO

– Não, uma espécie de faz de conta...

– Ah, tá, e eu que pensava quem sabe que coisa...

– Eu estou dizendo, desculpa, faz de conta que seja mais ou menos.

– Mas, eu tava aqui me perguntado, mas... assim tanto por dizer, com toda essa lenga-lenga, se eu estivesse p. da vida...

– E daí? Não, deixa pra lá, que, depois um diz que se dá mal, mas a gente não tá nem aí!

– Aí, você vê que está captando o meu discurso?

– Mas, gente, o que isso importa?

– Aonde vai, Lê?

– Eu vou à praça Flaminio*, e daí pego o *bus* na direção de Prima Porta**, que vou ao cemitério para levar as flores ao meu pobre marido, depois vem me pegar a minha Mariuccia e me leva à Vila Hortênsia***, em Grottaferata****, onde então ela e o marido, vão passar uma semana de férias nas montanhas... E você, o que faz?

– Não, eu ao lar de idosos, vou sozinha, que meu filho já foi...

– Mas que lar de idosos? Vila Hortênsia é um hotel de luxo!

– Ah, Lê, o seu será também um hotel, mas o meu é mesmo um lar do idoso, o filho da puta do meu filho e aquela puta da sua mulher, que conheço, são cinco anos que me prometem que me levarão ao mar e depois me deixam sempre aqui, e aí esse ano eu falei: não venham com essa lenga-lenga de me dizer que vocês me levam e fazem de conta que estão sentidos, eu vou sozinha...

– Você realmente disse isso?

– E você pensa que não? Tenha a santa paciência... na verdade... Pena que eu posso deserdá-lo, aquele estúpido do meu filho, mas estava pensando em contratar um assistente. Há um jovem romeno no bar debaixo da minha casa, muito fofo... E você acha que só os homens podem fazer? Eu o contrato como assistente, me caso com ele, e aquele ingrato do meu filho e aquela gorda da minha nora eu os mando ir pastar, fodam-se eles e o lar de idosos...

N. da T.:

(*) PRAÇA FLAMÍNIO – é o espaço aberto fora da Porta do Povo, entre a via de Muro Torto e a via Luísa de Savoia, em direção ao Tibre. Aqui começa a Via Flamínia, onde se entra na Vila Borghese com a monumental Propylaea neoclássica. Encontra-se fora das Muralhas Aurelianas, em frente à imponente Porta do Povo, onde viajantes, mercadores, agricultores e peregrinos entraram na cidade durante séculos. Acima fica o Pincio com Vila Borghese abaixo, e o Tibre flui não muito longe. Hoje no centro da praça existe um quiosque, ainda em alvenaria maciça, encimado por um relógio Zenith.

(**) PRIMA PORTA – é um cemitério municipal de Roma, localizado na área de Prima Porta; tem 140 hectares sendo atravessado por 37 quilômetros de estradas. Existem setores dedicados às confissões religiosas católicas, evangélicas, judaicas e islâmicas, inúmeros campos comuns e o principal crematório da cidade. No cemitério há também: uma igreja católica dedicada a São Miguel Arcanjo, um templo judaico, uma capela polonesa, uma vila romana do século I a.C. e o monumento aos partidários iugoslavos de Prima Porta. O Jardim das Memórias foi instalado junto ao crematório, um monte de três hectares dedicado à dispersão de cinzas.

(***) VILA HORTÊNSIA — Nome de fantasia de uma casa de repouso de idosos.

(****) GROTTAFERATA é uma cidade italiana na cidade metropolitana de Roma, Capital do Lácio. A cidade é conhecida sobretudo porque abriga a abadia de Santa Maria de Grottaferrata, fundada em 1004 por San Nilo da Rossano e atualmente constituída como uma abadia territorial administrada pela Ordem Brasileira Italiana de Grottaferrata.

41

EU E O MEU CONTADOR

Estávamos no início de nossa carreira, eu como advogado e meu amigo Vitorio como contador. Ele me nominou seu advogado de confiança em um processo penal; estamos falando de cerca de 30 anos atrás. A estrutura da sala do tribunal havia mudado recentemente. O Ministério Público não estava mais à direita do tribunal, mas linha de frente para a Corte, para evidente e óbvia paridade entre acusação e defesa.

Entramos na sala de aula, eu cheio de receios e medo, Vitorio com uma fé obstinada, surpreendente e comovente em minhas habilidades. Eu recalcitrante e queria desistir da defesa.

– Giusè, você tem que me defender!

– Vittò, deixa pra lá, não é coisa, somos dois fedelhos, é melhor você procurar um advogado penalista de verdade!

– Giusè, você é advogado ou não?

– Sim, Vitorio, mas aqui agora é uma situação do caralho, isso é falência, você também é contador, e olha em que confusão você se meteu. Somos contador e advogado fedelhos, ouça-me, procure um bom...

– Giusè, eu quero você.

– É... eu sei, Vitorio, e chegamos até aqui, é a primeira audiência, eu acreditava saber tudo, mas tenho medo ... Acho, mas que caralho, que tenho 30 anos, nunca fiz nada de penal, você não pensará que eu tenho capacidade de lidar com uma deste gênero...

– Giusè... Vittò e vamos...

Então! Ressoa a voz do presidente.

Não percebemos, mas enquanto conversávamos como dois colegiais, o colégio entrou. Todos se levantam, nos olham quase enternecidos. Na verdade, somos dois fedelhos. Mas eu, porém, tenho a toga nos meus ombros. – Advogado, estamos prontos para começar, diz o presidente, – quando quiser dar lugar ao Ministério Público...

Sentei-me na cadeira do Ministério Público, não percebi, estou muito emocionado. Eu fico vermelho e depois vermelho *bordeaux*, então pego Vitorio e o empurro em direção à mesa de defesa.

– O que eu lhe disse? – cochicho-lhe.

– Mas você conhece alguém bom, Giusè?

Ele me diz, fingindo procurar algo na sua bolsa. Os assentos são nos seus devidos lugares: podemos começar, venham senhores, venham ao grande espetáculo da humanidade vária e consternada.

42

UMA VEZ DITO FICA DITO

Voz de quem fugiu, então mais lembrar não vale: e este episódio de alguns anos atrás demonstra o quão essencial saber como morder a língua na hora certa. Demonstra também como os romanos têm um senso da piada que vai além da resposta provocada ou da reação, para chegar ao gracejo para a piada. Estamos na frente da sala do mega diretor do super cartório, somos um grande grupo de advogados, esperando para poder falar com os seus, a Sua Excelência, o mega diretor Lup Mann, com uma poltrona em pele humana, que nos obriga a estar na sala de espera ou no corredor.

A agregação de advogados se deve à demanda louca e teimosa, típica dessa classe de profissionais, para receber informações sobre alguns decretos injuntivos a serem registrados, parados ainda não se sabe onde. Minutos se passam, meia hora, chegamos a uma hora e um quarto de espera. Nós, advogados rumorosos, em vez de protestarmos para sermos recebidos, passamos ao bate-papo, e o murmúrio de fundo virou a bagunça de um boteco na hora do aperitivo. Francamente inadequado para um escritório. E, no entanto, existem modos e maneiras de fazer uma coisa desse tipo. O mega diretor escolheu aquele errado: de repente sai com um modo teatral, com os óculos nas mãos e os olhos arregalados sobre o bigode indignado. Ele olha ao redor e exclama em tom professoral: – Então, o que é esse circo? Eu estou lá, ao lado dele. Não consigo nem pensar. – Cale a boca e não responda, me sai automaticamente a resposta, com o mesmo tom de voz: – Diretor, estávamos esperando o palhaço... Não me perguntes como saí. Se eu estou aqui pra contar, significa que o Pai Eterno colocou a mão na minha cabeça também nessa ocasião.

43

ORDENS SÃO ORDENS

Ano de 1975. O telefone toca, eu atendo e meu imperioso pai me diz: – Como vai você?, vista a primeira coisa que encontrar e corra aqui no tribunal. Traga-me o ato *x versus* y que está na mesa redonda do meu escritório. Corre! Temos o escritório em casa, tenho vinte anos e um esplêndido Moto Guzzi. Eu também sou estúpido como água doce e em conflito com o meu país, advogados. No entanto, estou acostumado a uma disciplina militar e, portanto, a oportunidade é realmente tentadora. Eu estou a cumprir uma ordem, há pouco o que discutir. Então eu coloquei o *clark* sem meias e o *loden*: e coloquei diretamente no pijama. Tenho vinte anos e cheguei tarde na noite anterior. Estou de pijama, embora sejam 10h00. Isso não acontece nunca. Raramente acontece comigo. Desta vez aconteceu. Então eu saio de pijama, *loden* e *clark*, chego ao tribunal na minha Moto Guzzi, com o cabelo ao vento (não é obrigatório o capacete), desço correndo pro primeiro andar. Meu pai olha para mim, e em um segundo ele consegue me matar com os olhos pelo menos 22 vezes: eu ofereço-lhe a escritura: e ele me diz: – Você pode ir, obrigado. E quando chegar em casa diga ao meu filho que da próxima vez deve vir ele diretamente.

Ele está me dando a 2ª pessoa do verbo. E tem razão: se fizesse um filho meu, agora bateria, dava umas pauladas nele. Talvez ele gostaria de fazer isso também. Mas quando estou prestes a me virar e ir embora, vejo seu olhar de repente se iluminar, e um lampo de alegria passar em seus olhos. Eu me viro para entender o que está acontecendo. No corredor, na hilaridade silenciosa da reunião do tribunal, todas as atenções estão voltadas para o advogado mais detestável de todo o tribunal de Roma. Uma pessoa altiva, pomposa, com um sorriso que é desagradável, um corte no rosto e olhos cheios de desdém e ódio por tudo e por todos. Há anos ele desfila pelos corredores muito elegante, está muito preparado e ninguém consegue pegá-lo em castanha. Esta manhã, porém, o Pai Eterno igualou o placar. O advogado, muito chato tinha uma urgência e teve que correr para os banheiros da Corte. Com medo de se atrasar, ele obviamente fez as coisas depressa. E agora ele anda pelo corredor, sem saber que sua roupa impecável hoje tem uma fila de papel higiênico pendurado na sua jaqueta e que ele o puxa desde que saiu do banheiro. A

Corte olha para ele impiedosa, e em nome de sua antipatia extraordinária, ninguém o avisa. Ele provavelmente fará toda a audiência nessas condições. O meu pijama embaixo do macacão é um lixo, estou seguro, meu pai está muito ocupado rindo silenciosamente junto com todo o resto do corredor.

44

13 DE JUNHO DE 1953

Às 22h00 de 13 de junho de 1953, o advogado Giuseppe C., conhecido por todos como Peppino, pegou o travesseiro e a manta e passou o resto da noite no sofá da sala.

*****

Ele não havia brigado com sua esposa, aliás, para os dois, aquela breve separação de uma noite era um gesto de amor.

O advogado Peppino C... era um vigoroso siciliano que se mudou para Roma nos tempos sombrios da guerra. Ele era um homem realmente duro, e dele foi contado um episódio que delineou suas características de coragem e firmeza.

Ainda na Sicília, o jovem advogado, fora contratado por um rico fazendeiro para liberar um determinado latifúndio do colono, que a essa altura agia como proprietário e não queria pagar a quantia estipulada nos acordos. Esse homem, um certo Antonio M., conhecido na cidadezinha como Ntoni, tinha a fama de usar a faca facilmente e de ser hábil com a espingarda.

Peppino C. fez um excelente trabalho, obteve o certificado de despejo e preparou-se, portanto, para fazer o que lhe foi solicitado pelo seu cliente. E um dia de primavera ele chegou, acompanhado pelo oficial de justiça, à pequena cidade em cujo território se encontrava o terreno a ser liberado.

Depois de passar a cidadezinha, a estrada continuava por algumas dezenas de metros: depois de uma acentuada curva à esquerda, encontrava-se ela em frente a uma ponte, na verdade, pequena, que cruzava um riacho.

Na cabeceira da ponte, Ntoni esperava o advogado e o oficial de justiça com uma espingarda nos braços.

A cidade inteira estava postada nas duas extremidades da ponte, nos parapeitos e nas margens da estrada, num silêncio religioso: eles estavam ali para assistir a um acontecimento sangrento, um evento extraordinário que seria contado por anos e anos.

Os dois, o advogado e o oficial de justiça, pararam. Ntoni olhou para eles e com voz alterada disse: – Parem, em nome de Deus. Até agora deixei vocês jogarem, vocês decidiram tudo ... E com um gesto teatral empunhou a espingarda.

O advogado Peppino C. não hesitou. Ele deteve o oficial de justiça com o braço direito, deu um passo à frente e, diante da venerada plateia, aglomerada aqui e do outro lado da ponte, declamou bem alto, como se estivesse em um palco, parado e olhando diretamente nos olhos de Ntoni:

– Ntoni, vê, você tem que atirar agora, aqui, no meu peito, também na minha cara se você quiser! Porque agora eu termino de falar e começo a caminhar e veja que quando eu passo eu não me volto atrás mais, se você se sente um homem, você atira em mim agora, porque, então você atirará em mim por trás, nas costas, e terá que fazer isso na frente de todos esses cristãos. E se, você atirar em mim pelas costas, você não é mais um homem... Você vê, Ntoni, sendo você quem decide...

E então começou a caminhar: Ntoni, claro, não teve coragem de atirar, e as coisas correram como deveriam.

* * * * *

Carmela, também, conhecida como Lillina, era uma mulher que tinha coisas para contar. De todas, a história mais fascinante é a do maremoto de Reggio Calabria: Lillina, uma menina de três anos, foi arrancada do berço pela mãe, que sentiu o terrível terremoto se aproximando. Com a criança nos braços, a mulher tentou chegar até a porta da casa, mas o desabamento a surpreendeu na escada. Num último gesto de amor, apertou nos braços a pequena Lillina, os mesmos braços que os salvadores tiveram de forçar até se quebrarem para retirar o *rigor mortis* da mãe e salvar a criança sobrevivente e encontrada quase dois dias mais tarde.

Um milagre. E em homenagem a este milagre, Lillina tinha uma fibra excepcional, e não conseguia sequer conceber a ideia da morte.

* * * * *

Então Peppino e Lillina se conheceram e se casaram. Ciumento como todos os sicilianos, chegava ao ponto de levá-la ao cinema reservando uma *loggia* privada na galeria, pronto a ir embora imediatamente se alguém se atrevesse a olhar para cima e, desgraçadamente, cruzasse o olhar dela, ainda que por engano.

Ela, austera como todas as mulheres do Sul, chegava a ficar semanas sem falar, se acreditava que Peppino havia ultrapassado alguma misteriosa regra de comportamento que só ela conhecia. E então Peppino torcia as mãos e tentava desesperadamente descobrir onde e quando havia cometido um erro.

*****

Quatro crianças nasceram, duas meninas e dois meninos. E as meninas eram unidas por uma amizade especial, até que Francesco apareceu no horizonte de Olivetta. E então Olivetta começou a falar ao telefone com a cabeça escondida sob o lençol para não ser ouvida pela irmã, escrevendo cartas que ela fazia em mil pedaços, cantar e rir dos poemas que vinham acompanhados de buquês de flores, amuada desesperadamente, por dias, por razões misteriosas que ela nunca teria explicado a vivalma.

Olivetta chegara a Roma com seu forte sotaque do Sul. Na escola, um professor toscano a atormentava por causa desse sotaque. Consolava-se preparando bolos e salgados com a mãe, que depois iam levar para amigos e conhecidos pedalando na sua bicicleta, no ar fresco romano e de que ela tanto gostava.

Ela tinha um vínculo especial com sua mãe, Lillina, a quem chamava com a irmã de "a gata vermelha", pelos seus cabelos ruivos e seu caráter orgulhoso, silencioso e independente.

*****

Às 22h00 de 13 de junho de 1953, Olivetta também pegou seu travesseiro e trocou de quarto: levantou-se da cama e foi para a cama da mãe, que Papa Peppino havia deixado livre para que a filha pudesse dormir com a mãe.

A dormir, não, dormirão aquela noite: Lillina e Olivetta passaram a noite toda abraçadas, mãe e filha, acariciando os cabelos, afagando-se e jurando amor eterno.

Na manhã seguinte, em 14 de junho de 1953, Olivetta casou-se com Francesco.

Em uma das fotos do casamento, no canto do olho esquerdo de Olivetta você pode ver, ou melhor, você pode entrever, ou melhor ainda, se intui uma lágrima. É uma lágrima de felicidade pela vida que está por vir e é uma lágrima de despedida pelo mundo que ela deixou nos braços de sua mãe na noite anterior.

45

PODE PARAR DE EMPURRAR

O advogadinho, pequeno e bem cuidado, com o seu bom fascículo nas mãos, contorna a parede de advogados que o separam da mesa do juiz sobre a qual está a fatídica "pilha", ou seja, a pilha dos processos postos em ordem de chegada dos advogados que estão esperando que o juiz estenda a mão, tire o primeiro fascículo da pilha e o trate. Ao redor da "pilha" acontecem todos os dias, no Tribunal de Roma, tragédias silenciosas, brigas furiosas, abusos e submissões. O advogadinho deve entrar na parede humana e posicionar seu fascículo levantando a "pilha" e deslizando-a para o último lugar. É um empreendimento titânico, é como romper uma barreira de rúgbi, infinitamente mais difícil do que entrar no metrô na hora de ponta. É preciso determinação e coragem, sendo preciso saber escolher o lugar justo e o momento certo. O advogadinho erra tudo. Ele vem na minha direção e começa a empurrar desesperadamente, primeiro com o ombro direito, depois, virando, com o ombro esquerdo. Não quero errar, mas em algum momento parece-me que ele deliberadamente me chuta com seu mocassim brilhante, depois continua empurrando e fingindo que nada aconteceu. Eu olho para ele e vejo o seu olhar assassino: mas não tem o físico, para fazer o que está fazendo, e também é desagradável e teimoso. Eu olho para ele e digo – cento e trinta, colega. Ele ergue os olhos (sou notavelmente mais alto do que ele) e repete as minhas palavras em forma de pergunta – cento e trinta? – colega, respondo: eu peso 130 quilos, se você não me pedir, por favor, não vou me mexer.

Pode parar de empurrar?

46

ENVIE-ME O DINHEIRO, IRMÃO

– Bom dia, sou o advogado Caravita, pode me passar o Fulano, por favor?

– Um instante [música...].

– Pronto, advogado, o que foi?

– Irmão, o banco aceitou a nossa proposta transitiva, devo depositar a primeira prestação.

– Advogado, mas, como devo pagar, eu... tá bom, domingo eu darei um jeito de arrumar emprestado essa grana, que aqui a coisa tá preta.

– Aí, irmão, são 20 anos que você diz que a coisa tá preta, e nesses 20 anos você construiu duas garagens, quatro apartamentos e um negócio...

– Advogado, mas Monti*...

– Deixe Monti em paz.

– O que você é de 'Berlusconi**?

– Não.

– Então somos os dois de Bersani***...

– Não, eu não sou de ninguém, mano, você tem que pagar, você propôs, que porra você quer agora? E você tem que me pagar também...

– Pronto? Pronto? Advogado, a linha vai e vem...

– Aí, irmão, você tem que me pagar...

– E por acaso eu te neguei algo, a você, eu, hem? Assim que fecharmos a gente arruma tudo...

– Não, mano, primeiro você acerta comigo e depois fecha com o banco.

– Mas onde já se viu isso?, agora fico puto da vida e me abala toda a tireoide, te pago, te pago.

– Manda-me o dinheiro, irmão.

– Os filhos da puta da casta... nos estão arruinando.

– Manda-me o dinheiro, irmão.

– O Vaticano, padres pedófilos, Inglaterra, a Coréia...

– Manda-me o dinheiro, irmão.

– As bichas arruinaram a Itália, advogado.

– Manda-me o dinheiro, irmão.

– As mulheres, eu sei que as mulheres são a ruína deste país.

– Manda-me o dinheiro, irmão.

– Eu estou me sentindo mal, tô com falta de ar.

– O dinheiro, irmão.

– Quanto te devo mandar, advogado? Você é realmente duro na queda, hem? Posso te mandar um cheque?

– Não, mano, você pode me fazer uma transferência bancária e me mandar a cópia da ordem de pagamento... Eu não recebo cheques pré-datados.

– Mas eu não ia te fazer pré-datado, advogado, filho da puta, com todo o respeito falando, colocaria a data um pouco mais pra frente.

– Irmão, o dinheiro por transferência bancária, caso contrário, não irei em frente e você se vira sozinho.

N. da T.:

(*) MONTI – Mário Monti, Político italiano, ex-primeiro ministro da Itália.

(**) BERLUSCONI – Silvio Berlusconi, Empresário e político italiano, ex-primeiro ministro da Itália.

(***) BERSANI – Píer Luigi Bersani, é um político italiano, ex-secretário do Partido Democrático, partido político do centro-esquerda na Itália. Ele foi o candidato da coligação de seu partido para primeiro-ministro da Itália com eleições legislativas na Itália em 2013.

47

DIZ QUE TE MANDO EU

– Doutor, com voz rouca, a cliente fuma como uma chaminé, com esta injunção de 36 mil euros o que fazemos?

– Fazemos oposição, querida, pelos motivos que você já conhece, porque eu já respondi aos pedidos dos seus supostos credores.

– E o que isso me custa, advogado? O doutor quer um cigarro?

– Sim, obrigado. Acendo, inalo, sopro a fumaça no ar 3.500 euros todo o procedimento. – Considere que a oposição a faz uma empresa, que a deve fazer praticamente pôr força, não pode deixar de fazer, e que os custos são da empresa, e isso (e aqui disserto todos os vários argumentos, que eu não repito para não vos entediar).

– Advogado, com voz rouca, mas é muito dinheiro! E por acaso pode ser assim?!

– Minha linda, o que você quer fazer, tente encontrar alguém que faça por menos, no final da feira eu também tô de saco cheio de estar sempre pechinchando. São um pé no saco para você e para mim, tanto que isso daqui não sai antes de 2017 – fiz as contas com o calendário nas mãos, intimações, diferimentos, primeira audiência, medidas de instrução, admissão e conclusão, encaminhamento para conclusões –, você agora me dá um depósito, então eu tenho que correr atrás de tudo, você espera e espera, eu tenho que manter a posição aberta, talvez eu esqueça a data da audiência, mas quem me faz fazer isso, encontre um rapaz que precisa trabalhar, que te faz a oposição por 1000 euros.

– Advogado, o senhor ficou furibundo? Eu disse isso por dizer...

– Eu, não, querida, estou tão farto disto... dá-me outro cigarro, como diz você... e sabe o que mais? Eu não quero te defender, é melhor você procurar um outro advogado..., eu inalo e assopro a fumaça, faça uma coisa, me abra a janela, esse quarto está se enchendo de fumaça.

– Advogado, mas o doutor está me mandando embora?

– Não, absolutamente, imagine, estamos aqui a conversar, mas não me peça para fazer esta oposição, porque mudei de ideias e 3.500 não é suficiente, quero 5 mil euros, 2 mil imediatamente e 3 mil dentro de um mês.

– Então, o que devo fazer?

– Aqui está o bilhete de visita desse colega, veja qual é o preço que ele te faz, e entrego-lhe um bilhete de visita que por acaso tenho perto do computador.

– Mas devo dizer que foi o doutor que me mandou, advogado?

– Sim, diga que te mando eu, ou melhor, diga também que te mandei direto pra aquele lugar. Tchau, paixão.

48

DO OUTRO LADO DA SOMBRA

E aí chega o dia em que você está ferrado, inexoravelmente engolido pela profissão mais dura e fascinante do mundo: a de advogado. Você é um advogado e passa as noites quebrando a cabeça, pensando, e os dias estudando e escrevendo. Quem te faz fazer isso? Dinheiro? Não, não é verdade. O dinheiro é uma parte importante, não estou dizendo que não. Mas você não faz isso por dinheiro. Não apenas por isso. Você faz isso por um simples motivo: porque você é advogado e gosta de discutir e de vencer. Sempre foi assim. Desafio-o a encontrar um bom advogado que nunca tenha dito a seus filhos, seus praticantes, seus jovens amigos: não façam essa profissão, mas insiste em fazer aquilo que ele não recomendava aos outros.

– Então, por que você o faz, desculpe?

Eles então te dirão: – Estou muito velho, não tenho alternativa.

Não é verdade.

A verdade verdadeira é que um dia chegaram ao escritório sentenças. Uma vez vinha o oficial de justiça, agora chega a PEC. Mas o suco ainda é o mesmo. A comunicação chega. Você a abre e vai direto para o PQM*. Não deveria ser feito, a regra é que os atos sejam lidos a partir da primeira palavra do canto superior esquerdo, sem pular nada. Em vez disso, você salta para o PQM e lê: aceitar (ou rejeitar, se talvez você for o réu). Resumindo, você venceu. Aqui, nesse ponto, você já está perdido, se foi, o cérebro em completa gelatina. Você é um advogado que ganhou. Seu ego se infla como um balão e você começa a girar como um pavão. Eu ganhei, ganhei, ganhei o caso. Eu tinha razão. Não há caminho de volta. Você fez um raciocínio, alguém (o juiz) te seguiu naquele raciocínio e o fez dele.

A essência é esta: se você for advogado por dentro, quando isso acontecer, você não poderá retroceder.

Sabe o que aconteceu? Você superou a área de sombra que torna opaco o problema, o rendeu claro e teve razão.

Você passou para o outro lado da sombra.

Quando isso acontecia comigo pelas primeiras vezes, ficava louco de alegria. Uma alegria comprimida e inexprimível. Um sentimento ao qual é difícil se acostumar.

Venham comigo para o outro lado da sombra, queridos advogados italianos.

N. da T.:

(*) PQM – Sigla utilizada no final dos atos judicias com o significado de "Por esse motivo".

49

O VOCÊ DE COLEGA

– Nós nos tratamos por você, pode ser, colega?

– Não, advogado, sinto muito. Se você quer me dar um tu, vá em frente, eu o continuo tratando pela segunda pessoa do plural, prefiro assim.

– Mas por quê?

– Veja, advogado, um motivo existe, mas se você não se lembra, não importa.

O colega continua a audiência, de vez em quando levanta os olhos e me olha perplexo. Em seguida, ele volta a carregar. – Qual é o motivo, colega?

– Advogado, realmente, se você não se lembra, significa que não é importante para você. Então, deixemos isso pra lá.

* * * * *

Oito de junho de 1992: como se fosse ontem. É impresso em minha mente.

– Vá, Giuseppe, temos que ir a essa audiência, é importante, não podemos faltar. Vai, diga o que você tem a dizer e volte para casa.

– Vou. Caros colegas, assim é assado, deixem-me ir para casa, deem-me uma referência, por favor.

– Mas, imagine, é claro, ora, o que você veio fazer aqui? Mas nem precisa dizer. Estamos com você.

– Todos: menos você, caro advogado, que procura agora o Você de conexão comigo. É inútil você olhar para mim. Não adianta fazer essa cara de arrependimento se você não se lembra do que estamos falando.

* * * * *

A pergunta que lhe fiz naquela manhã de 8 de junho de 1992 pressupõe duas coisas. Que eu, advogado, cumpra plenamente o meu dever e, portanto, compareça à audiência, mesmo numa situação tão particular.

E a outra é que você, advogado, simplesmente se coloque em alerta e diga: Vai para casa imediatamente, aqui nós e os outros colegas cuidaremos disso.

E a minha pergunta, gentil advogado, era simplesmente essa: Minha mãe, sua colega e procuradora junto com meu pai da parte que hoje é convocada a discutir esta audiência complexa, em oito partes, está morrendo. Ela entrou em coma ontem à noite. Vim porque devo honrar o nosso trabalho. Você poderia me dar um reenvio, e discutiremos um outro dia?

Todos me disseram sim. Todos, exceto você. Você queria discutir. Você me obrigou a argumentar com a cabeça erguida, mas com o coração em casa, sem saber se desejava que minha mãe morresse e parasse de sofrer ou resistisse e pudesse vê-la entregando sua alma ao Senhor. Cheguei em casa às 14h00. Minha mãe faleceu às 17h45, acompanhada dos sinos que tocavam então a Ave Maria.

E aqui estamos nós, você e eu. Encarando-nos reciprocamente. Já se passaram anos, e eu me lembro de você como se fosse ontem. Você me pede para chamá-lo de você: mas sabe o que isso quer dizer, aquela segunda pessoa do singular, advogado?

A tolerância, o respeito entre colegas, a capacidade de defender a própria parte sem ofender o interlocutor e o colega, a capacidade de se confrontar. Isso significa chamar-se por você. Honestamente, você pensa que merece?

Muito, mas "o você", isso você não conseguirá nunca de mim. E se você não se lembra o porquê, significa que você simplesmente não o merece.

50

OBRIGADO, ADVOGADO

Advogado da Cassação.

Ainda me faz rir, se penso que eu, eu mesmo, sou um advogado. Eu, filho de advogado, não queria seguir essa profissão quando criança, mas, se tenho que falar a verdade, agora não poderia ser outra coisa. Sinto-me livre, pobre, mas livre... Às vezes estúpido, mas livre... Rio sozinho quando ganho e não sei explicar por que fico indignado, demoraria muito... Cada vez que perco eu tento entender onde errei (mesmo que eu entenda cada vez menos)... Tenho um grande respeito pelos advogados mais velhos... Velhos, porque eu sou velho, e me divirto muito explicando truques e truquezinhos aos jovens que querem aprender... Eu sempre peço permissão antes de entrar na chancelaria e posso até ficar na fila por horas se necessário for para o cliente... Eu sempre escuto com atenção e quando explico as coisas para os clientes posso recomeçar até 50 vezes se eu perceber que eles não entenderam. Eu bebo a macarena de quem não quer pagar, mas posso dizer com orgulho que decidi muitas vezes não receber um centavo, e com igual orgulho posso dizer que, se A não pagar, é um astuto, mais de uma vez me defendi fazendo as ações executivas. Cada fascículo é uma gota de suor, físico e mental, e às vezes eu não durmo à noite ou acordo de repente com o pensamento a respeito de uma certa história... Eu ainda tremo quando entro numa prisão, as poucas vezes que acontecem comigo, e muitas vezes olho para o céu em busca do conforto de meu pai e de minha mãe, também advogados (especialmente eles) que já se foram desta Terra há 20 anos, mas que continuam a caminhar sorridentes pelos corredores de Viale Giulio Cesare*, junto com todos os grandes, excelentes advogados que os precederam.

*****

Eu havia assumido um compromisso com um cliente. Eu aceitei isso para respeitar a palavra de meu pai, que havia prometido a esse cliente que não lhe pediria um centavo. Foi assim: a pessoa em questão ligou para o escritório. Tínhamos uma casa e um escritório juntos. Meu pai estava trabalhando, mas sua cabeça estava perto de minha mãe, que, na parte do apartamento destinada à moradia, partia, consumida por uma doença tão rápida quanto inexorável. Que meu pai estivesse pensando nela, percebi depois, lendo a procuração que ele escreveu na parte inferior do despejo por morosidade: ele havia colocado a data de 20 anos antes (1972 em vez de 1992, em uma tentativa desesperada de voltar no tempo). Então essa pessoa ligou e atendeu meu pai. Antes mesmo que ele pudesse dizer que estava errado, que não aceitava clientes que haviam encontrado seu número por acidente olhando o quadro da ordem de advogados ou na lista telefônica, ou aonde quer que tivesse olhado, essa pessoa se lançou a uma descrição tão sincera e desesperada da sua situação que meu pai não teve coragem de impedi-lo. Era um despejo de mora, mas ele sempre pagou, mesmo que o locador exigisse o pagamento em dinheiro, obviamente sem recibo. Nos últimos meses, porém, ele havia enviado ordens de pagamento, que não haviam sido encaixadas. O que pode ser feito, advogado? Minha mulher chora todas as noites, meus filhos são muito pequenos, não sei o que fazer, advogado...

Venha amanhã, correndo. Meu pai era assim. Prudente e generoso ao mesmo tempo. Cauteloso e impulsivo, capaz de grandes ímpetos dos quais podia se arrepender mais tarde. Ele não o recebeu, ele o acolheu. Ele o ouviu. Ficou indignado com ele, enquanto, como sempre fazia na recepção de clientes, abria a gaveta da escrivaninha, pousando as mãos sobre ela.

– Quanto terei para lhe dar, advogado? – Nada. Eu não quero nada. Eu estava ao lado dele, no lugar que a mamãe costumava ocupar, também advogada. Ele disse isso enquanto escrevia em sua caligrafia pequena e precisa a procuração na parte inferior, o despejo por morosidade.

– Por que, advogado? Não sou rico, mas não quero caridade. – Sei eu por quê, respondeu meu pai. Ele disse isso de forma tão peremptória que o cliente não teve coragem de acrescentar uma única palavra.

Eu também sabia por quê. Foi um presente para a mamãe. Ela teria feito o mesmo: ela também era capaz de se indignar e de reagir aos abusos, e graças a Deus nenhum dos meus pais fez do dinheiro a única razão para se dedicarem à profissão.

– Significa, caro senhor, que quando este caso terminar, você me convidará para almoçar.

* * * * *

Essa história durou. Durou mais do que minha mãe. Durou o suficiente para permitir que meu pai se iludisse, depois de uma operação que deu errado, de poder voltar ao tribunal mais uma vez. Ele estava tão animado quanto um garotinho, a própria ideia de poder ir em a uma audiência mais uma vez fazia com que os seus olhos brilhassem.

Havíamos evitado todas as audiências, o fizemos nós mesmos. Mas ele queria muito fazer isso, e como eu já disse, a só ideia de voltar mais uma vez entre os colegas, sentar com a bolsa no colo, escrever a ata, esperar o momento de passar perante o juiz, e, entretanto, saudar este e aquele, o faziam estremecer de alegria.

Ele também se foi, e aquela audiência fui eu quem fiz. Ganhamos: obviamente graças ao meu pai. Quando comuniquei ao cliente, ele disse: – advogado, quanto te devo? – Nada, meu pai não disse nada e eu não quero nada. Na verdade, não: o senhor me deve um almoço.

Foi o almoço mais incrível da minha vida. Fui com minha família, minhas garotinhas com olhos arregalados assistiam aos pratos chegarem um após o outro, minha esposa riu. Aperitivos, duplos aperitivos, organizar, legislar.

*****

Até então, meus senhores, seremos os advogados do foro livre, nós que falamos a mesma língua, que nos respeitamos, que sofremos porque nos deslegitimam com regras absurdas, com custos cada vez mais insustentáveis e deixando-nos com as responsabilidades da dramática situação da justiça italiana em nossa alta função: mas que apesar de tudo, continuamos a trabalhar, para não deixar nenhum espaço à advocacia do cartão que vocês desejam.

Nós, não vós, estabelecemos quem é um advogado.

Por nós, e não a vós, as pessoas vêm.

Somos 250 mil, quer vocês gostem ou não.

E quando não existirmos mais, como vós quereis, então serão verdadeiras dores de estômago. Para todos.

Aos meus amigos advogados, velhos e jovens.

Alguém este trabalho terá que fazer. Giuseppe Caravita di Toritto.

Um dos duzentos e cinquenta mil.

51

TERÇA-FEIRA, 17, GRANDE FIM

– Totó, o que você veio fazer?
– Advogado, trouxe-lhe um rolo de massa recheada, que a minha mulher preparou: quando soube como havia corrido o caso no Tribbbbbunale, enlouqueceu, começou a cozinhar, não mais a detive.
– Você viu, Totó, que terça-feira, dia 17, é um dia igual aos outros?
– Mas o doutor tem o chifre de coral, porém...
– Sim, mas um gato preto também cruzou a estrada...
– Tens razão, advogado, és tu que és bom. Onde coloco o rolo?
– Espere o Totó, eu o pego e levo-o para a cozinha.
– Recomendo-lhe, advogado, você tem que comer isso amanhã, assim se enxuga bem...
– Advogado, o que foi? Você engessou a perna esquerda, e o que aconteceu?

* * * * *

– Totó, dane-se quem eu digo, e terça-feira 17 está bem, e o gato preto também, mas você, Deus te abençoe, quando saímos do Tribbbbbbbbunal (mas como você diz é uma outra coisa), você estava tão fora de si de felicidade, que você praticamente me empurrou e me fez passar por baixo de uma escada. E um, e dois e três, com certas coisas não se brinca. E, assim, subindo as escadas da casa, escorreguei e quebrei a perna: o que você fará?

* * * * *

– Minha Nossa Senhora, advogado, eu estou mortificado. Esta noite, peço à minha esposa que prepare para você um *sartù* de arroz, que deve nos perdoar, e depois trago-lhe o corcunda de coral, que é uma mão sagrada.

– Vai Totò, recomendo as almôndegas, o salame apimentado e os ovos cozidos no *sartù*.

– Será feito, advogado! Até amanhã!

– Até amanhã, Totó!

52

TERÇA-FEIRA, 17

– Bom dia, advogado, trouxe-lhe o chifre de coral!

– Olá, Totó, o que devo fazer com o chifre de coral?

– Jesus, advogado, hoje temos audiência no Tribunaaaaaal, esqueceu-se?

– Totó, eu não esqueci nada, falamos sobre isso ontem à tarde, você se ofereceu para vir me buscar e me levar ao Tribbbbbbbunal, como você diz, agora você está aqui, e na sua opinião eu perdi a cabeça e não me lembro mais disso? O que devo fazer com o chifre de coral, Totó?

– Nada, advogado, você coloca no bolso, e quando o advogado adversário falar, ou você falar com o juiz, põe a mão no bolso e aperta!

– Totó, você enlouqueceu de uma vez ou um pouco de cada vez esta noite? Sobre o que você está delirando?

– Advogado, eu tenho medo...

– Mas do quê, Totó?

– Advogado, hoje é terça-feira, 17, quanto te custa meter este chifre no bolso? Tanto não vai ver ninguém...

– Vamos, Totó, dá-me esse chifre, só porque é você...

– Advogado, muito obrigado: vamos, o carro está aqui embaixo no portão, lavado e polido, e você tem que me dar a honra de sentar atrás...

53

COLHENDO AZEITONAS

Durante 20 anos, eu disse à primeira das minhas filhas e às outras duas:

– Não façam Direito, não sejam advogadas.

Ontem e hoje colhemos azeitonas e encontrei uma filha matriculada no primeiro ano de Direito que, trepada numa oliveira com a colega de classe, batia as azeitonas e repetia em voz alta a lei constitucional. Seus olhos brilhavam: era um dia magnífico, era a alegria de estar com a sua amiga, era o mar que brilhava ao fundo a 20 quilômetros de distância.

Mas foi também a alegria de aprender e conhecer as raízes da nossa história. Foi a felicidade de dar um passo a mais para entender a loucura do pai, um advogado rabugento. Foi a consciência de descobrir que os direitos que nos parecem naturais custaram sangue e lutas e sacrifícios.

*****

Azeitonas e cultura. Direito e esforço. Cachorros e gatos, cestos de azeitonas, cestos de nozes (recolhemos também essas), e a alegria de saber que há tanto para fazer, para estudar, para explicar: até subir numa árvore, a colher azeitonas.

*****

Boa noite, Tentilhões e Tentilhoas. Esta noite estou feliz... Giuseppe Caravita di Toritto.

Um dos duzentos e cinquenta mil.

54

OS ADVOGADOS VOAM PARA LONGE

Ele estava deitado, a respiração era regular, mas cada vez mais curta. A porta se abriu e seu primeiro cliente entrou. Silenciosamente, ele olhou para ele e sorriu." Mais de 40 anos se passaram, como você pode estar o mesmo?" Ele pensou, mas seu pensamento era uma frase feita. Você não entenderá agora, disse, aliás, pensou ao seu primeiro assistido. E virando-se para a porta, acenou com a cabeça. Então, uma mulher entrou com uma criança nos braços. – E você, o que está fazendo aqui? Até te mandei pro inferno porque você me pagava pouco e mal. A criança sorriu. A mulher pensou: "Mas eu sempre soube o que você fez por mim." E então ela se voltou para a porta: e a porta se abriu, e entraram ladrões, traficantes, pais de meninos que morreram em acidentes rodoviários, pessoas que tiveram que sair de casa, homens e mulheres separados, administradores de empresas que viveram anos desesperados e que foram perseguidos por agiotas, familiares de prisioneiros. Um rio de gente, o rio de gente que havia cruzado a sua vida.

À medida que cada pessoa entrava, sua respiração se tornava mais regular, e sempre mais curta.

Todos olharam para ele e todos sorriram. Um homem, com uma história terrível, deu um passo à frente. Havia centenas de pessoas ao seu redor: todos tinham algo branco nas mãos.

"Que estranho", pensou ele, "uma vida de toga preta, e agora essas pessoas, de quem eu me lembro de todas, que não são apenas uns pedaços de papel, que marcaram um período da minha vida, estão aqui com essas coisas brancas em suas mãos."

Ele acenou com a mão para um, e todos o olharam nos olhos: – Sabemos, eles disseram, – nós sabemos quem você é. Nunca te esqueceremos, jamais, não te esquecemos nunca.

Abriram as mãos, e centenas de pombas brancas voaram silenciosamente ao redor da cama: cada uma agarrou um pedaço de lençol com as patas, paradas, como se esperassem um sinal.

*****

Todos aqueles que entravam se dissolviam lentamente. As pombas abriram suas asas e voaram alto. O quarto não tinha mais teto.

Sua respiração parou, repentinamente.

O último a se dissolver foi aquele que entrou primeiro, e disse:

– Obrigado, advogado...

*****

Os advogados têm um corpo mortal, que vive, envelhece e morre, e um corpo místico, que se transmite de advogado a advogado, de mestre a discípulo.

Os advogados não morrem nunca, eles voam..

55

FALAR APENAS UMA LÍNGUA É COMO VER COM UM OLHO SÓ

O professor universitário, advogado, de linhagem de advogados, falava três línguas com fluência, além do italiano. Mas nem todo o mundo sabia disso. O conselheiro da Província Autônoma de Bolzano certamente não sabia disso, que para envergonhá-lo enquanto ele, o professor, falava em italiano diante de todo o conselho, pronunciava em voz alta uma piada de mau gosto em alemão, provocando igualmente uma hilaridade grosseira.

Mas a classe não é água, e ele, o professor, altivo e educado por seu pai desde cedo no contencioso e contraditório, não vacilou.

Simplesmente, do ponto em que foi interrompido, com um sorriso irônico (aquele que distinguia toda a família), mudou a língua, e continuou sem hesitar em um alemão perfeito.

A assembleia ficou em silêncio por um segundo, então percebeu que o professor acabara de dar um tapa sem as mãos em seu interlocutor, e irrompeu em aplausos estrondosos.

*****

Somos assim, preparados, um pouco antipáticos e um pouco brincalhões.
E sempre conhecemos uma a mais do que o diabo.

56

QUEM SÃO OS ADVOGADOS

Não são vós, meus senhores, que estabelecem quem é o advogado.

O advogado vai se formando aos poucos, em um único nódulo de dor e sabedoria, de esforço e experiência. O advogado desempenha um papel vital e é uma parte essencial na máquina da justiça.

E não são vocês, meus senhores, com suas leis erradas, que determinam o que faz um advogado: por o paradoxo ser próprio esse. Se vocês, meus senhores, fossem em grau de legislar corretamente, os advogados talvez seriam inúteis.

Mas nunca como agora, meus senhores, graças à vossa ignorância, miopia, despreparo, nunca como agora se há a necessidade de advogados.

*****

O que é um advogado e quando digo advogado quero dizer advogado do livre foro o que estabelece a sua história: a sua capacidade de compreender, de ouvir, de comover, de evitar bajulações fáceis e falsos palcos. A confirmação disso é dada por sua constância, sua retidão moral, e a sua cortesia.

Os advogados livres têm todos uma ferida aberta, da qual não sabem se defender: porque estão tão ocupados protegendo os outros, incapazes de defender a si mesmos.

Não serão vós, meus senhores, que estabelecerão que se é advogado porque possui uma linha telefônica fixa, seguro profissional, ou porque trabalham em um prédio de um total de metros quadrados. Vós, meus senhores, sabem tanto sobre esta profissão quanto o último dos usuários do sistema de justiça.

Meus senhores, quando vocês choraram ou riram ao ler uma sentença, quando tiveram o estômago embrulhado porque se viram diante de uma óbvia injustiça (queria dizer palhaçada, então escolhi esta outra palavra, mais elegante), quando vocês consumaram sapatos para correr aqui e ali e cérebro para dizer seja aqui que ali, coisas apropriadas, quando vocês aceitaram defesas desesperadas, quando ouviram seus assistidos, e os consolaram e direcionados, permanecendo firmes e impassíveis nas escolhas feitas nas vossas linhas defensivas, quando deixaram deslizar sobre vós certas atrocidades que se praticam diariamente nas nossas casas, os Palácios da Justiça, quando tiverem "reconhecido" o papel fundamental do advogado, do advogado do foro livre, então vocês poderão falar e dizer, organizar, legislar.

* * * * *

Até então, meus senhores, seremos os advogados do foro livre, nós que falamos a mesma língua, que nos respeitamos, que sofremos porque nos deslegitimam com regras absurdas, com custos cada vez mais insustentáveis e deixando-nos com as responsabilidades da dramática situação da justiça italiana em nossa alta função: mas que apesar de tudo, continuamos a trabalhar, para não deixar nenhum espaço à advocacia do cartão, que vocês desejam.

Nós, não vós, estabelecemos quem é um advogado.

Por nós, e não a vós, as pessoas vêm.

Somos 250 mil, quer vocês gostem ou não.

E quando não existirmos mais, como vós quereis, então serão verdadeiras dores de estômago. Para todos.

Aos meus amigos advogados, velhos e jovens.

Alguém este trabalho terá que fazer. Giuseppe Caravita di Toritto.

Um dos duzentos e cinquenta mil.

57

E CHEGOU O DIA

Ele usava o traje da cidade, o das viúvas. Todo preto, com o véu na cabeça firmado por um grande alfinete de ouro, e as abas que cobriam quase inteiramente o rosto. As anáguas pretas, uma em cima da outra, chegando aos tornozelos finos, cobertas por meias pretas e sapatos pretos de mocassim nos pés.

Uma luz terrível brilhava nos seus olhos: seus olhos eram negros, negros como o costume da viúva, negros como a morte. E apenas a morte era o que o se podia ler.

Todo o país sabia o que estava por acontecer. Em toda a cidade era sabido porque eram 18 anos que todos esperavam este momento.

Dezoito anos antes, assim que seu primeiro e único filho nasceu, seu marido foi morto. Mataram-no com particular ferocidade: numa emboscada no campo, perto do poço de água, amarraram-no, arrancaram-lhe os olhos e puseram-nos nas mãos. Então eles lhe cortaram a garganta.

Todos sabiam quem era. Ela também sabia. Todos também sabiam o que iria acontecer: ela esperaria que o bebê recém-nascido fizesse 18 anos para depois matar o assassino do marido.

Seu corpo de 40 anos ainda era flexível, e o vestido preto, em vez de mortificá-la, a deixava ainda mais bonita. Dezoito anos de solidão, 18 anos de silêncio, 18 anos esperando para poder ir para a cadeia de cabeça erguida.

E ele não se foi. Ele havia ficado ali, naquela pequena cidade, rindo cada vez que ela passava em frente ao único lugar que servia vinho e cerveja, onde os homens jogavam cartas, com facas no bolso e barbas negras, grossas e eriçadas.

Ela pegou sua espingarda (uma espingarda de cano duplo, calibre 12) de cima da porta. Ninguém, nem mesmo a justiça, jamais havia pensado nessa arma. Ela permanecera acima do batente da porta e ninguém se lembrava dela. Ninguém, exceto ela. Todas as semanas, durante 18 anos, ela a limpava, untava e polia. E ele havia guardado no armário uma caixa com 20 cartuchos para caça ao javali, aqueles com as bolas acorrentadas. Para ela bastavam duas: ninguém ousaria impedi-la. Era seu direito e seu dever. Ela exercitaria o primeiro e cumpriria o último.

Ela carregou a espingarda e saiu de casa. O ar ainda estava quente e a luz cortava os cantos do país em linhas de sombra geometricamente obsessivas.

Os grilos ainda cantavam enquanto os homens se retiravam para dentro da casa. Chegara o dia.

Todos testemunhariam, por trás de suas janelas, o cumprimento do que estava para acontecer. Ninguém levantaria um dedo. Era seu direito, era seu dever.

*****

Com passos rápidos ela chegou à praça, que dava para as casas da cidade. Um silêncio surreal envolveu aquele aglomerado de casas. Até os grilos pararam de cantar.

Ele chegou ao bar. O dono tinha fechado, mas ele, ah, ele, com aquele sorriso no rosto, com que ela sonhava todas as noites durante 18 anos, aquele cujo nome ela só pronunciava na frente do túmulo do marido (você sabe que vou matá-lo, espere até o nosso filho atingir a maioridade, para que eu possa ir para a cadeia em silêncio), ele estava sentado ali com um copo de vinho tinto, denso, como o sangue que logo seria derramado, apoiado na mesa à sua frente.

Como se ele não quisesse acreditar. Como se ele não soubesse o que todos sabiam. Como se ela finalmente quisesse expiar, porque ele tinha que morrer, mas para que a expiação fosse completa tinha que ser ela a matá-lo.

– Aqui estou, disse ela, você sabe o que vim fazer? Ele balançou a cabeça, ergueu o copo como se estivesse brindando e depois riu, ou melhor, sorriu, mas era um sorriso desesperado: ele pensava em ir embora naqueles 18 anos. Mas onde? Não era melhor aproveitar aquele pedaço da vida? Afinal, 18 anos não era pouco tempo. Para onde ele deveria ir? Para ser um mendigo distante? Não. Melhor esperar seu próprio destino.

*****

Dois tiros, a cadeira no chão, ele tombou, o vinho tinto se confundia com o sangue.

Ela largou a espingarda e permaneceu em pé, esperando que a justiça a levasse embora. Eles chegaram quando o sol estava se pondo, e ela ainda estava parada na frente daquele homem morto: os dois esperaram 18 anos. Só quando os homens uniformizados, com as armas nas mãos, começaram a se aproximar, as lágrimas que ela segurava por tanto tempo, muito tempo, começaram a escorrer sob seus olhos orgulhosos, negros como piche, negros como a morte.

58

TAMBÉM

Não existe apenas o dinheiro. Existe "também" o dinheiro. Mas, graças a Deus, eles são seriam uma coisa secundária, uma ferramenta, não um valor absoluto.

São os passeios à beira-mar, os livros para ler, as coisas para escrever, as mãos calorosas de quem te ama, os filhos, o passar do tempo, as lembranças, as lágrimas de alegria e as de dor, os arrependimentos, as satisfações, o pôr do sol, o amanhecer, as noites de insônias, as viagens, as amizades repentinas, a raiva que impede quem quer te machucar, o sono que vem para te proteger, o acordar da manhã, as coisas a fazer.

Existe o amor, aquele que vem de repente e te nocauteia como um pugilista nocauteado, e que você corre pra alcançar, mas está sempre um metro atrás.

Existem, como eu disse, crianças, que, quando nascem, e você as coloca nos braços, você se sente um leão e não dá a mínima para nada além delas. São as mesmas crianças que crescem e te enlouquecem, e você não sabe se está errado, se faz bem ou se faz mal.

Há o mar aberto da vida e, de repente, há, à distância, a linha terrestre, seu pouso final.

Está longe, mas enquanto isso está lá.

Existe a sabedoria da velhice, existe a loucura alegre da velhice.

Existe o desejo de distribuir carícias, existe o desejo de receber carícias.

Existe o desejo de partir e ir embora, bem longe, e a consciência de que quanto mais o tempo passa, mais as suas raízes se estendem e você não pode ir sem voltar.

Existe o mundo inteiro que continua, apesar dos espertos, apesar dos que pensam que não é necessário um advogado. Existe a nossa profissão, e existem os nossos clientes, e você os assiste não só porque te dão o pão de cada dia (ó Pai nosso, que estais nos céus, dai-nos hoje o pão de cada dia), mas porque o teu ser advogado te transforma em alguém que os outros nunca entenderão. E é por isso que você vai, segue, fala, se informa e estuda...

Porque não existe apenas dinheiro. Existe "também" o dinheiro, e servem a desfrutar de toda essa confusão incrível, turbulenta e não arrestável que é a vida. Mas sem vida, sem bagunça, sem afeto, sem inteligência, sem sentimentos, o dinheiro é só o esterco do diabo.

59

BOM TRABALHO, IRMÃOZINHOS

Quando falo de advogados, não estou falando de títulos, estou falando de sentimentos, modo de ser, de muitos pensamentos, cansaço físico e mental, longos discursos na solidão consigo mesmo, sorrisos que não se veem mais. Falo de homens e mulheres que fizeram os corsários nas cortes: não piratas, corsários. Como o corsário negro, estou falando de homens e mulheres que por anos cruzaram as lâminas com correção e empatia. Estou falando do "meu" mundo, agora muito distante, e estou falando sobre a clara e distinta sensação, plantada como uma lâmina no estômago, de que a palavra "direito" foi substituída pela palavra "dinheiro".

E tudo aquilo que sonhei, persegui, desejei, esperei, derreteu como neve ao sol. Mas é um sol pálido e doente, e a neve é pura e branca.

Bom trabalho, meus amigos. As casas nos penhascos estão nos meus sonhos, ou seja, nos sonhos de quem acreditou em tudo o que lhe disseram, que fez um monte de besteiras, de quem sabe muito bem que as coisas boas que fez estão em banho-maria, que as coisas ruins que fez estão ali, e que te apontam o dedo.

Não tenho bens ao sol, exceto a minha mente e o meu trabalho que não existe mais. E a saúde, que graças a Deus não falta.

* * * * *

Mas neste turbilhão de reformas tolas, de adiamentos, de tribunais sem papel para fotocópias, sem grampos para os grampeadores, devemos relembrar que um advogado é aquele que sabe ouvir, que sabe se compadecer, que sabe suspender o julgamento, que conhece o caminho e as técnicas do coração, que sabe ser duro sem ser impiedoso. Não existem ternos riscados e ternos elegantes que sustentem: um verdadeiro advogado carrega sua profissão no coração e na cabeça, mesmo quando é pobre.

E enquanto esse equilíbrio se mantiver, será um milagre irrepetível.

Bom trabalho a todos.

Giuseppe Caravita di Toritto. Advogado, um dos tantos.

60

COMO VOCÊ ME RECONHECEU?

Ele havia deixado o escritório cheio de raiva comprimida. Os motivos habituais: muito fumo e pouco assado. A sensação de estar pisando em ovos. Os papéis transbordando. Os clientes que... deixem pra lá, dizia a si mesmo, enquanto um sentimento sombrio o invadia.

* * * * *

Ao mendigo que se aproximou dele e lhe pediu algo para comer, ele respondeu abruptamente "não". Mendigo. Foi a primeira palavra que me veio à cabeça.

Então ele parou para receber uma ligação no celular. Alguns minutos e ele finalmente pegou sua bicicleta para ir na direção da sua casa. Algumas pedaladas, e o viu novamente, do outro lado da rua: cabeça baixa, sujo, oprimido, derrotado. Com fome. E se sentiu envergonhado: então apoiou na bicicleta, pegou-o pelo braço e puxou-o para dentro de uma pizzaria.

O mendigo arregalou os olhos com a rica exposição no balcão. – Minha mãe, que roupa suja ela tinha. E apontava com a alegria de uma criança para uma assadeira de pizza cheia de todo tipo de coisa boa: [...] posso ficar com aquela?

Então ele se virou e o olhou direto nos olhos. Ele poderia ter dito qualquer coisa (eu sei: obrigado, meu Deus, que fome, que pizza linda, que Deus o abençoe), mas em vez disso ele saiu com uma frase que o atingiu certeira no meio dos olhos, e desceu até o coração: – Como você me reconheceu?

Jesus, pensou imediatamente, nos conhecemos há três minutos, te mandei para o diabo, você é sujo, feio e mau, e você ainda me pergunta como eu te reconheci? Então ele viu aqueles olhos de criança perdidos no vazio, e entendeu. Quem está perdido, quem está derrotado, também está condenado ao esquecimento, ao nada. Ele o havia tocado, falado com ele, alimentado (não implorando, não, alimentando) e ele, o mendigo, sentiu-se reconhecido.

* * * * *

Ele se virou abruptamente, remontou na sua bicicleta e saiu. O mendigo ficou comendo enquanto ele lentamente pedalava para casa.

61

OS MONSTROS

Ohh! O tribunal vazio assim eu nunca tinha visto. Hoje estava vazio. Até impressiona. Mas não é um declínio dos contenciosos, é uma derrota do Estado, que não sabe administrar os conflitos, cada vez mais violentos, irados, obstinadamente cultivados, fora do circuito da convivência civil. A falta de cultura em geral resulta no afastamento de uma das maiores conquistas da humanidade, o processo. Todos gostariam de ter uma justiça sumária, execuções capitais, todos gostariam de estar certos a todo custo. O formalismo exagerado criou uma massa de processos baseados no ponto e nas vírgulas. E, portanto, falar de cultura jurídica agora se torna imperativo, precisamente por nesse momento ser percebido como uma sutileza de embrulhões.

Poucos dias atrás, enquanto subia as escadas do tribunal, cruzei por duas mulheres que desciam: olhei para elas, como penso que é normal fazer, e uma delas disse-me em voz alta: – Que porra você está olhando. Não tive forças para reagir, não como agido assim há tempo atrás.

No vácuo pneumático, o sono da razão gera os monstros*: e entraram em nossa casa, o Palácio da Justiça.

N. da T.:

(*) *O sono da razão gera monstros*, o autor faz referência ao quadro de Francisco Goya.

62

O BABÁ DO ADVOGADO

– Advogado!

– Diga-me, Totó...

– Aquele vilão do meu filho lhe desconsiderou: me desculpe!

– O que você está dizendo Totó?

– Advogado, eu o mandei trazer os papéis que o doutor me pediu...

– Totó, ele trouxe os papéis e foi embora: por que ele me desconsiderou, Totó?

– Advogado, eu havia mandado junto com os papéis uma bandeja de *babá**, mas o malcriado comeu eles ao longo do caminho, eram dez.

*****

– Puxa vida! Agora eu entendo o olhar estonteado do menino e o cheiro de rum nas cartas que você me mandou, Totó.

*****

– Não te preocupes, Totó, o que o olho não vê e o coração não dói. Em vez disso, o rapaz como está?

– Bêbado, meu advogado...

– Tá bom, Totó, da próxima vez me mande a *sfogliatelle***.

N. da T.:

(*) BABÁ – é uma sobremesa típica da cozinha napolitana embebida em rum.

(**) SFOGLIATELLE – (em napolitano: a sfugliatèlla) é uma sobremesa típica da cozinha da Campânia e vem em duas variantes principais: pode ser crespa, se preparada com massa folhada, ou massa quebrada, se preparada com massa quebrada.

63

O FARDO DA DEFESA

O velho advogado olhou para a senhora com roupas justas, seios salientes e ombros nus. Foi um processo estranho, bizarro, ele não gostava do seu cliente, não gostava da parte ofendida, não gostou da forma que o caso teve, acabando sem motivo nas páginas dos jornais locais. Foi assédio sexual, o que provavelmente, aliás, certamente, eram todas cabíveis. Mas seu cliente era evidentemente um idiota, que se deixara levar por uma paixão descomedida e ultrapassara os limites intransponíveis, sendo um vilão que não conseguira parar em tempo. Por outro lado, no entanto, certamente, não havia violetas. Ele odiava esse tipo de julgamento, mas advogado é advogado, e se aceita tem o dever de a portar ao fim. Escolheu, portanto, um caminho equilibrado, feito de silêncio, uma escolha que tinha aparentemente deixado livre o colega da parte civil, com esclarecimentos precisos e pequenas fechadinhas.

Aí a imprensa invadiu e ele fugiu dos repórteres com as canetas embaixo do nariz, os cadernos, os microfones, e as câmeras. Ele não queria, não queria mesmo, dar espaço às invasivas da mídia, e assim que a audiência terminasse sairia com o rosto franzido e a passos largos.

Naquele dia, o dia do exame da parte lesada, ele estava particularmente irritado, e gostaria de tomar um pouco de liberdade, sem saber se arrependeria ou não. Ele tinha uma ideia bem específica na cabeça, e ninguém a teria tirado dele, nem mesmo com um alicate: seu cliente era um idiota, dominado por instintos primitivos, e a parte ofendida era uma pessoa inteligente, sensual, provocante e encantadora e a pessoa que conduziu a situação com extrema racionalidade: mas então ela não era mais capaz de controlar o animal que vivia dentro de seu agressor, o homem agora sentado no banco dos réus? Todas as coisas que de forma alguma justificam o que havia acontecido, pelo amor de Deus, mas que, no entanto, também pareciam uma armadilha bem planejada: histórias tão antigas quanto o mundo. Além disso, também ele, o velho, sofria de alguma forma o fascínio intrigante da senhora perfumada, e isso lhe doía ao ponto de irritá-lo, sentimento que não deveria albergar no coração e no cérebro de um velho advogado criminal.

* * * * *

Quando chegou a sua vez, o advogado começou a falar.

Ele queria dizer coisas desagradáveis, levantar dúvidas, insinuar. Mas não, isso não podia ser feito. Ele teve que continuar na estrada já iniciada. Melaço, oblívio e limitar o dano para o seu cliente.

* * * * *

Para isso, ele repetidamente mordeu sua língua e calmamente começou:
– Bom dia, senhora, vou lhe fazer algumas perguntas.

E então ele continuou com a sua cantilena hipnótica, a pergunta responde, etc., etc., um interrogatório sem infâmia e sem elogios, exatamente o que ele se propôs a fazer.

* * * * *

O advogado procedeu então com uma defesa excelente e moderada, espalhando melaço (como havia planejado) com as duas mãos e, ao ler a justa, mas certamente branda sentença, com pena suspensa e indenização adequada por danos à parte civil, voltou-se para o seu cliente.

Ela queria dizer-lhe algo sábio, mas ela viu um flash sinistro naqueles olhos mortos. Todo o braço do idiota balançava embaixo do balcão, fremia cada vez mais violentamente, e um arrepio percorreu todo o corpo do cliente enquanto o velho advogado sussurrava: – Você me dá nojo!

A frase foi encoberta pela risada histérica da próspera senhora, que abraçou e beijou seu advogado.

As pessoas estavam saindo da aula. O vilão, a besta, o seu cliente, o idiota, encobrindo sua vergonha umedecida com sobretudo, disse ao velho advogado: – À tarde passo pra saldar os meus honorários...

– Nojento, repetiu o advogado, e foi-se de cabeça baixa.

64

BEM ALI

Por uma das ruas que leva ao Palazzaccio: ao meu lado, um colega que conheço, porque o conheço há mais de 30 anos, passa ao lado de seu cliente, de cabeça baixa para ele. O velho baixinho, pendurado no braço do advogado, começa a cantar: – Porque mesmo ali, e faz um gesto vago com a mão, estava lá, estava o, estava... E ele se enrola nessa ladainha e não consegue sair disso. Eu desacelero, porque estou curioso para saber o que diabos estava "mesmo ali".

Mas o velho senhor é agora um disco emperrado, ele limpa os lábios com um lenço e fica repetindo: – O, é, ló, ah, lá, uh...

O colega, muito paciente e cortês, continua dando pequenos passos ao lado do velho pendurado em seu braço. Vão em direção à Cassação, para o Palazzaccio, e quem sabe que história teriam para contar, o colega e o velho senhor, se ao menos se tivesse o atrevimento de intervir naquela gagueira que deve ter sentido, e o tempo para ouvi-lo.

Mas o tempo ao invés é tirano e eu tenho que ir, e a confidencialidade só permite que você tome posse de pequenos trechos de conversas particulares.

Nunca saberei o que estava bem ali, nem jamais saberei onde está aquele "mesmo ali".

* * * * *

Cada um de nós tem um "mesmo ali" e uma memória que não pode terminar de contar. E cada um de nós tem seu próprio advogado, a quem tenta contar a sua própria história.

65

COMA 22

Conheço todos vocês, um por um. Vejo você preparando suas bolsas, colocando os seus atos, assinando papéis, esperando clientes, folheando livros, procurando na internet. Vejo você sentado na sua escrivaninha, fazendo anotações. Vejo, sinto, entendo: minha vida e a vossa vida, unidas pela profissão que fazemos. Advogados. Pessoas em busca de equilíbrio. Malabaristas na corda bamba. Tudo com pressa, com mil e mil pensamentos que se sobrepõem, se cruzam, entram de um lado e voltam do outro.

Tudo isso por quê? Vou te dizer por quê: porque somos loucos. Porque o primeiro requisito para ser advogado é ser louco, doente da mente. Porque só um louco consegue pensar em se colocar, às vezes, contra tudo e todos. E não pense: sou louco. Somos todos loucos. Os advogados, aqueles verdadeiros, são loucos de legar. E também conseguem amar e ser amados. Os advogados, os verdadeiros, não são sãos de mente. E quem não é louco não pode ser advogado.

É o famoso Parágrafo 22: "Quem é louco pode pedir dispensa de voo, mas quem pede dispensa de voo não é louco". Aplicado ao contrário: "Quem é louco não pode ser um advogado, mas quem é advogado é louco".

66

AS TOGAS SÃO USADAS EM PÉ

Vocês podem ser ricos, ter filhos louros, mesmo que sua mulher tenha cabelos descoloridos, tenha contos gordos e o gerente do banco prostrado a seus pés.

Vocês podem ser sócios em clubes exclusivos, jogar tênis e ter carros reluzentes e filipinos que fazem a sua cama.

Vocês são advogados, nós somos advogados. Nós que lutamos diariamente, nós que sabemos o que vocês querem (fazer-nos desaparecer), e não sabemos como interromper e como fazer com que vocês desçam do cavalo. Nós. Mas quem vem depois de nós olha, em silêncio, e sabe, é, se sabe o que fazer. Panta rei*. O ciclo de vida funciona também para os advogados.

E você pode passar 30 anos na prisão, como Mandela, e permanecer advogado. E você pode ficar confinado, como Pertini, e permanecer advogado. E se pode ser advogado e ter ideais. E se pode ser advogado e ter coração.

Se pode, se pode... Tudo tem um preço, e a liberdade tem o preço mais caro de todos.

Somos advogados. Defendemos os cidadãos. Somos duros, muito duros, mas nosso coração bate e sangra todos os dias.

Nós, advogados italianos, nós que ensinamos o direito ao mundo inteiro.

Nós verdadeiros advogados, que vivemos sempre com ideais no coração: onze advogados com o mil de Garibaldi, Lídia Poetisa, Angiola Sbaitz, Ambrosoli e outros mil e mil.

Nós, com o coração em turbulência, sempre. Nós, que somos 250 mil e somos muitos.

Nós somos os guardiões do artigo 24 da Constituição.

Nós, e antes de nós os nossos professores, e depois de nós os nossos discípulos.

Não há liberdade sem advogados.

Boa noite, meus amigos. Sonhem com as togas, as quais são nossas asas para voar alto e fugir dos liberticidas. Sonhem com togas para cobrir os oprimidos e enxugar-lhes as lágrimas.

Sonhem com togas que se vestem de pé, porque nas poltronas do poder elas se estragam.

Boa noite, advogados!

N. da T.:

(*) PANTA REI – Do grego; significa *Tudo Flui*.

67

TOTÓ, O ADVOGADO E OS RACKS DE CASACO

– Jesus, advogado, e você joga um casaco como este em uma cadeira dessa forma?

– Mas por quê, Totó, você vê racks por aí?

– E a bolsa, advogado, que ainda cheira a couro bom, e você joga no chão assim?

– Totó, se eu tiver um problema, agora vou te dar um pescoção que vai ressoar por todo o prédio. Mas você entendeu onde estamos?

– Sim, advogado, estamos num tribbbbunal...

– E tira todos esses b, Totó, isto é um tribunal, e é isso, e aqui ninguém tá nem aí, muito menos tem tempo para pensar em racks...

– Advogado, dá isso, eu seguro o seu casaco, dobrado para não estragar, não diga que fomos ao Tribbbbbbbbbbbbunal e não pude servir ao meu advogado...

– Mas por quê, Totó, você é barbeiro?

– Não, advogado, eu sou...

– Eu sei quem é você: um otário, e eu mais otário do que você, ainda vagando por tribunais, e não consigo encontrar Tribbbbbbbunal com 12 Bs.

* * * * *

Aplausos, cortina, reverências.
Bis, bis, bis ...

* * * * *

TRIBUNAL DE QUARK UNIVERSO PARALELO

– Por favor, advogado, sente-se. Coloque a jaqueta também no sofá, o rack está cheio. A bolsa aqui do meu lado, assim estamos tranquilos. Me diga...

*****

TRIBUNAL DE XXXXXX MUNDO REAL

Jogo a jaqueta em uma cadeira, agarro a bolsa entre as pernas e com a pasta na mão vou até à mesa do juiz.

– Juiz, digo, enquanto outro colega acaba de se aproximar. E o juiz me golpeia: – Advogado, você não vê QUE UM DOS SEUS COLEGAS JÁ ESTÁ ME PERTURBANDO? Então, se vocês não sabem, saibam: os juízes não trabalham, eles são incomodados.

Os juízes, no mundo real, não são pagos para examinar questões e resolvê-las como uma questão de direito, mas pelo incômodo de ter que fazer isso (e como eles fazem isso, não vamos com muita sutileza).

Nós, advogados, não trabalhamos: perturbamos. Em suma, somos 250 mil enche o saco.

Bem: sempre foi o meu sonho, aquele de encher o saco.

68

ANTONIO DETTO, TOTÓ E OS MISTÉRIOS DA JUSTIÇA

– Totó, por que você não vai para casa? Nosso compromisso acabou...
– Advogado, gosto de olhar para você enquanto trabalha, que inconveniente posso lhe dar... Eu me sento aqui no canto, me faço bem pequenininho...

*****

– Advogado, mas todas essas coisas que você escreve, depois alguém as lê?
– Totó, mas você disse que ficava quieto. Espero que fique, penso que eles leem uma linha sim e uma linha não.
– Oh, Jesus, e como eles decidem bem então?
– É, Totó, a justiça é cega, muitas vezes vesga, não precisa saber tudo, absolutamente tudo. Sabe, às vezes tenho a impressão de que o juiz decide assim, um pouco do jeito dele.
– Advogado, mas você está dizendo uma coisa gravíssima.
– Não, Totó, foi sempre assim. Você pensa que tem razão e vai ao advogado, a sua contraparte pensa que tem razão e vai ao advogado. Nesse ponto, você está convencido de que tem o caso em mãos. Ao invés disso, quebramos nossos cérebros e, quanto mais escrupulosos somos, mais escrúpulos temos. E nós escrevemos, escrevemos. E o mesmo faz o colega de seu oponente também. Ele escreve, escreve, escreve. E tanto ele quanto eu estamos convencidos de que acertamos o alvo. Sem falar que vocês clientes têm certeza de que têm razão, porque foram ao advogado.

*****

– Então, advogado, o que acontece, na sua opinião?

– Que o juiz faz uma ideia própria, que não é a minha, nem a sua, nem deste, nem daquele ou daquele outro. E depois, Totó, se eu não escrevo, você não vai me pagar, e eu tenho que viver, deixe-me trabalhar.

– Jesus, advogado, por um momento eu ia me esquecendo: mas você fala quarkiano?

– O Quarkese, Totó, falo sim, e também trabalhei quatro ou cinco anos em um escritório de Quark.

– Porque, advogado, eu recebi uma carta do Tribunal de Quark...

69

EM BREVE COMEÇAREMOS DE NOVO.

DUAS DICAS PARA SOBREVIVER: IRONIA E LEVEZA

Amo essa advocacia, pomposa, autorreferente, sem um pingo de ironia, que já se levou ao túmulo e agora ora em volta do caixão (então não sou eu que estou ali, muitos pensam erradamente, muitos).

Amo, advogados que estão convencidos do seu umbigo, para citar um fórum sem indignar ninguém, seja o centro do mundo, do inteiro universo.

Amo pessoas que se levam a sério.

Levemos esse gato para o Supremo Tribunal Federal: aconteceu comigo, tive que defender uma senhora que havia trazido o gato para uma pensão para animais, tendo necessariamente que ir longe. O gato morreu e o dono da pensão conservou o corpo no congelador, reclamando depois algo como 20 mil liras (dez euros) por dia para a conservação: por um total de 2,5 milhões de liras antigas. Respondeu que teria sido seu dever notificar a autoridade veterinária e proceder à cremação. O gato obviamente se chamava Silvestre.

*****

Só quem no caos e na tragédia ainda consegue sorrir pode pensar no seu futuro, que é depois o futuro de muita gente.

Este navio afundou: aprendi a nadar em mar aberto desde pequeno.

Será um problema, talvez, para aqueles que até agora se lançaram no bufê. Com a barriga cheia, sabe, você não nada muito bem.

Advogado Giuseppe Caravita di Toritto e Gato Sylvester, dois dos duzentos e cinquenta mil.

70

VAMOS SER PRECISOS, POR FAVOR

Ele diz: – A pensão alimentícia você paga regularmente, sim?
– Juiz, vê você...
– Presidente, eu sugiro...
– Presidente, ele continua, eu nunca paguei os mantimentos!
O presidente arregala os olhos, o chanceler engasga-se, a mulher permanece impassível, eu olho para eles com espanto.
– Presidente, eu só faço transferências bancárias, conclui.

*****

Podemos continuar: Venham, senhoras e senhores, crianças e soldados pela metade do preço, venham ao Grande Circo da Humanidade Dolorosa. Não há truque e não há engano. O que você vê e ouve é tudo verdade.
Aquilo que você entende é outra questão.

*****

Entendamos: somos nós que falamos estranho. Então, se alguém responde apropriadamente, parece que é louco. Mas, ao invés, não, acho que ao contrário os loucos somos nós.
Nenhum cheque, apenas transferências eletrônicas.

71

OS ADVOGADOS SÃO MÁGICOS (ELES APARECEM, MAS NÃO DESAPARECEM)

– Do que você está rindo?
– Nada, estava lendo a carta do advogado do condomínio...
– Porque agora os advogados te fazem rir, você, que foi sempre um cagão...
– Não, ouça aqui: Na audiência Parapim parapam, diante do juiz Caio, compareceram os advogados das partes...
– Bem que enlouqueceu de uma vez? O que tem de rir nisso?
– Mas pense na cena: chega o juiz com a capa daquele mago negro, se arregaça as mangas, fala Sim Sala Bim, e Puff, aparecem três ou quatro advogados juntos... Agora, se você não vem aqui me abraçar imediatamente, eu digo abracadabra e farei você desaparecer...

*****

– Não, piedade, que da última vez que alguém (oh, ele tá vendo que o romano eu também conheço?) disse abracadabra desapareceram 4 mil advogados todos juntos e ainda estão procurando por eles.
Diz uma outra coisa, que eu sei, supercalifralistiexpialidoce.*
– Obrigado, por toda a classe jurídica!

*****

"Abracadabra", sopro. – Você gostaria, hein?

N. da T.:

(*) SUPERCALIFRALISTIEXPIALIDOCE – Música do filme de Mary Poppins.

72

A CLASSE FORENSE TEM CRÉDITO

Nos últimos cinco anos, toda a Itália solicitou crédito econômico à classe forense. Este é o fato, para mim indiscutível, para além das fáceis ironias e classificações que se podem fazer como "picaretas": empresários e particulares têm pedido crédito econômico à classe forense autoaplicando dilações, exigindo reduções, pagando o mais tarde possível.

A classe forense deu generosamente.

E não porque os advogados sejam fracos: longe disso, muito pelo contrário, porque pensam que têm ombros fortes. E aceitaram o pedido de crédito, apoiando mesmo em condições impossíveis aqueles que realmente precisavam ser assistidos para não serem esmagados.

Nem todos, claro. Nem sempre, obviamente.

Mas a essência da questão é que, se os advogados não tivessem disponibilizado sua capacidade intelectual, econômica e física, muitos – mas realmente muitos – teriam passado as penas do inferno.

Eis a classe forense, como um todo; não tem apenas crédito econômico, mas também crédito social e ético para com a sociedade italiana: que este discurso seja claro para todos.

73

QUINTA-FEIRA, NHOQUE

O advogado XXXX caminhou devagar e com a cabeça baixa em direção ao restaurante, logo atrás do Campo de 'Fiori'. Eram os anos 70 e ainda havia aqueles restaurantes onde o anfitrião era o dono, o cozinheiro, o criado, todos juntos, ajudados pela mulher ou pelo filho. No início da manhã, o anfitrião foi ao mercado, escolheu os ingredientes do cardápio diário e depois foi para a cozinha.

Com 3 mil liras (um euro e 50, mais ou menos) comeu um primeiro prato, um segundo... pão, água e um copo de vinho branco: sem possibilidade de escolher o que havia.

O advogado XXXX estava preocupado e amargurado. Ele havia perdido o prazo para um depósito em um caso importante e não conseguia superar isso. "Estou ficando velho", pensou ele, "minha mulher se foi, meu filho trabalha no exterior". E por isso que ele era dominado por um sentimento persuasivo, invasivo e contínuo: a solidão.

O único momento de socialização que se permitia, além das manhãs na corte e dos compromissos em seu escritório cheio de papéis e poeira, era o almoço diário em um restaurante (o centro de Roma estava cheio, então, de lugares como aquele que ele havia elegido como seu refúgio pessoal).

Preparou-se então para comer, mordiscando uma roseta tirada do cesto: esperava uma sopa alegre (quem quer que seja romano sabe o que é, e os outros devem ir olhar, e depois um linguado). Era ou não era sexta-feira, droga, e ele não havia pulado o prazo, droga?

*****

O anfitrião era metódico. O advogado sabia, após anos que frequentava o local, o que iria comer.

E então, quando Mário, o anfitrião, com seu avental, as mangas arregaçadas e o guardanapo no ombro direito, colocou um prato de nhoque na frente dele, ele ergueu os olhos e disse: – Ah, Mário, e por que o nhoque agora? E o Mário respondeu prontamente: – Advogado, e eu sei há 10 anos que você vem comer aqui, e que você sabe que era nhoque de quinta e tripas de sábado?

*****

O advogado estremeceu, levantou-se e deu um beijo na bochecha direita de Mário, – Advogado, o que está fazendo?
– Deixe pra lá, Mário. Você não consegue entender, mas você me deu um ano de vida, talvez dois, tô!

*****

Era quinta-feira. Ele, triste e solitário, que falava das suas coisas apenas com a fotografia da mulher, que guardava sobre a secretária, convenceu-se à 00h30 de que era sexta-feira. E, portanto, a escritura que era para depositar na sexta-feira, para ele, era caso perdido. Por isso, esforçando-se para inventar, para justificar tal falta, arrastou os pés até o restaurante: e ali, junto com os nhoques, chegara à salvação.

Comeu com apetite, embora a tristeza de não poder contar à sua amada esposa o mal-entendido que agora se tornara uma anedota saborosa o fizesse sentir com um mal-estar.

*****

Nhoque de quinta-feira, meu amor.

74

ESTIMATIVAS

Observemos o caso de um advogado extremamente escrupuloso e altamente experiente, que tem de elaborar um orçamento obrigatório para o aspirante cliente.

Quem idealizou essa norma acredita que a ação judicial é algo fechado, uma caixa contendo objetos que podem ser retirados, catalogados, conferidos e avaliados.

A realidade, porém, é outra.

O nosso advogado, como dissemos, recebe uma missão: pede-se a divisão judicial da comunhão hereditária. Problema aparentemente simples.

Após experimentada a mediação, se citam em juízo os comuns hereditários, se faz uma tentativa amigável, e em caso de falimento é nomeado um perito, lotes são formados, se tenta uma cessão amigável e, em caso de falência, a venda ou cessão é realizada com extração dos cessionários dos lotes.

Pois bem, acontece que quem quer prosseguir com a divisão vem da Sardenha, e recorre ao advogado disposto a preparar o orçamento conforme a lei, e que o referido advogado é de outra região, visto que o seu aspirante cliente vive ali há mais de 20 anos, e que o aspirante assistido inicialmente não dirá nada porque para ele é absolutamente normal.

Bem, esse advogado escrupuloso (forte no processo telemático, no transporte aéreo, na velocidade das comunicações, com colegas na Sardenha para contar com atividades de procuradoria) pensa em poder aceitar o encargo.

Questionado e pressionado por quem cogita proceder à repartição, após ter solicitado os documentos principais para poder fazer bem o balanço, descobrirá (com um estremecimento de ansiedade) que na Sardenha tradicionalmente não se procede à transcrição da sucessão, mas as relações são reguladas entre herdeiros com escrituras privadas, na melhor das hipóteses, ou por acordos verbais.

Em caso de disputa judicial, portanto, será necessário proceder a desenhar com extremo cuidado a árvore genealógica do instante, reconstruir as sucessões anteriores, às vezes com base nas escrituras e às vezes em apertos de mão (uma vez que o aperto de mão contava mais do que uma assinatura), processar até 100 pessoas (pense nos doadores falecidos e seus herdeiros), rastreá-los, proceder com as notificações (muitas vezes no exterior), hipotetizar disputas de fronteira, prever possíveis ações de lesão legítima, possíveis pedidos de usucapião, contestações das CTU de avaliação.

Questões todas, é claro, que preparam o terreno para apelações e recursos na cassação: e aqui se abre outro discurso terrível, o da inadmissibilidade, que coloca a responsabilidade de tudo no advogado.

Na prática, fazer um balanço sério, indicando todas as opções possíveis, significará expor o caso e entregar ao aspirante assistido um plano de trabalho que pode valer dezenas de milhares de euros. Com esse esquema em mãos, a ser seguido passo a passo, se se tem confiança no primeiro advogado que o elaborou (escolhido pela experiência dele e pela confiança, digamos, que você tem nele), você inicia o tour e vai até quem faz o preço mais baixo.

✶ ✶ ✶ ✶ ✶

Isso, senhores, é competição livre.

(P.S. – Os colegas da Sardenha são rogados de me dizer expressamente, se puderem, com garbo, mas claramente).

75

VENHA ME BUSCAR

Venha me buscar
e me leve pra bem longe.
Leve-me esta noite
pelo mar
quando a água
se acalma e se relaxa.
Caminharemos juntos
na praia
e deixemos nossas pegadas
que o mar, prontamente,
engolirá, como a vida
engole passo a passo todos nós.
Procuremos pequenas pedras,
chatas, naturalmente,
pra jogarmos de raspão
sobre a água
eterna e
sempre nova
do mar que
molha nossos tornozelos,
e contaremos juntos
quantos rebotes
fomos bons a fazer.
E depois vamos embora
de mãos dadas,

enquanto o sol se põe
e morre
naquela água salgada
e sempre eterna.
Venha me buscar,
e me leve para bem longe!

76

O SABRE DO ADVOGADO

Tendo atingido a idade de 78 anos, o advogado xxxx repentinamente decidiu deixar a profissão e se aposentar.

Era a década de 1980. Durante 35 anos, o advogado foi o primeiro dos advogados externos de uma grande instituição bancária, uma espécie de coordenador de um pequeno punhado de advogados cuidadosamente escolhidos em toda a Itália.

Ele dedicou toda a sua vida à sua profissão: sem passatempos, sem leitura, exceto técnicas profissionais, o lindo escritório dentro de uma enorme casa em um bairro luxuoso.

Ele teve secretárias que usavam sobretudos pretos e que escreviam as escrituras na sala das máquinas, com máquinas de escrever que pertencem agora aos tempos pré-históricos. Tinha andadores para troca de correspondência entre a firma e a sede do banco (ambas na capital), e suas filhas eram as suas procuradoras.

Resumindo, eram literalmente um lar e uma igreja. Terminado o trabalho, mudou-se para a outra ala da casa, para descansar e onde praticamente sempre acabava por fazer o sangue amargo com o filho mais novo, decidido a não folhear uma página que não fosse de *Mickey Mouse* ou *Tex Willer* (da *Playboy* escondida no armário nunca soube de nada): e um dia ele veio persegui-lo pela casa enorme com um taco de bilhar na mão, pretendendo bater nele como um tapete, com atrás a mãe, as tias, as filhas, que choravam e se desesperaram.

Outros tempos.

Durante uma reunião na gerência geral do banco, o advogado percebeu que seu cérebro altamente eficiente tinha se travado por uma fração de segundo. Uma eternidade, para ele, que tivera tempo de captar um olhar questionador do secretário do gerente geral, uma víbora manobrando para colocar seu genro advogado no lugar certo.

Ele foi para a casa. Ele pensou: "Já trabalhei, já trabalhei, ou saio com dignidade, ou acabarei balbuciando besteiras nessas reuniões". Sem hesitar, dentro de um mês ele terminou com as entregas e se aposentou.

*****

Mas 30 e mais anos como advogado não se jogam para trás como nada. E exatamente na manhã seguinte ao recebimento da primeira pensão mensal, o advogado (que havia construído um pequeno império com suas próprias forças, que vira milhares e milhares de processos passarem por suas mãos, que lutou para não se deixar enganar por aqueles que aspiravam a ter as suas funções) acordou e disse à esposa: – Prepare o meu uniforme e o sabre, devo ir para o quartel.

Às palavras temerosas de sua esposa, o advogado respondeu: – Eu sou o general Tal de Tali, de serviço no quartel xxxx, nunca mais me contradiga.

E assim o advogado, devotado inteiramente ao seu trabalho, uma vez que o abandonou, enlouqueceu como Astolfo, que o abandonou na lua. E para sobreviver ao vazio repentino, ele se tornou um general. Sem saber porque, sua esposa simplesmente não sabia onde encontrá-lo.

E, provavelmente, mesmo que o encontrasse, jamais o daria a ele.

77

A ADVOCACIA FERIDA

Nada de mais normal. A defesa moribunda, ferida em sua essência pelo preconceito prevalecente, é obviamente apunhalada fisicamente. Nós estamos sozinhos. A colega de Milão, agredida em seu escritório, é o símbolo do que acontece diariamente. Os advogados não querem reconhecer seu papel fundamental, são denegridos, pantomimas de julgamentos são denigridos na televisão e a lista de absurdos despejados na classe forense aumenta a cada dia. Neste fotograma, por exemplo, estão inseridas as sentenças dirigidas por uma personalidade da televisão ao advogado Naso, "culpado" de ser o defensor de um réu no conhecido processo romano "Máfia Capital".

Talvez a minha seja uma ideia louca, certamente é, mas eu gostaria que, uma vez, o responsável pela agressão milanesa fosse encontrado e o julgamento iniciado, o Conselho Nacional de Advogados pedisse, junto com o Conselho de Advogados de Milão, que se instalasse parte civil: talvez seja um ato legalmente tolo, mas politicamente corajoso.

Serviria a afirmar que nós, advogados, nos consideramos como tal, não apenas como indivíduos, mas também como um conjunto de profissionais a serviço da cidadania. E, mesmo que uma rejeição dessa constituição fosse quase certa, seria uma grande oportunidade para agir como uma classe social, indo além das proclamações.

78

PROCEDIMENTOS

– Bom dia, chanceler, tenho que pedir uma ordem judicial de cancelamento de hipoteca voluntária de contas integralmente pagas, e agora todas nas mãos do meu cliente. A empresa que transcreveu a hipoteca encontra-se encerrada definitivamente desde 2006.

O primeiro olha o pedaço de papel, movendo os lábios em silêncio. O segundo remexe na bolsa e lentamente desaparece dentro.

O terceiro fala ao celular, provavelmente desligado, e olha pela janela.

O quarto se aproxima do balcão e sibila: – Você tem que acabar com isso, com essas perguntas. Se você não sabe, por que deveríamos saber? Vá embora, em nome de Deus, vá embora, antes que chegue o super inspetor e transfira todos nós. Para o Grande Arquivo de Fascículos Pendentes.

Aquele que finge ligar cai numa gargalhada histérica. Aquele que olha pela janela começa a chorar.

Da bolsa em que um dos funcionários desapareceu, ouve-se: – O que foi que eu disse? O grande arquivo, acabaremos ali.

*****

Eu saio. Pego meu cliente pelo braço e jogo-o na chancelaria: – Pode entrar, eles querem explicar diretamente para você.

79

VAMOS, RAPAZES

O primeiro velho, sentado no banco, olha em volta e diz: – Bem! O segundo velho, sentado no banco, olha para os próprios pés e diz: – Uai!

O terceiro velho, sentado no banco, limpa as unhas e diz – Eu acho tanto que...

– Vamos, rapazes, diz o quarto velho, de pé perto do banco.

– Vamos, rapazes, grita um menino, correndo a uma velocidade vertiginosa, ninguém sabe para onde, perseguido por um punhado de meninos e meninas, rindo. Eles acabaram de terminar o ensino médio: o mundo os espera e eles me deixam sensível. Eles não sabem, por definição.

✳ ✳ ✳ ✳ ✳

Eles não sabem que a vida é um moedor de carne. Eles não sabem que vão se arrepender de tantas coisas. Eles não sabem que o mundo de Quark existe em algum lugar também: e eles correm, e eles nem sabem para onde estão indo.

80

ADVOGADO, ME DEIXE EM PAZ!

Todas as reformas, os votos, o pedido de confiança imposta para a aprovação desta última lei contra a qual a classe forense se mobiliza, tudo isso, digo eu (tenho um núcleo duro), inesperadamente revelado pela deputada Donatella Ferranti em um post dirigido ao colega Cataldo Intrieri.

No final das suas considerações, a deputada comentou: – Advogado, me deixe em paz!

* * * * *

Ora, Cataldo Intrieri certamente não precisa ser defendido por um advogado de trincheira como eu. Mas me ocorre que se um deputado da República Italiana consegue dizer a um advogado: – Advogado, me deixe em paz!, amanhã mesmo um Ministério Público poderá dizer a outro advogado, ou um potente advogado de um suspeito poderoso poderá dizer a um jovem advogado.

Porque aquele advogado, "me deixe em paz!", equivale a "vê se não me encha o saco".

* * * * *

E isso nunca será possível enquanto um verdadeiro advogado for vivo. Quando os advogados de verdade não existirem mais, aí então, vocês farão como bem quiserem.

Mas nós, cada um de nós, cada um de nós dos 250 mil (muitos com certeza, mas sem dúvida, advogados) somos os representantes da Advocacia e somos livres: e quanto mais pobres somos, mais livres somos, e menos prebendas temos e quanto mais somos livres e menos acordos clandestinos fazemos e quanto mais somos livres, e quanto mais somos livres, mais enchemos o saco!

* * * * *

Deixem-nos em paz, vós, lindos senhores. E lembrem-se de que os cachorros gordinhos têm o sinal da coleira na garganta: contava isso um certo Esopo há cerca de 2.500 anos. Somos lobos e somos afamados de liberdade.

81

BURACOS NAS ESTRADAS, O ÔNIBUS E O ADVOGADO VAIDOSO

Adone Bellinis, de 70 anos, foi um advogado que cuidou muito da sua imagem. E ele certamente não poderia ter previsto o que infelizmente aconteceu naquele terrível dia de março.

Foi a pé ao escritório de uma importante empresa onde o presidente do Conselho de Administração o esperava para um cargo de alguma importância, foi surpreendido na rua por uma fastidiosa garoa.

Resolveu, portanto, entrar em um ônibus, sem calcular o estado terrível da superfície das estradas dos subúrbios metropolitanos.

O ônibus, tendo subido o Bellinis, retomou sua corrida entre buracos, *montaròzzi**, bueiros fora do lugar. A suspensão do veículo estava claramente danificada: dizer que o ônibus estava dançando era um piedoso eufemismo.

Então, de repente, em um buraco particularmente profundo, o ônibus deu um golpe terrível e partiu repentinamente. Após a sacudida repentina, as dentaduras do advogado Bellinis caíram sem aviso prévio. Vermelho de vergonha, o advogado abaixou-se abruptamente para pegá-la, e no mesmo momento outro buraco terrível foi colocado no destino do pobre advogado, que, curvado para tentar recuperar a dentadura, caiu para a frente, rasgando em vários lugares a jaqueta.

Muitos se precipitaram para ajudar o pobre homem, que estava vermelho como uma melancia. Jogado daqui e dali, a peruca que usava para cobrir uma leve calvície deslizou para a frente, deixando sua testa um pouco mais alta, cerca de três centímetros.

Sem dentadura, com o paletó rasgado, peruca que o tornava *lombrosiano*** delinquente, o advogado Adone Bellinis tentou entrar no gabinete onde o esperava o presidente.

Resmungou algo absolutamente incompreensível para o porteiro, que, gentil, mas inflexível, pôs um euro na mão e disse: – Aqui, bom homem, tem um bar ali na esquina. Tome um café, mas se afaste imediatamente.

O advogado Adone Bellinis viu-se na calçada, com um euro na mão, pensando "Eles me deram esmolas, para mim? O que mais deve acontecer comigo hoje?"

*****

E, justamente naquele momento, após ter resistido aos contínuos solavancos do ônibus, a cinta modeladora que servia para conter a barriga do advogado, que tanto se importava com sua figura, arrebentou, liberando uma mórbida gordurinha debaixo da camisa agora esticada e fora das calças.

N. da T.:

(*) MONTARÒZZI – Desnível de modesta elevação; monte, massa (de terra, pedras, detritos ou outros).

(**) LOMBROSIANO – Que se refere ao psiquiatra e antropólogo Cesare Lombroso, suas teorias e sua obra: os estudos sobre a antropologia criminal; muitas vezes com referência à sua tese de que a degeneração do infrator está diretamente relacionada às suas anomalias físicas: as concepções sobre o crime; os preconceitos por extensão, tipos, fisionomias, que parecem revelar uma suposta degeneração moral nos caracteres somáticos.

82

GRANDE É A FOLHA, ESTREITO É O CAMINHO.
FALEM VOCÊS, QUE EU DISSE O QUE TINHA A DIZER.
GRANDE TEATRO, A JUSTIÇA, ATO ÚNICO. NÃO SE REPLICA

Personagens:
Testemunhas de 93 anos dobradas sobre si mesmas das 4h00.
Promotor público, loira platinada.
Juiz, loira platinada.
Chanceler, loira platinada.
Coro, formado por advogados.

* * * * *

Aula de tribunal. Diante de uma grande janela, a longa mesa do juiz, erguida sobre uma prateleira para enfatizar seu distanciamento das partes, sentam-se o juiz e a chancelaria. Em frente à mesa do juiz, mas abaixo estão as mesas do PM e dos advogados.

A aula é em penumbra. Um farol acenderá na parte falada.

* * * * *

(Juiz) – Chamemos em causa xxxxxxx. É uma testemunha (chanceler, em voz estridente) Aí está a testemunha xxxxxxx?

A testemunha de 93 anos levanta-se com grande dificuldade (chanceler, com voz ainda mais alta) – testemunhas xxxx?

(Refrão) – Aqui está ele, aqui está ele, ele é velho, ele é velho, ele não consegue fazer isso, não dá conta (juiz) Sente-se e leia a folha na sua frente.

(Testemunha, com voz trêmula, lê a fórmula do ritual) – Sou xxx, nasci em y em 23 de janeiro de 1924...

(Refrão) – Ele tem 93, tem 93, e fizeram ele esperar quatro horas, e fizeram ele esperar quatro horas (juiz, com a cara imperturbável). – Promotor, que pergunta você quer fazer?

(Ministério Público, semblante imperturbável) – Se o senhor quiser que confirmemos as circunstâncias por ele denunciadas na denúncia de maio de 2007...

(Refrão, primeira parte) – Dez anos atrás, quanto tempo falta para cair em prescrição? Dez anos atrás, quanto tempo dura o prazo prescricional?

(Refrão, outra parte) – Receptação de bens roubados, pena máxima de oito anos, se sem antecedentes poucos meses, pensemos nisso em junho deste ano...

(Refrão, outra parte) – Receptação de bens roubados, pena máxima de oito anos, se sem antecedentes alguns meses, pensaremos em junho deste ano...

(Refrão, uma terceira parte) – Sim, junho deste ano, sim, junho deste ano.

(Testemunha, com voz trêmula) – Confirmo que no dia 12 de maio de 2007 denunciei o extravio dos cheques referentes à minha conta corrente, num total dez cheques, pois acabara de pegar no banco.

(Juiz, com o rosto imperturbável) – Alguma outra pergunta? Não? Defensor do acusado? Não, bem, a testemunha pode ir.

A testemunha vai embora curvada, em silêncio. Apenas um jovem advogado se afasta em sinal de gentileza quando ele passa e sorri para ele.

(Juiz) – Promotor?

(Ministério Público) – Atendendo ao que referiu a testemunha a respeito da utilização ilegítima de três cheques do talão informado como perdido no dia seguinte à denúncia, solicito o adiamento para discussão.

(Juiz, com expressão impassível) – O defensor do arguido não se opõe. Adiamento para discussão até 21 de julho de 2017.

(Refrão) Mas está prescrito, mas está prescrito...

* * * * *

As luzes de todos os atores se acendem. Então, com um clique alto, eles vão embora um por um. Primeiro o velho testemunha, que ainda está na sala do tribunal, depois o do Ministério Público, depois o do coro e por último a luz do juiz. Atrás dele, as palavras "A lei é a mesma para todos" desaparecem lentamente, porque o farol se apaga em dissolução.

Escuro na aula.

Pés que se arrastam, cadeiras que são arrastadas, bolsas que se fecham. Cortina. Aplausos.

83

OS ROBÔS, A CONSCIÊNCIA ARTIFICIAL, A LEI E AQUELA COISA LINDA CHAMADA LIVRE ARBÍTRIO

Um dos primeiros acontecimentos jurídicos que enfrentei, como observador ao lado do meu pai, foi a demonstração clara de que nenhum robô pode substituir a visão, fantástica, onírica e técnica de um bom advogado.

*****

Vieram três irmãos ao escritório, parentes de um senhor a quem tranquilamente negligenciaram em vida, com particular eficácia e diria quase com encarniçamento nos anos mais sombrios da velhice profunda, que para este senhor coincidia com uma idade em que ainda hoje podem ser considerados jovens ousados. O velho, de fato, morreu aos 73 anos, aos cuidados de uma enfermeira. Sem cometer um erro, muito atentamente e com a ajuda de um tabelião, o velho, bem de vida, deixou uma herança considerável à enfermeira, e o resto para os três parentes, que reapareceram milagrosamente, primeiro no funeral e depois na abertura do testamento.

*****

– Advogado, disse o mais velho dos três, com voz grave e de barítono – nosso parente não estava mais bem da cabeça, o testamento é inválido devido à evidente enfermidade mental, enquanto os outros dois consentiram em silêncio, com acenos de cabeça e olhos arrependidos.

*****

Meu pai ouviu, explicou algumas coisas, pegou o mandato e começou a trabalhar. Mas primeiro ele me deu uma pequena lição de psicologia: – Veja, Giuseppe, do ponto de vista técnico, é provável que os senhores tenham razão. Na verdade, digamos que tenham razão. Mas não basta ter razão, é também necessário que alguém lhes dê essa razão. Então, nós em primeira instância diremos a jovens juízes de 30/40 anos que o Sr. X se apaixonou por uma enfermeira muito mais jovem, que gratidão nada tinha a ver com isso, e que isso era um claro sinal de dificuldade mental. E os jovens juízes concordarão conosco. Então entraremos com recurso e repetiremos as mesmas coisas para juízes com idades entre 50 e 60 anos. E algum deles começará a ficar irritado. Perderemos ou venceremos, não importa, porque acabaremos no Alto Tribunal de Cassação e Justiça, e lá teremos que explicar aos senhores de 70 anos que aos 70, sentimentos são proibidos, mesmo que as coisas sejam benfeitas. Quiseste agradecer a quem segurou sua mão até o último suspiro? Sofres de doença senil. E ali, penso eu, tomaremos uma topada na cara!

* * * * *

Eu não vos conto como acabará. Cada um termine como quiser, o fim dessa história.

Mas a moral é uma só. Os advogados, os verdadeiros, sempre terão uma visão do futuro que os computadores não podem ter, porque nenhum algoritmo conseguirá ler o coração e o cérebro das pessoas.

* * * * *

Giuseppe Caravita di Toritto. Um dos duzentos e cinquenta mil.

84

NÃO INSISTA

– Olha, telefonou o nosso consultor técnico, – pede pra ser pago, pois já se passou um ano... – Não tenho dinheiro agora pra ele, me servem pra outra coisa importante.

– Olha, que se você não o pagar, tenho que pagar eu, porque o nosso acordo, que você nunca respeitou, diferia, e eu não posso fazer papel de babaca com os profissionais.

– Ouça, já lhe disse que eu não tenho. NÃO INSISTA.

*****

Como se diz às crianças, quando elas querem sorvete.

Bem, pago eu, depois disso, remeterei os mandatos, os processos milionários, os contratos em que você escreveu que me pagaria aquela quantia e dos quais me deu sim e não um quarto do valor. Economizo viagens, despesas e preocupações.

*****

Chegamos a isto: meu trabalho não produz créditos que não sejam honorários, mas somente dívidas.

*****

Pare com isso. Não somos a assistência sanitária. Não somos a última roda do vagão. Sem nós, sem nossas cadeiras, compradas com nosso dinheiro, sem nossas mesas, compradas com nosso dinheiro, sem nossos livros, comprados com nosso dinheiro, sem nossas idas ao tribunal em carros comprados com o nosso dinheiro e gasolina paga por nós, sem a gravata que alguém pode ter nos dado, mas certamente não você, sem o nosso conhecimento, estudando cada caso e com o nosso tempo, sem os alarmes noturnos para tirar dúvidas num livro ou na Internet, sem as linhas telefônicas nas quais vocês ficam dependurados pra saber as novidades e nas quais esquecem quando chega a hora de pagar, sem tudo isso, que a gente põe, além do raciocínio, a mente, o estudo, o arquivo para guardar seus papéis, os digitalizadores para arquivar seus documentos, sem tudo isso, VOCÊS NÃO SERIAM NADA. VOCÊS ESTARIAM À MERCÊ DE PESSOAS MALVADAS.

*****

Chega. Basta para aqueles que durante anos não conseguiram dar um vulto respeitável à nossa profissão e fazem disparates dos quais não sabem sair, e enquanto isso todos riem de nós. É o suficiente para aqueles que estão muito apegados à cadeira, mas estão apegados a ela sem se preocupar com os interesses da comunidade.

Somos 250 mil, droga, somos um exército: e os exércitos costumam ser assustadores. Não que a um dos seus representantes se responda: NÃO INSISTA.

Um dos duzentos e cinquenta mil.

Que insiste. Que exige respeito pelo seu trabalho. Que pretende a consideração que deve ter.

Pensem nisso, um mundo sem advogados, e então depois falamos sobre isso.

85

OS ADVOGADOS SÃO INÚTEIS

A porta de controle começa a tocar. Um som agudo, cada vez mais alto. – Para o chão!, grita um homem de óculos escuros, sacando uma arma, e não está claro se ele diz isso para o velho parado embaixo da porta ou para os outros, para as pessoas que enchem as dependências do "distribuidor telemático da justiça".

Na grande sala, com mesas e poltronas amplas e confortáveis, imponentes maquinários cor de bronze estão dispostos contra as paredes, cheios de fendas, digitalizadores, luzes verdes e vermelhas, câmeras de vídeo, micro, impressoras.

São o ATJT, Algorítmico de Levantamento Verdadeiro da Justiça, as novas fronteiras do direito, robôs capazes de processar milhões de dados em poucos segundos, equipados com consciência artificial jurídica induzida, que produz sentenças. As máquinas têm dois lados, com duas entradas, como os confessionários. A frente é um painel metálico com uma escala estilizada e as palavras "Internacional Cibernética Legislativa Ltda.", empresas com participação plenamente pública que controlam a gestão das máquinas.

As partes contrastantes devem apenas colocar, com uma certa atenção, os documentos em sua posse. O tempo de uma Ave Maria, e a máquina dá sua sentença.

O acesso às universidades está bloqueado há anos. Ninguém sabe mais o que é certo e o que não é. Eles sabem o que é uma briga com certeza, mas não sabem o que é um direito ou o que é um dever.

* * * * *

As máquinas são mantidas por um grupo de especialistas de várias faculdades de Informática Jurídica. Um grupo desses está trabalhando em um projeto ambicioso: a conexão em rede de todos os ATJT, os Algoritmos de Levantamento Verdadeiro da Justiça,

– Quando terminarmos, diz o chefe da equipe com orgulho, nem precisarão mais de nós.

* * * * *

– Ao chão! Gritou o homem de óculos escuros e arma na mão.

E todos se jogaram no chão: todos menos aquele velho senhor embaixo da porta de controle. Pelo contrário, levantou ainda mais as costas. E colocou a mão na bolsa.

– Não faça isso, não me faça atirar, gritou o homem de óculos escuros.

Mas ele, o homem com as costas retas, sussurrou: – De alguma forma se tem que morrer... Deus, dê-me uma morte em sapatos.

Pegou um livro, abriu e, erguendo a mão direita como se para declamar uma peça teatral, leu com voz firme e alta:

– Todos podem tomar medidas legais para proteger seus direitos e interesses legítimos. A defesa é um direito inviolável em todos os estados e níveis do procedimento.

Os meios para agir e se defender perante qualquer jurisdição são assegurados aos pobres, com institutos especiais. A lei determina as condições e métodos para a reparação de erros judiciais.

* * * * *

As últimas palavras foram abafadas pelo terrível som de dois tiros disparados pelo oficial de segurança.

O velho senhor caiu primeiro de joelhos, com um sorriso nos lábios e uma flor vermelha que se espalhava pelo peito. Então ele caiu para a frente, tendendo o livro adiante. O fluxo de sangue cobriu as palavras na página aberta. As últimas a desaparecer foram:

"Artigo 24"

* * * * *

Robô vem de uma palavra eslava que significa trabalhar.

O mundo ocidental o transformou em algo de metálico, e hoje o último de 250 mil se foi: em seu bolso ele tinha um bilhete que dizia:

– Você nunca me pegará vivo, disse ele, e seu fantasma pode ser ouvido quando você passa pelo riacho seco.

86

OS ADVOGADOS MORDEM

No meio de sua apaixonada argumentação final, o velho advogado, daqueles que usavam calça com a cintura bem acima da cintura, magro, com cabelos brancos despenteados como os de um maestro de orquestra, percebeu haver algo de errado na sua boca.

Ele estava muito velho para implantes, então usava dentaduras com pasta adesiva.

Mas já falava há muito: ocasionalmente enxugava a saliva com um lenço de proporções gigantescas, que guardava com cuidado no bolso.

E a pasta adesiva, não sabendo em que boca ela estava e o que o dono daquela prótese estava fazendo, a certa altura se dissolveu, sumiu: a prótese então começou a escorregar.

* * * * *

– Mas o ponto não é esse, senhor presidente, não, o puto é bem outro, quero dizer, me ouçam... E com a mão correu rapidamente à boca, para deter aquele terrível e vergonhoso deslizamento à terra. Aí, estão todos olhando para mim, o que eu faço, o que eu digo?

– Senhor Presidente, preciso de uma pausa.

* * * * *

Os membros de cabelos brancos do colégio, afligidos pelo mesmo problema, idade avançada e próteses dentárias (um, era alvo de seu neto por esse estranho fato que ocorria na sua boca) entenderam na hora. O presidente, que já começava a ouvir as risadinhas, agarrou a campainha e tocou, chamando o ajudante. – Audição suspensa!, disse ele com voz firme.

O ajudante entrou trazendo água e consultou o presidente, e havia feito se aproximar o velho advogado.

A solução foi encontrada rapidamente, e o ajudante rapidamente trouxe um estoque de pasta adesiva de uma farmácia próxima. A discussão foi retomada.

*****

– Senhor presidente, obrigado... Posso agora retomar minha discussão com tranquilidade, focando em particular no meu discurso adesivo...

Os dois velhos, em ambos os lados de suas trincheiras, trocaram um sorriso conhecedor, lembrando-se dos tempos em que, como leões de verdade, eles conseguiam morder como bem entendiam os seus adversários.

87
INSTRUÇÕES PARA O MEU CLIENTE

1) Sente-se, relaxe e converse com seu advogado.

2) Não faça afirmações catastróficas, tente apresentar os fatos com serenidade;

3) Não suponha e presuma que você está no meio de uma conspiração, que todos são corruptos, que todos não são confiáveis;

4) Pense em quais podem ser suas responsabilidades: não é necessário que você me explique imediatamente, mas comece pelo exemplo a seguir. Se estivéssemos falando sobre sua separação, gostaria de lembrar que, em um casamento, duas pessoas dormem na mesma cama, e você já esteve naquela cama. Agora está tudo em pedaços, mas também tente entender o porquê: será mais fácil sair do atoleiro.

5) Não pense que seu advogado é o seu porrete. O advogado não é um instrumento pra consumir vinganças, é um profissional preparado seja tecnicamente seja humanamente para enfrentar situações difíceis, situações que não fazem parte do cotidiano. Não peça sangue a ele, não pense que, dado que recorreu a um advogado, você está certo acima de qualquer coisa. O advogado pode guiá-lo por um caminho, ele pode indicar as dificuldades a serem superadas, ele pode preparar o caminho para você. Mas não é a sua Caterpillar pessoal que supera todos os obstáculos.

6) Posso te chamar de você? É mais fácil para mim. Não, não pode. Todos podem fazer as coisas fáceis. Mesmo as asneiras: e você foi ao advogado porque há uma asneira em algum lugar. Coisas difíceis não são feitas porque são, de fato, difíceis. Começaremos daqui.

7) Seja pontual: não diga até às 17h00 / 17h30: ou são 17h00, ou são 17h30, não existe só você.

8) Seja leal. Explique imediatamente a situação financeira, diga: posso pagar assim ou assado, não prometa coisas que não possa cumprir. Um advogado, para realizar seu trabalho da melhor maneira possível, deve ter calma, até mesmo economicamente.

9) Não procure na Internet com a presunção de carpir mais do que eu: simplesmente não é possível. Tenho experiência específica como advogado, o que você não tem.

10) Lembre-se de que buscar um caminho é sempre difícil. Quando as coisas começam, você sempre encontrará alguém que lhe dirá: eu teria feito isso, teria feito aquilo. Criticar é sempre mais fácil do que construir. Saiba que as estratégias de um advogado apontam para o objetivo final, podendo ele escolher caminhos que não necessariamente passam por este ou aquele ponto.

11) Confie no seu advogado, mas se tiver dúvida, expresse-a imediatamente: nada mais tolo do que dizer depois o que antes poderia ter sido esclarecido.

88

O ADVOGADO NO SUPERMERCADO

Há algum tempo, o advogado XXXX havia percebido um fenômeno estranho: seus clientes, espontâneos e naturais na exposição dos fatos, durante a entrevista, à medida que se aproximava o momento de discutir a remuneração, mudavam a consistência física. Assumiam uma rigidez particular, os olhos turvavam-se, aparecia uma ligeira forma de surdez (como disse, advogado?), mas isso muito antes de chegar o momento-chave, à exposição do gasto total a enfrentar, do custo vivo, dos adiantamentos a serem pagos, sujeitos a acordo por escrito.

Naquele preciso momento, o cliente havia se tornado uma estátua, com o olhar vidrado, com uma expressão indignada. Um homem de 82 anos, que perdera a mãe aos 12 e, portanto, 70 anos antes, suspirou – Ah, pobre mãe! Mas a frase não tinha nenhuma conexão lógica com todo o contexto.

A entrevista muitas vezes terminava com – Ok, advogado, agora penso sobre isso e, em seguida, passo para dar início à papelada. Por favor, é, estou em suas mãos.

Em seguida, os clientes voltavam ao escritório e iniciava a papelada, deixando exatamente a metade do que o advogado havia pedido: e com o tempo o advogado foi aprendendo a pedir o dobro do que queria.

Mas ele sempre ficou com essa dúvida: a transformação física do cliente, o olho da tainha, o estado catatônico, o enrijecimento do cadáver, ele sonhava ou acontecia mesmo?

* * * * *

O advogado XXXXX decidiu então fazer uma experiência. Ele foi ao supermercado e encheu o carrinho de coisas boas. Então ele pacientemente entrou na fila e começou o procedimento: começou a enrijecer e se mover com solavancos, fez uma aparência líquida e olhou ao redor como se seus óculos estivessem embaçados, ele se virou para a pessoa na fila atrás dele e disse – O que você disse, desculpe?, e esse respondeu – Eu? Nada ... – Ah, pensei ter ouvido! Momento em que ele pensou em um juiz particularmente desagradável que o havia tratado mal alguns meses antes e seu rosto assumiu uma expressão indignada e ultrajada, que nada tinha a ver com as compras abundantes no carrinho, e enrijeceu como uma estátua e rigidamente como o Convidado de Pedra em Faust passou pelo balcão. Para o caixa que o chamou: – Senhor, desculpe senhor, onde você vai? Ele disse: – Ah, pobre mãe, e foi embora. E imediatamente depois começaram a soar os alarmes, enquanto o caixa gritava: – Vigilância! Vigilância!

* * * * *

Ele se viu no escritório de direção do supermercado. Um jovem atlético, arreado como se enfrentasse 30 hooligans, com lanterna, pistola, spray de pimenta, colete blindado, óculos escuros espelhados, boina de lado sobre o cabelo de um milímetro e meio, seguravam com firmeza em uma cadeira, com 50 quilos de mão agarrando seu ombro esquerdo. O carrinho de compras estava à sua direita.

O diretor, de pé, olhou pela janela: ele se virou e uma expressão de espanto pintou seu rosto. – Advogado, mas é você... mas o que você pensou em fazer?

* * * * *

O advogado XXXX saltou da cadeira, apesar do aperto de ferro do vigilante. O diretor do supermercado o procurara na véspera para tratar de uma questão delicada de divisão hereditária e acompanhara passo a passo o processo de transformação de cliente em estátua de sal.

* * * * *

– Ok, gerente, agora pensarei no assunto, vou para casa e começo a preparar o jantar. Amanhã estarei com você para um primeiro antecipo... Por favor, hein? Estou em suas mãos.

* * * * *

O processo disciplinar, também à luz do digno escrito de defesa apresentado pelo advogado XXXX, terminou com uma advertência verbal. O advogado, porém, não conseguia mais tirar aquela expressão ultrajada e a indignação do rosto, embora, na verdade quisesse rir, rir, rir de todas as bobagens que as pessoas faziam e depois ter que se colocar nas mãos de um advogado, e que ele também alegou não pagar.

89

AS DOZE HORAS MAIS LONGAS DO ADVOGADO XY

O advogado XY naquela manhã ficou confuso com uma discussão familiar, irritado com uma audiência que não saiu como planejada, suando e aguardando uma outra audiência no final da manhã. Deixando a bolsa, o paletó com a carteira e os documentos e a toga na sala dos advogados do Conselho da Ordem, decidiu dar um passeio para tomar um café em um bar não muito longe do tribunal.

Quando ele saiu do pátio, alguém o chamou e ele se virou. O celular da Polícia Penitenciária saía da garagem do tribunal, que, por uma estranha virada do destino, havia parado bem na sua altura.

O advogado XY havia se virado, ouvindo então o barulho de um ônibus e decidiu pegá-lo. E, sem hesitar, com um salto que lhe parecia atlético, pulou sobre o furgão da polícia, que, sempre por uma estranha guinada do destino, naquele momento tinha a porta aberta, enquanto os prisioneiros entravam nas celas internas.

A porta se fechou atrás dele, alguém o agarrou e o jogou no compartimento gradeado do meio de transporte, e então tudo o que ouviu foi o clique das fechaduras.

Em uma fração de segundos, o advogado sabia estar se metendo em uma grande confusão. Ele se levantou gritando: – Pare!, mas a van deu partida novamente, ele caiu para trás, bateu com a nuca em um membro lateral de metal e ficou inconsciente.

*****

Ele acordou no escritório do diretor da penitenciária de XXXXXX: – Então, agora me explique quem diabos você é, por que nos documentos de saída havia cinco presidiários e seis de vocês voltaram. Sobrenome e nome, preventivo ou definitivo, crime ... Vamos lá, você está metido na merda até o pescoço aqui. Você não tem um documento, não está no nosso arquivo de fotos, que porra você está fazendo aqui? Você é um fugitivo? Então você é um idiota fugitivo, ou particularmente azarado, sei lá, você escolhe...

* * * * *

– Diretor, eu sou o advogado XY, do fórum XXX, espiou o advogado, que, sem documentos sobre ele e naquela situação paradoxal, se sentia nu.

– Sr. Diretor, gritou o diretor do presídio, começaremos por aqui... E não me engane, não agrave a situação. Ok? vá e reflita em isolamento, enquanto isso continuamos as investigações.

* * * * *

O advogado XY, a esta altura do campeonato XY, aliás, na verdade, doravante o "Sr. Ninguém", como zombaram dele os dois guardas da prisão, que o pegaram e o levaram à força para a cela de isolamento, se viu sozinho, com grandes lágrimas escorrendo pelo rosto.

Ele podia só esperar em uma intervenção externa: mas quem poderia vir a intuir que o seu improvisado sumiço estava relacionado a um episódio tão kafkiano?

* * * * *

A sua sorte foi que, na mudança de turno, um guarda penitenciário recém--nomeado assumiu o cargo, cujo pai estava recluso sem motivo. Sr. Ninguém havia resolvido muitos problemas, e, depois de um olhar curioso para dentro da cela, foi reconhecido...

Advogado, bisbilhou o jovem espantado – o que está fazendo aqui? O que você fez? E tinha mais medo que o advogado XY, pois estava quebrando o silêncio.

* * * * *

Prontamente, o advogado explicou. Rapidamente, o diretor, informado pelo muito constrangido jovem, enviou um andador ao tribunal, onde foi encontrada toda a parafernália do advogado XY. Imediatamente, após ter seus documentos examinados, o advogado XY se encontrou novamente na sala do diretor, que havia permanecido propositalmente após o expediente. Desculpas, café, – o doutor me entenda, advogado, hoje em dia você precisa ter mil olhos, irá de me conceder que foi uma situação anômala...

Apertos de mão, tapinhas nas costas, e presos que diziam: – Mas olha só esse aí, ele nem entrou que já sai.

✶ ✶ ✶ ✶ ✶

As 12 horas mais longas da vida do advogado XY, entretanto, ainda não haviam acabado. No escritório, encontrou o cliente enfurecido porque havia faltado à audiência e voltando para casa com a esposa, para a pergunta que ele fez-lhe – Por que você tem essa cara?, ela respondeu com a frase que aterroriza qualquer bom marido casado há décadas: – Falaremos sobre isso mais tarde.

✶ ✶ ✶ ✶ ✶

Na manhã seguinte, o advogado XY estava de novo no tribunal.

90

ADVOGADO, LHE DIGO, O DOUTOR ME DÁ MUITA SEGURANÇA

Mas por que tudo comigo...

Já estamos no tribunal há uns bons dez minutos, passei mostrando o meu cartão e a minha cliente, jovem e atraente, são já alguns minutos que passar e repassar no detector de metais. Deixar na cesta o cinto, bolsa, os dois telefones celulares, os brincos, os anéis, a caneta estenográfica. Todo inútil, o detector de metais continua a soar.

Uma longa fila se formou atrás dela. Um grupo de curiosos quase se instalou em semicírculo a assistir, até porque a jovem realmente merecia: nenhuma exibição de decote, ela é simplesmente linda. Ou, como se costuma dizer a Roma e província, é realmente gostosa.

Um pouco de nervosismo, no entanto, começa a surgir.

E, de repente, a garota tem um lampejo de gênio, levanta o dedo indicador da mão direita, sussurra – é claro, e se aproxima do segurança mais jovem para falar com ele no ouvido.

O segurança escuta, depois fica vermelho de repente.

*****

Dirigida rapidamente ao banheiro, escoltada pelo segurança que fica do lado de fora da porta, dois minutos, e a garota sai com um pequeno saquinho que joga no lixo e depois volta para o detector de metais, que desta vez não toca.

Rapidamente, a moça recolhe tudo e com um único movimento pega do cesto na bolsa: pega-me pelo braço e diz-me: – Vamos, advogado... Três passos, depois vira-se para mim e diz – Advogado, então o doutor poderia ser meu pai (começo a odiar essa frase), agora muita gente diz isso para mim, antes a frase ordinária era "eu falo para o doutor como se fosse meu irmão", – agora lhe digo o que aconteceu... Eu esquecera que eu tinha o piercing (seria o piercing, mas ela fala só piercing) ali mesmo, o senhor entendeu, não?!

*****

 Cambaleio um milésimo de segundo, mas cambaleio. E não se faz, eu gostaria de responder, e você não me pode dizer essas coisas assim, droga, então me recomponho e respondo – Mas pensa!, então me livro do braço da cliente para dar um passo à frente e não ficar roxo como o segurança. Existem lugares e lugares para fazer e dizer certas coisas, eu acho, eu também tenho uma idade, minha primeira cliente feminina do século passado tinha uma idade indefinida, sinais evidentes do avançar de idade, e entrava no escritório sempre envolta em uma nuvem de colônia.

*****

 – Advogado, volte aqui, me dê o seu braço, que me dá tanta segurança... E lembra que temos depois que passar no banco, e você tem que entrar na porta giratória comigo, porque sou claustrofóbica, e você tem que me abraçar forte, tanto que o senhor poderia ser meu pai.
 Mas ela tem seu charme, sabe?

91

MAL NÃO FAZER, MEDO NÃO TER. O SILÊNCIO MATA, O CONFRONTO ABRE AS PORTAS DA LIBÉRIA

Quando a estreia de "Napoli milionária" foi encenada, o teatro lotado seguiu a ópera com a respiração suspensa. Foi depois da guerra, a Itália deveria ser toda reconstruída. "Napoli milionária" conta a história de um homem que, voltando para casa da fronte, encontra sua família moralmente destruída. A esposa, com a bolsa preta, tornou-se uma mulher implacável. O filho é um ladrão de carros. A filha mais velha está grávida de um soldado americano que desapareceu no ar. A pequena Rituccia está gravemente doente e precisa de um remédio que não se encontra. Aquele medicamento é doado à pequena Rituccia por uma pessoa seriamente prejudicada pela ganância de sua esposa: nenhuma vingança, nenhum pedido financeiro. A pequena Rituccia tem que viver, o remédio é um presente. O médico administra o medicamento à criança e lembra que demora algumas horas para se ver o efeito. A última cena é dramática: a mulher se emociona com o gesto do doador, olha para o marido, um homem sábio, e pergunta: – O que devemos fazer? E isso significa: Como voltamos ao normal, como éramos antes desta guerra? E Eduardo De Filippo (Jovine, o protagonista) responde: – A noite passará. Luzes. Cortina.

Eduardo De Filippo conta em entrevista que na noite da estreia aconteceu algo extraordinário: o teatro ficou em silêncio por alguns segundos que lhe pareceram séculos. "Aqueles 20 segundos de silêncio", ele pensou "foram um fiasco total". Então ele olhou para a esquerda, na quinta fila, e viu um assistente do teatro olhando para ele com os olhos cheios de lágrimas. Ele olhou para a sala novamente e percebeu que muitos estavam nas mesmas condições. E então o teatro veio à tona: 20 minutos de aplausos contínuos e irreprimíveis, participados.

Não desista. A todos aqueles que escrevem e não conseguem se realizar, a todos aqueles que dizem querer se cancelar, eu digo: não desista. Essa nossa profissão é dura, tem dias que você gostaria de fazer outra coisa, tem dias que não sabe para onde ir. Há dias em que tudo parece estar remando contra você. Alguém desistirá, tudo bem. E por que você? Se você tem medo de encarar a realidade das coisas, desista, procure outro emprego, faz bem, isso mesmo. A realidade é que é uma profissão onde ninguém pode te garantir nada. A realidade é que nos primeiros dez anos não se vê um centavo, ou melhor, um real. A realidade é que é preciso experiência para lidar com o que você está enfrentando agora, e então, quando você tiver adquirido essa experiência, surgirão questões ainda mais complicadas. Você está simplesmente crescendo profissionalmente e os clientes confiam a você as suas coisas mais importantes, e você volta a quebrar a cabeça. Mas não desista, não devido ao dinheiro. Converse com seus colegas, compare-se, junte forças com a dos outros. Não quero enganar ninguém, mas pense nisso antes de desistir. Pergunte, exija, confronte-se. E pense que você tem nas mãos uma profissão que não é para ter a barriga cheia, mas para ter a mente e o coração cheios. Aliás, a carteira também, mas isso vem depois. Antes vem você. E lembre-se sempre: a noite tem de passar. Aplausos.

92

O PANAMÁ DOS ADVOGADOS
(AQUELES GENTE BOA)

Sonhei com o advogado Gastone Tomassini. Gastone não é um nome fácil de se ter, mas ele o possuía com uma elegância especial. Ele era um grande amigo de meu pai e uma testemunha de um fato que imediatamente contarei a vocês. Gastone passeava na praia do Circeo*, no meu sonho, vestido de linho branco, chapéu-panamá na cabeça e cigarro entre os dedos. Seu rosto era bronzeado e possuía um sorriso divertido nos lábios. Sem dizer uma palavra, ele olhou para mim e foi embora.

Gastone e papai nos levaram ao Circeo: três futuros advogados aqui e três futuros advogados ali, sob a proteção dos advogados papais. Eu tinha 8 ou 10 anos e dei um tapa na cara de um menininho muito chato. A mãe interveio e gritou como uma águia. Meu pai entrou no meio. A senhora Águia disse – Eu sou a esposa do tabelião tal de tal. E aqui faço uma pequena digressão: nosso sobrenome completo é Caravita di Toritto.

Meu pai respondeu: – E eu sou o advogado Caravita. Ele então se virou para ir embora, depois se lembrou dos lombos sagrados, deu meia-volta e disse, com um dedo levantado: – E acrescente o de Toritto.

Infelizmente, a notária águia conhecia pouco de patronímicos nobres e, portanto, confundiu as palavras: mas "adicione o di Toritto a nós", mas "adicione o dedo reto em nós", que obviamente teve que ser colocado em algum lugar, não entre a mais nobre de nosso corpo.

Escarcéu, indignação e assim por diante...

E a tudo isso Gastone assistia, rindo.

Talvez, esta manhã, no meu sonho, ele passasse ali, na praia do Circeo, e com os pés descalços na areia fresca pensasse precisamente nisso: e depois desapareceu, com o seu vestido de linho branco, na névoa da manhã, nos pequenos rolos de fumaça, das velas ao longe.

Tchau, Gastone, você amava meu pai: você e ele, duas pessoas respeitáveis que, quando se tratava do Panamá, pensavam no chapéu e riam silenciosamente.

N. da T.:

(*) CIRCEO – é uma cidade italiana na província de Latina, no Lácio. Fica a 34 km de Latina, 98 km de Roma e 150 km de Nápoles. O autor se refere a uma série de praias ao redor do município, as mais lindas da região.

93

DINHEIRO; NÃO AGORA, ADVOGADO, TENHO MUITAS COISAS PRA PAGAR SEJAM BEM-VINDOS, COLEGAS, FAÇAMOS ESSA COISA ESQUISITA QUE NÃO SE PAGA

Pedi a um cliente por e-mail o saldo da prestação acordada para as tarefas que me foram confiadas. A resposta foi: – Tô sem dinheiro agora, tenho muitas coisas para pagar.

Então, logicamente, meu negócio não é uma das coisas a pagar, mesmo que tenha contrato e parcelamento acertado.

Tudo bem, na verdade, não está tudo mal, mas eu esperava por isso. Mas o que me pergunto é: "O que eu faço da vida? Por que as pessoas têm essa atitude? O que devemos fazer para mudar a situação?"

E estou falando de assuntos sérios. De direitos passados sobra. Os clientes não têm cultura para entender que defender o direito envolve sacrifícios. Não está claro a todos, na verdade, a quase ninguém, o que faz um advogado e que por isso deve ser pago.

De qualquer forma, boa recuperação a todos ... E que Deus faça que dê tudo bem.

94

E VOCÊ NÃO ESTÁ MAIS AQUI. PUTA MERDA

Estou tão velho que menciono meu pai e as lágrimas vêm aos meus olhos. Se eu pudesse tê-lo aqui comigo nesses momentos, ele e minha mãe que se foram juntos, eu os colocaria sentados em algum lugar, olharia para eles e começaria a contar. "Mas como, pai, como você foi embora tão cedo? E com mamãe, ainda por cima. Por que você fez isso conosco? Você sabe que tem 11 netos?"

"Você sabe que eu fiz isso e mais isso?"

"Você sabe que faço muitas coisas estúpidas, mas há alguém que me ame?"

"Você sabe, papai, que quando você nos deixou um certo seu colega dava a volta quando me encontrava e ia embora, e quando em certo momento eu lhe pedi uma explicação, ele me disse que eu me parecia demais com você e que se ele tivesse parado pra falar comigo, teria começado a chorar no meio do tribunal, e não lhe parecia o caso?

" Você sabe que me lembro da última audiência que fizemos juntos, você, mamãe e eu? Eu tinha um Fiat 500 creme e estacionamos na via Lepanto*, e você saiu com sua capa de chuva branca e seus Clarks de 20 anos, e a primeira coisa que fez foi apertar a mão da mamãe para ajudá-la a descer?

"Você sabia que você e a mamãe permaneceram no coração de milhares de advogados romanos, pela sua gentileza e cortesia?"

"Você sabe, você sabe. E a mãe também sabe disso. E muitos de seus colegas sabem que pessoas como você e seus colegas da sua geração não existem mais."

"Você, os seus amigos e a mamãe eram o meu íntimo Tribunal de Quark Universo Paralelo."

"Agora existe apenas o mundo real, aquele do qual você escapou silenciosamente. E me deixou aqui sozinho. E eu tenho um arquivo que é agora tão grande quanto o seu. Mas você não está aqui."

Puta merda.

N. da T.:

(*) LEPANTO – é uma paragem na linha A do metrô de Roma. Foi inaugurado em 1980, é totalmente subterrâneo e as duas pistas estão em um único tubo. Localiza-se no cruzamento da Avenida Giulio Cesare com a via Lepanto (onde estão os escritórios do Tribunal Civil de Roma) e via Marcantonio Colonna, no coração do distrito de Prati, dentro do I Município. Em 2005, o terminal de ônibus suburbano foi abolido, transferindo-se para a estação Cornelia. É a estação mais próxima do Estádio Olímpico, servindo durante os eventos.

95

PAPÉIS E PAPELADAS

Papéis, papeladas, fascículos, papéis de seda, folhas de papel carbono (mas quem sabe o que é papel carbono). Papel absorvente, para secar a tinta da caneta-tinteiro, Montblanc, a Cartier, a Dupont. O gentil colega para quem emprestei a minha Montblanc outro dia no escritório de notificação (assim dizia 30 anos atrás de um cartaz pendurado nas janelas do referido escritório) e que se esqueceu de me devolver, por favor, ligue para o número xyz. Velhos advogados com o bastão. Linhas vermelhas de refe* para costurar os fascículos, cera lacre, memórias impressas. Máquinas de escrever (a Olivetti 32, vejamos quem lembra) ou a Remington verde com estojo de couro. O Fórum Italiano, encadernado em pergaminho, e a poeira que descia cada vez que pegávamos os volumes mais no alto. Máquinas de escrever elétricas, que pulavam quando você tocava em um botão. O selo, aí se errávamos, porque você tinha que apagar, e se errávamos muitas vezes o papel do selo furava, e aí os gritos se esmerilavam. As folhas para anotações, que enchiam de palavras os arquivos. As prateleiras com os arquivos colocados lateralmente, para poder ver claramente o número escrito de lado. As colunas verdes, com os nomes dos clientes e os números dos arquivos. Telefones com discagem a disco e os interfones. Os oficiais de justiça que subiam ao escritório e que nunca deixariam um documento ao porteiro. E as sentenças escritas a mão. As ações escritas com uma folha de papel com selo, e depois com uma folha de papel carbono, e então uma folha de papel de seda, e outra de papel carbono e assim por diante. E depois bater nas teclas para poder fazer o máximo de cópias possíveis, e não era legível: então reescrevíamos. As primeiras máquinas para fazer fotocópias. Os primeiros vendedores de máquinas fotocopiadoras. E os agentes de Utet e Giuffrè, que vinham ao escritório, elegantes e corteses. As bolsas de couro, as novas e as velhas, e aquelas que se desfaziam e continuávamos usando por superstição e carinho. Os clientes que chegavam no Natal com pacotes cheios de todo bem de Deus. As pessoas no corredor, os longos telefonemas ao dominus, que ficava dizendo – Tá bom! Tá bom! e, do outro lado da linha, não entendiam ser uma forma educada de interromper a comunicação.

Eu poderia dizer: encontrem as diferenças. Piada fácil: a verdade é que não era um jogo.

Nós, advogados, os verdadeiros, aqueles que nos reconheciam olhando nos olhos, aqueles que sabiam falar a mesma língua, nós, dessa profissão, que está na nossa mente e no nosso coração. Está se tornando cada vez mais difícil, pode-se dizer. Mas todo o mundo que acabei de descrever teve seu tempo. É bom falar sobre isso, mas não foi fácil vivê-lo.

As mutações que estamos experimentando são necessárias.

Somos um corpo social, devemos nos adaptar aos tempos. Nós crescemos. Crescemos muito, alguns dizem que somos muitos. Há quem queira culpar apenas a nós advogados e por isso tem um mau vento que sopra, nos tribunais, e a desconfiança está por todo o lado.

Temos que atacar novos mercados. Temos que contar politicamente. Devemos nos autogovernar, mantendo alto o nível de qualidade da profissão, para termos profissionais mais fortes e ricos. A defesa deve ser forte, culta, rica, autoritária. A profissão do advogado precisa ser desvinculada para aceitar, mas também para recusar. Deve ser livre para dar descontos a quem os merece, mas também não deve dá-los a quem tem outras e diferentes possibilidades.

N. da T.:

(*) REFE – Fios obtidos acoplando duas ou mais peças de vestuário da mesma contagem, na sua maioria vegetais (cânhamo, juta, linho etc.), torcidos entre si: linho, usado como linha de costura e para bordados; r. de cânhamo, usado para costurar telas pesadas, bolsas, redes de pesca; uma bola, uma meada, um carretel de r.; r. até espesso; r. branco, preto, vermelho. Fam. Tosc., Fig., em loc. costurar.

96

A VERDADE DO PROCESSO

Os dois Carabinieri* à paisana seguram a senhora cada um num braço e a levam embora. Não é que os Carabineiros sejam particularmente altos, é a senhora que é particularmente baixa. É por isso que a certa altura do vídeo do processo penal a vemos caminhando no vazio, suspensa nos braços da lei, com as pernas curtas pisando no ar.

Foram semanas com eles a observá-la. Colocaram câmeras microscópicas na salinha da sala de triagem do grande correio central e têm a prova irrefutável de que a senhora, tão alta quanto larga (praticamente um pote) abre sistematicamente a correspondência, a esvazia, põe o conteúdo de lado e envelopes de outro, levando para casa o que lhe interessa e jogando fora o resto.

– Advogado, não sei o que deu em mim, sempre fui medrosa, intimidada: mas a uma certa altura me impressionou isso, não sei nem mesmo lhe explicar como e por quê. Fala e chora, chora e fala. – Que vergonha, advogado, acrescenta o marido, um homenzinho insignificante com um nariz realmente grande.

– Senhora, a senhora está com uma montanha de problemas, as investigações são praticamente perfeitas, penso que devemos negociar a sentença no processo penal, depois se prepare para a demissão, você receberá uma carta de objeção, e a um certo ponto, a seguir, a medida disciplinar; verei o que se pode fazer, mas se prepare para o pior.

– Advogado, me chegou isso... É a carta de débito. O marido, o homenzinho de nariz grande, é encurvado e em poucos meses vai parecer ter envelhecido dez anos. Ela, ao invés, tem sempre a mesma atitude confusa, mas desta vez, olhando para ela com atenção, vejo o olhar atento e lúcido, o olhar de loucura lúcida de quem está desempenhando um papel para uso e consumo do público (marido e advogado, pra ser bem claro): isto é, a pegaram em flagrante, e ela tem que mostrar que está desesperada, mas eu aposto que ela estaria pronta para começar de novo amanhã de manhã, se só tivesse a chance. Ela vem roubando há meses todos os itens possíveis, pequenas quantias, bilhetes de loteria, amostras de roupas íntimas, bonecos e uma série de outras bobagens. É claro que a sua é uma guerra pessoal contra a vida que a fez gorda e baixa e que colocou ao seu lado um marido insignificante com um nariz enorme.

Examino a carta: tem erros, eles cobram fatos que nada têm a ver com os contestados. – Senhora, lhe digo, eles cometeram um erro, agora respondemos, eles vão corrigir a carga e depois demiti-la. Seu marido se inclina um milímetro pra frente, acompanhado do peso do seu nariz enorme, ela arregala os olhos, estremece e diz: – Estamos nas mãos do Senhor. Mas o lampejo de loucura desta vez eu vi bem.

O departamento jurídico da empresa não entende minhas contestações, me manda uma carta de observações gerais e vagas, e a direção confirma a responsabilidade, procedendo com a demissão.

Recurso ao Juiz do Trabalho: "se constitui para a companhia, o conhecido e ilustre Professor Tal de Tali, titular da cátedra, o qual insiste, empunha e contesta, mas claramente também ele perdeu algo." Depois de cada audiência, a senhora chega ao escritório cada vez mais larga e com olhos que contam agora toda a sua loucura, cada vez mais abertos e flamejantes. O marido, por outro lado, está cada vez mais curvado e pendurado em seu nariz vistosamente enorme.

O juiz não pode fazer nada além de reintegrar, porque a acusação não tem nada a ver, e é claramente referida a outras pessoas. Dois anos de ação judicial, 24 meses de salários atrasados, juros, indenização por danos, décimo terceiro, declaração de vontade de usufruir do direito de sair da empresa, mais outros 18 meses de salário.

Seu marido e o enorme nariz, quando a sentença finalmente sai, estão já mortos de tristeza. Dona Bote vem buscar o cheque que a empresa teve que mandar para o meu escritório, uns cem milhões da velha lira, com passo ousado e ar arrependido. Ele me liquida com alegria e imediatamente a substancial parcela que lhe preparei. Ela acaba de retirar a liquidação do marido, ela também receberá a reversibilidade, ela tem uma casa e um pecúlio decente no bolso, fruto de seus delitos e da verdade inequívoca do caso, que, com precisão cientifica, comprovou que a cobrança feita à senhora estava incorreta. Alguém em algum lugar ainda espera receber o cupom da loteria que um amigo quis comprar e enviar: "Talvez dessa vez seja a hora certa. Um abraço. Mario"

Habent sua sidera lites**: Mario não sabe, mas as disputas judiciais têm as suas estrelas e os seus destinos.

(*) N. da T.: CARABINIERI – Força policial italiana e força armada.

(**) N. do R.: Do Latim, "Os processos têm seus astros, isto é, dependem do Céu" (P. Rónai, *Não perca o seu Latim*, 1.ed., 1980, p. 77).

97

SEJAMOS PRECISOS, POR FAVOR

Ele diz: – A pensão alimentícia ele paga regularmente, sim? – Juiz, ele diz... – presidente, sugiro eu...

– Presidente, ele continua, eu nunca paguei a pensão alimentícia!

O presidente arregala os olhos, a chancelaria engasga, a mulher continua impassível, eu olho para ele com espanto. – Presidente, eu só faço transferências eletrônicas, conclui.

Podemos terminar: venham senhoras e senhores, crianças e soldados pela metade do preço, venham ao Grande Circo da Humanidade.

Não vos vendo por mil, eu não vendo a vocês por cem, senhoras e senhores, esta noite eu quero me arruinar, por dez, eu digo dez, "Me dá gosto".

Nenhum cheque, apenas transferências bancárias.

98

TOGAS ROSA. DEMASIADOS ADVOGADOS

Creio que já toda a gente conhece a história de Lídia Poetisa, a primeira mulher que se atreveu a requerer o registo na Ordem dos Advogados de Turim, que culminou com o indeferimento do pedido sancionado pelo Tribunal de Cassação com a pronúncia de 1884.

O que é interessante notar é, no que se refere à questão do excesso de advogados, o que se constatou numa troca de pontos de vista entre os advogados de Turim e de Milão.

"O Conselho da Ordem dos Advogados de Milão, consultado pelo de Tórino a respeito do registro de Lídia Poetisa, manifestou-se a favor da recorrente, mas apenas porque ela era solteira e, AO MESMO TEMPO EXPRESSA PREOCUPAÇÃO POR UMA NOVA MULTIDÃO DOS REGISTOS DE ADVOGADOS".

(Ver Eleonora Proni, *O NASCIMENTO DA ORDEM DOS ADVOGADOS E PROCURADORES DE BOLONHA* – publicado no Conselho da Ordem de Bolonha, p. 44, com referência a F. TACCHI DA REPÚBLICA CISALPINA À REPÚBLICA ITALIANA, p. 133).

Lídia Poetisa começou sua busca pela inscrição no registro de advogados em 1880. Se não fosse ela, metade da população forense não existiria hoje. No entanto, entre os vários argumentos usados para conter sua batalha estava a expressão fatídica DEMASIADOS ADVOGADOS: com todo o devido respeito a todos os defensores desse argumento de gramatura espessa.

Um dos duzentos e cinquenta mil.

99

AQUELES CAPAZES E MERECEDORES, MESMO SEM CONDIÇÕES, E SE COM MEIOS, ADQUIREM O DIREITO DE ALCANÇAR OS MAIS ALTOS GRAUS DE ESTUDOS. ARTIGO 32 DA CONSTITUIÇÃO

Em 1921, quando Calamandrei publicou o folheto *Muitos advogados*, o analfabetismo era uma condição compartilhada por 35,2% dos italianos. No mesmo período, de uma população de 37.491.000 habitantes (dados ISTAT Série Histórica, 1921), havia 23.925 advogados e solicitadores inscritos no cadastro pertinente, ou seja, um para cada 1.567 habitantes (dados referentes a 1923; fonte não verificada). Em 2010 os advogados inscritos no registo da Itália eram 207.240 (dados de fontes não verificadas), enquanto em 2009 a população residente era de 60.045.000 habitantes (dados de 2009, fonte ISTAT), o que torna aproximadamente dada a não homogeneidade do período um advogado para cada 202 habitantes (Giovanna Biancofiore, ITALIAOGGI).

Aqui estão minhas considerações.

Os dados acima falam por si: população rural, dias inteiros de caminhos dos tribunais, analfabetas, maior de idade aos 21 anos, serviço militar de quatro anos, mulheres sem capacidade legal, o regime fascista que iniciava a sua longa permanência no poder. Atividade empreendedora ao mínimo, especialmente pequenos artesãos.

Como se faz uma comparação com base na proporção advogado / pessoa?

É claro que a relação deve ser calculada sobre o advogado / problema a ser resolvido. E se quisermos desenvolver este tópico, pronto: o que existe agora que não existia em 1921?

A CONSTITUIÇÃO, e então:

Maioridade aos 18 anos; acesso ao crédito;
Vasto tecido empresarial; pequena propriedade;
Poupança;
Relações com bancos; Rea;
Responsabilidade profissional; aumento de pequenos crimes;
Expansão do crime organizado;
Violência doméstica que frequentemente resulta em assassinato; direito carcerário;
Proteção para deficientes físicos; proteção de crédito;
Proteção do devedor não empresário.

Tudo isso se espalhou em uma impressionante regressão cultural da população italiana, que se esqueceu de muitas coisas, desde a seção "direitos e deveres dos cidadãos" da Constituição aos ensinamentos de Dom Milani.

E assim por diante.

E aí se o problema diferisse?

Não muitos advogados, só para dizer a frase a base de sensações, mas má organização da justiça, pouco controle sobre as qualidades profissionais e acúmulo de clientes, advogados dispersos em mil correntes e incapazes de dar uma imagem coesa e, finalmente, a abordagem certa: não há uma relação numérica entre advogados e a população, mas a relação numérica entre advogados e problemas a serem resolvidos?

E se o problema fosse, como disse Calamandrei, que o Estado, em vez de fiscalizar a formação dos advogados se comporta de uma maneira completamente diferente:

"[...] o verdadeiro responsável pela decadência moral e intelectual das profissões é este Estado charlatão, o qual, como se o país tivesse uma grande necessidade de advogados, continua a gritar, da porta do barracão, para a multidão que quer se divertir: *Vamos, vamos, quem quer ser advogado? Entrem, senhores, que o gasto é pouco e a diversão é ótima!*" (P. Calamandrei, muitos advogados, Florença 1921).

A advocacia italiana renasceu do Congresso de Florença de 1947: é, portanto, republicana, laica, antifascista.

Quem quiser encontrar a chave do problema comece por aí: as atas dos Congressos estão à disposição no CNF, na rua do Governo Velho, Roma.

(E a todos os advogados que dizem que somos demasiados, sugerimos que comecem a cancelar-se do registro, para dar o seu pequeno contributo para a melhoria da profissão.) Um dos duzentos e cinquenta mil.

100

ADVOGADOS, ROUPAS LINDAS, LOCAIS E LINHAS DE TELEFONE

Na manhã do dia 28 de janeiro de 2xxx, durante a execução de uma penhora a bordo de um navio a motor atracado no porto de Xxxx, o advogado Aristide Cxxxxx foi decapitado por uma placa de ferro mal fixada, que, repentinamente, se soltou do convés superior para aquele onde as operações estavam em andamento e caiu implacavelmente em seu pescoço, como a lâmina de uma guilhotina. Sua cabeça rolou para o convés do navio e caiu na água verde-garrafa, não sem antes lançar um sorriso e um último olhar para o atônito oficial judiciário, que estava com a caneta em uma das mãos e o verbal de acesso na outra.

O corpo do advogado Aristide Cxxxxx permaneceu um momento de pé, depois com elegância inata encostou-se à antepara da qual se desprendeu a placa de ferro assassina e escorregou lentamente até ficar preso entre duas boias, como se na realidade estivesse simplesmente sentado.

Além disso, o advogado Aristide Cxxxxxx jamais teria sonhado em morrer desordenadamente: e talvez foi essa compostura extraordinária a característica de toda a vida do advogado, talvez pelo frio excepcional, talvez porque finalmente o advogado Aristide Cxxxx fosse devoto de San Gennaro (o conhecido Santo de Nápoles), que nem uma gota de sangue manchou a camisa imaculada que Concettina, a governanta da casa Cxxxx, havia passado e engomado.

Ulisse, o cachorro que vivia a bordo do navio, perseguia festivamente a cabeça rolante no convés, sem conseguir pegá-la. A referida cabeça, portanto, após dois saltos e, como já foi dito, um último sorriso mergulhou no mar e ali desapareceu.

Desapareceu literalmente, pois todas as buscas incansavelmente coordenadas pela Capitania dos Portos resultaram em nada.

O Ministério Público que correu ao local, antes de autorizar a remoção do corpo do advogado (Aristide Cxxxxx era assim tão elegante que mesmo em uma situação tão infeliz, ninguém ousava chamar de "Salma" o que restou serenamente sentado mesmo que separado da sua cabeça), que duas horas após o fato ainda estava com a caneta na mão direita e o laudo na mão esquerda, e respondia ao promotor mantendo os braços estendidos em um gesto de incontrolável espanto.

– Promotor, dizia o oficial judiciário, o advogado Aristide Cxxxxx continuava a sorrir e, antes de cair na água, mexeu os lábios, como se me cumprimentasse...

O advogado Aristide Cxxxx tinha, portanto, sido identificado com sua cabeça, misteriosamente desaparecida nas águas do porto profundo, e com o seu corpo envolto em um elegante casaco de camelo.

Esta meticulosa reconstrução, oficializada pelos numerosos selos apostos nos laudos de investigação, elaborados com extremo cuidado pelo Ministério Público, que selou o conteúdo com a sua assinatura desenhada com uma preciosa caneta estilógrafica e cheia de floreios e rabiscos, confirmou definitivamente o que o advogado Aristide Cxxxx sempre disse e que gostaria que fosse usado como seu epitáfio, se soubesse ao menos como retornaria ao Criador:

– O advogado, meus entes queridos, se faz com a cabeça, e não com a gravata e as roupas lindas.

Sem falar, acrescentamos, se eles realmente podem ser usados para identificar um advogado, "instalações adequadas" e "linhas telefônicas dedicadas".

101

ERA UMA VEZ A ADVOCACIA

Era uma vez a advocacia, formada por gente habilidosa e preparada. Poucos, se comparada com a população, e por isso era uma categoria abastada. Mas o poder fazia cócegas em muita gente: os advogados, de fato, eram organizados em conselhos e, como sabemos, quem faz parte de um conselho deve ser chamado de conselheiro. Sem mencionar quem presidiria o conselho, que inevitavelmente teria de ser chamado de presidente.

Para poder convocar um pouco todos os conselheiros e presidentes, foram criadas comissões, assim acreditavam os presidentes (das comissões) que surgissem os membros da comissão para o estudo de direito comparado do estado de Quark.

A corrida pelas nomeações era a esse ponto irrefreável: e nos tribunais, tudo era uma exibição altiva de presidentes e conselheiros prestando homenagens reciprocamente.

Mas isso não era suficiente. Era necessária uma plebe animada: e assim o número de advogados aumentou drasticamente, sendo admitidas nos corredores dos tribunais pessoas que nunca, jamais se tornariam presidentes ou conselheiros.

Tendo atingido o número extraordinário de 250 mil advogados, as reuniões presidênciais e do conselho apoiaram, externamente, o boato de que sim, talvez 250 mil fosse demais.

Surgiu uma bela polêmica: seriam os controladores que deviam controlar ou os controlados que não deveriam aproveitar a distração dos controladores? A gente deu um dedo pra eles, eles pegaram o braço todo. E...

Como vai terminar, todos podem ver. Simplesmente não é possível entender mais nada. Clientes que nos odeiam, comissões disciplinares sobrecarregadas de atrasos, conselhos que não se renovam, regulamentos eleitorais em exame pelo judiciário administrativo.

Foi agradável. Ainda será, mesmo que alguém seja persistente em fazer coisas que eu, pessoalmente, não entendo: eles querem brincar de se autodenominar presidentes entre si. Que o façam.

Para mim, basta que continuem a chamar-me advogado, porque é isso que sou e sei fazer. Respeitosamente Vosso.

Um dos duzentos e cinquenta mil.

(– *Inacreditável, mas eu realmente sou um dos duzentos e cinquenta mil? – Sim, Alfrè, parece que sim! – E como eles fazem isso, Clara? – E eu sei lá, Alfrè, estarão um pouco apertados. Vem cá, Alfrè, deixa eu te dar um abraço.*)

102

COMO EDUCAR O SEU CLIENTE E VIVER FELIZ

1) Se você realmente tem tanta dificuldade em me dar o dinheiro que estou lhe pedindo, então fique com o problema que você quer me dar.

2) Advogado, mas aqueles 400 euros que te dei há três anos pra que servirão?

Para lhe dar conselhos que você não seguiu. É por esse motivo que você está aqui novamente.

3) Posso te chamar de você?

Não, eu diria que não ... Chamar de você é um assunto sério. Pensa, minha esposa tratava o pai dela de senhor (é verdade que ela é da Sardenha, é verdade que eles estiveram em Barbaria, muitas coisas são verdade, mas você pensa mesmo assim).

4) Advogado, uma coisa pelo telefone, assim a gente dá uma risada. – Venha ao escritório, meu chapa, e penso eu em te fazer rir.

5) Posso comparecer à audiência?

Claro: lembre-se de que você não pode falar em tribunal, não pode se dirigir ao juiz, não pode responder ao advogado da contraparte, não pode falar com a contraparte.

6) Advogado, o que você está fazendo, dando a mão ao advogado da contraparte?

Não se preocupe, eu acabei de lavar as mãos.

7) Advogado, posso falar?

Só se você memorizar o meu número de conta corrente.

103

ADVOGADOS ASSASSINADOS

Eles mataram um advogado, Calabria. Mensagens de condolências no FB, mas entre os vários comentários, alguém escreve (literalmente) "espera entender por que foi assassinado e depois fala sobre condolências: O advogado penalista de todos os clãs mafiosos não pode ser um ... 'Colega' !!!"

Agora, caro comentarista: ele é um advogado, e como advogado sou solidário com ele, e não com aquele (e Madonna quantos existem) que pensam que sabem tudo de todos, que são o umbigo do mundo, de ter a solução para todos os problemas, se apenas lhe fosse solicitado. Nós não pedimos isso. Não queremos isso. Eles atiraram em um advogado. Ele teria sido baleado provavelmente porque era advogado. E, como advogado, ele estava ligado a todos nós pela profissão que exercemos. Cuidamos do caralho alheio, sofremos, corremos, lutamos, levamos tiros. E ocasionalmente alguém aparece e diz: – Bem, se ele foi baleado, um motivo deve haver. Claro que tem: chama-se ignorância, violência, prevaricação, intimidação, chama-se infâmia, a infâmia de quem não suporta ser livre. Chama-se morrer assassinado aos 42 anos porque escolheu uma profissão onde a pressão, o engano, a deslealdade são, na ordem do dia, uma profissão que não organiza a gestão dos seus profissionais. E mesmo se ele estivesse errado, não contaria de forma alguma. Os que matam seres humanos, mesmo que sejam advogados. E, normalmente, quando são assassinados, é bom que fiquem calados. Para todo o sempre. E quem quiser dizer asneiras, tem a liberdade para dizê-lo: mas dê a prova daquilo que diz.

104

UM ADVOGADO QUALQUER

Somos 250 mil. A maioria de nós não faz merda nenhuma sobre a "política forense". Muitos de nós não entendemos o que a política forense faz por nós. Somos 250 mil formigas, portadoras de palhas, prontos para fazer abracadabra e embaralhar as cartas, para confundir o juiz e enganar a Administração Pública. É tudo assim: é uma procissão ininterrupta em direção aos edifícios sagrados da corte, onde unimos os fascículos, murmuramos fórmulas arcaicas incompreensíveis, onde piscamos uns para os outros entre nós, velhos trapaceiros. Vivemos de galinhas, aquelas que nos trazem os Renzi* (o mundo está cheio de Renzis, e galinhas), nós, o advogado espertalhão, e vivemos de uma popularidade muito baixa porque agradamos o ego pequeno e insignificante de milhares de vigaristas como nós.

Tudo isso mudará e um dia teremos uma defesa melhor, e seremos transformados de sapos em príncipes.

É uma bela magia, destinada a todos, mas não pra mim, porque sou uma Caravita qualquer, agora prestes a sair de cena.

Eu, um advogado comum, categoria picareta, peso máximo de bobagens. Bom trabalho.

Um dos duzentos e cinquenta mil.

N. da T.:

(*) RENZI – Matteo Renzi é um político italiano. Começou sua atividade política no Partido Popular Italiano, depois se fundiu com a Margherita, que, no que lhe concerne, deu vida ao Partido Democrata; de 2004 a 2009 foi presidente da Província de Florença e de 2009 a 2014 prefeito de Florença.

105

TRIBUNAL DE QUARK
UNIVERSO PARALELO

Extraordinário, realizado ontem na assembleia preparatória do Congresso Forense de Quark. Uma pessoa, que mais tarde se revelou um Advogado do Mundo Real, durante o discurso introdutório do Presidente do Conselho da Ordem dos Advogados, tirou do paletó um pacote do qual extraiu um pequeno fascículo de folhas escritas em Times New Roman, corpo12.

Com o rosto claramente alterado, o Advogado do Outro Mundo gritou: – Parem todos. Isso é uma moção. Parem todos, quero falar agora mesmo com o Presidente da CNF, imediatamente, agora mesmo.

Após momentos de terror e angústia, um heroico advogado do Tribunal de Quark se aproximou do advogado estrangeiro e o abraçou longamente, falando-lhe amigavelmente e baixinho.

Então, terminado o abraço, o pegou pela mão e o conduziu até o palco. O Presidente do Conselho da Ordem de Quark cumprimentou-o com um aperto de mão caloroso e forte e entregou-lhe o microfone.

O silêncio caiu sobre a aula abarrotada ao inverossímil, interrompido apenas pelo soluço contido de uma jovem colega quarkiana.

O Advogado do Mundo da Outra Parte pegou então o microfone e, com uma voz que primeiro tremia, depois cada vez mais confiante, dirigiu-se aos espectadores: – Queridos Confraternes deste Outro Mundo, queridos colegas do Universo Paralelo, a minha não é uma ação solitária. Existem, do outro lado dos seus sonhos, 250 mil advogados prontos para fazer explodir uma moção. Nós vos invejastes, lemos sobre vocês. Não sabemos se vocês sabem de nós. Vivemos em um momento terrível, onde ao invés de encontrar a unidade, nosso corpo social é devastado pelas lutas internas e intestinais de camarilhas e cordadas do consórcio, todos em busca de poder.

Para onde foi a santidade de nosso trabalho? Qual será o nosso destino? Quando voltaremos a ser advogados? Quando?

Nós, a grande maioria de nós, sonhamos com um mundo onde a justiça funcione, onde não se perca uma causa por erro processual, onde o respeito entre colegas, e entre advogados e magistrados, seja uma certeza, um mundo onde não haja essas pessoas que agarram clientes ou se interponham entre o trabalho do profissional e o cliente, onde a certeza do fluxo de caixa devolve a dignidade ao nosso povo, onde não se fale do plano mínimo pensão, onde os impostos não nos destruam, onde seja garantida uma vida profissional digna. Temos inveja de vocês, confraternes de Quark, olhamos para vocês e sonhamos. Vós sois a nossa luz e a nossa esperança, sois o exemplo que damos aos nossos jovens.

Então o advogado estrangeiro aceitou o pedido e um arrepio percorreu a aula do tribunal: mas imediatamente ele a rasgou, em mil pedaços, e a jogou para o alto, gritando, em meio a mil confetes que caíam:

– Viva a liberdade! Viva a Advocacia livre!

Os advogados quarkianos, de pé, responderam com uma única voz, em um único grito estrondoso: VIVA A ADVOCACIA LIVRE!

106

DEUS PAGA A TOTTUSU*

Não me desejem mal os outros: esta é uma declaração de amor por uma terra, feita para aquela que encheu meu coração de um amor sem reservas e uma vez me disse A minha casa é onde você está. Mas a vida é estranha e atinge no coração, pode fazer o bem e pode te fazer mal. E cada um é o artífice do seu próprio destino.

Tenho um amor imenso pela Sardenha, onde branco é branco e preto é preto. Se você é um mendigo ou um rei, não importa, você sempre será acolhido com respeito.

Tenho um amor imenso pela Sardenha, onde os Carabineiros** são chamados de "Santa Justiça", onde os homens saem de casa para serem pastores e as mulheres cuidam da família, e as crianças são amadas e os velhos são respeitados...

Onde você sempre terá uma camisa limpa, mesmo que você tenha apenas uma camisa. Onde respeito e amor são a mesma coisa.

Onde, se você estiver errado, você paga, ah, se você paga.

Onde o relâmpago do homem chega até você antes do de Deus.

Onde existem coisas incompreensíveis para nós continentais, como a S'Acabadora***.

Onde se você fechar os olhos sentirá o cheiro das plantas, de funcho selvagem, e ao longe sentirá os rebanhos que se movem e o ar quente da África o acariciará.

Tenho um amor imenso pela Sardenha, onde na costa oeste existe um mar assim forte que eles o chamam de o "marzão", e as ondas são grandes e envolventes.

Amo a minha profissão, e jamais gostaria de praticá-la senão enquanto a aprendia, amarrado ao bico desde criança por um pai, que tinha as sobrancelhas unidas, e a mão calorosa de quem é um bom pai.

E não tenho medo, também, se o tempo passa e o porto de chegada se aproxime.

N. da T.:

(*) DEUS PAGA A TOTTUSU – É um modo de dizer dos habitantes da Sardenha, uma ilha italiana: quando alguém se comporta mal, se diz: "Faz, Deus paga a todos."

(**) CARABINEIROS – A Arma dos Carabineiros (em italiano: Arma dei Carabinieri) constitui uma das quatro forças armadas da Itália e uma de suas cinco forças de segurança (Carabineiros, Polícia do Estado, Guarda de Finanças, Corpo Florestal do Estado e Corpo da Polícia Penitenciária), cujas atribuições e competências são: a defesa nacional, polícia militar, segurança pública e polícia judiciária. As suas funções e características são, em termos gerais, semelhantes às da Polícia Militar no Brasil.

(***) S'ACABADORA – Lendária mulher dispensadora da morte aos moribundos sardos, ou seja, às pessoas nascidas na ilha da Sardenha.

107

O REPRESENTANTE DOS ADVOGADOS À QUARK UNIVERSO PARALELO

O representante é o ato no qual uma pessoa pode usar em nome de outros nas relações jurídicas com terceiros, fazendo recair os efeitos dos atos por ele praticados sobre a pessoa por ele representada (cf. Alta expedia, entre tantos outros).

No universo paralelo do Quark, a representação dos advogados é confiada a um órgão, denominado representeava da Advocacia de Quark, eleito a título por cabeça (um advogado, um voto) sem barreiras geográficas: significa que se sou de Biela* e quero votar em um colega de Canicattì**, porque me parece que sua ação é potente e eficaz, eu voto. Em todo o mundo as barreiras geopolíticas caíram, apenas em uma pequena nação do Mundo Real elas continuam a ter mantidos os direitos e a alfândega.

O representante da advocacia tem mandato de 4 anos, podendo ser reconduzido uma única vez, em conjunto com um conselho de 20 conselheiros, também eleito por base por cabeça e sem vínculo geográfico.

O representante executa as deliberações da Assembleia de Advogados do Quark, que pode apresentar propostas, representa a advocacia no Ministério da Justiça e em qualquer situação em que seja necessária a intervenção da advocacia.

Exerce a potestade disciplinar, também com uma procura geral que investiga, entre outras coisas, todos os fenômenos de agressão à advocacia, desde o pelo açambarcamento de clientes à interposição na prestação de serviços jurídicos.

Supervisiona a correta aplicação da normativa do advogado dependente. Procede com a revisão do álbum, em colaboração com as ordens locais.

Consulta e propõe intervenções aos conselhos judiciais locais, e a cada ano propõe um tema de discussão a ser desenvolvido. Promove a meritocracia, com bolsas de estudo para alunos merecedores.

Se declaram e proclamam os próprios membros "Guardiães do Artigo 24 da Constituição". Isso acontece a Quark: e aí, como funciona?

N. da T.:

(*) BIELA – Município italiano, capital da província homônima de Biella.

(**) CANICATTÌ – é uma cidade italiana em Agrigento na Sicília.

108

MEIO-QUILO

O advogado, um homem grande e gordo, tinha uma filha pequenina. Ele a chamou de "Mesuchilu" (Meio-Quilo). Quando a colocava na cama, antes que ela adormecesse, ele sempre perguntava: – Você me ama assim?, e beliscava a ponta do dedo indicador com a ponta do polegar, ou assim?, e alargava seus dois dedos. E então a menina abria os braços, feliz, para dizer que amava muito o pai, mas realmente muito. Ela era tão pequena que seus bracinhos não teriam bastado para envolver um ombro de seu pai, mas o homenzarrão se sentia envolvido pelo amor de Mesuchilu.

O tempo, como em todas as histórias, havia passado, e rápido demais. O homenzarrão sentiu-se ferido e um pouco triste. Mesuchilu havia crescido e se tornado uma linda garota. O grande homem pensou: elas crescem, nós envelhecemos.

Então, de repente, ele pensou num joguinho para a noite: ele olhou para a filha e perguntou-lhe diretamente: – Mas você, você me ama assim, e ele apertou o dedo indicador e o polegar, ou algo assim, e espalhou seus dedos.

Mesuchilu (Meio-Quilo), agora um galho de carvalho, abriu seus braços. Ah, quanto ela havia crescido. E como ele se sentia pequeno. Ele que gostaria de se jogar naqueles braços e ser abraçado.

Mas você sabe, os homens são assuntos estranhos. Os grandes homens, então, nem falemos sobre isso. E então ele deu um beijo leve em sua filha e foi embora.

E ele não entendia se aquela lágrima que dançava ali, bem entre os olhos, era de saudade ou de felicidade.

109

O POEMA DO LOUCO

– Advogado, ouça, agora que terminamos de falar sobre nossas coisas, gostaria de lhe dizer uma coisa.

– Conte-me.

– É uma senhora que trabalha como enfermeira, pequena e ossuda, de aspecto inteligente e uma vida difícil. Como ela chegou até mim, simplesmente não sei dizer. Ela tinha que resolver um desagradável problema de herança, terras, imóveis, as ações de uma pequena empresa. Desvendamos e, resolvido, ela veio pagar meus honorários e também me trouxe uma garrafa de limoncello*. E agora está aqui, quer me dizer algo. É noite, não tenho outros compromissos, então, vou ouvi-la. Não é para mim, advogado, é para uma pessoa que conheço, e eu me pergunto se dá pra fazer alguma coisa ... O doutor sabe que trabalho em uma casa de saúde de doenças mentais, já vi de todas as cores, mas essa me deixa mesmo perplexa, e há alguns dias tenho dificuldades até mesmo para dormir. Como certas coisas podem acontecer, advogado? Nunca me perguntei "por que" e "como"; eu atendo os doentes mentais, existem os bons, existem os maus, existem alguns que são, que Deus me perdoe, como vegetais, eles ficam ali, eles se balançam, olhando fixo para o espaço vazio.

Nunca me perguntei nada da vida deles, a minha tarefa é simples, afinal tenho que cuidar deles, como se fossem crianças, trabalho nisso há 30 anos, e assim que acaba o meu turno e vou para casa e eu não penso mais nisso.

Mas de repente essa coisa acontece, e eu fico emocionada, agitada, não sei bem o que fazer...

Então, trouxeram esse paciente, um homenzarrão, grande, gordo, de olhos inteligentes, mas que fica parado na cadeira olhando para a parede, não se balança, não se inquieta, faz tudo que a gente manda fazer, ele é muito disciplinado, mas é como se não estivesse lá. Às vezes, um estremecimento o sacode e seus olhos brilham por apenas um segundo, e é quase assustador. Mas o incrível é que desde que ele chegou, na verdade, são poucas dezenas de dias, ele resmunga, fala, diz alguma coisa o tempo todo. Muitos fazem isso, sabe? Mas esse paciente é estranho.

E gostaria de saber do Sr., o qual é um homem culto, que tem todos esses livros, que é assim humano, o que fazer... Bem, gostaria de um conselho fraternal do Senhor.

"O que queres de mim?", penso.

– O que vai me dizer de tão estranho? Continue, senhora, termine de me contar.

A senhora pega a bolsa e tira uma folha de papel. Há algo escrito, com a sua caligrafia, eu a reconheço, e parece um poema.

– Senhora, gostaria de ler um poema para mim?, pergunto. E ela me responde: – Sim, mas não é meu.

– Este homem fala, resmunga, mastiga palavras. Os médicos vêm ocasionalmente, olham para ele e ficam balançando a cabeça. É uma personalidade complexa, dizem, mas não conseguimos encontrar a chave do problema. E eles continuam a prescrever remédios. Eu dou-lhe. E ele toma, pega o copo, pega os comprimidos e engole.

– Poucos dias atrás, ele disse que gostaria de estar falando comigo, e então ele ficou murmurando e resmungando. Olhei para ele, e ele olhou para mim por um momento, pegou minha mão e uma lágrima desceu...

– O que posso fazer agora, senhora? Qual é o ponto, o que você acha que pode ser feito?

– Não sei, advogado, só quero contar essa história pra alguém, não sei, acho que não tem nada a fazer, mas...

– Aqui, continua a senhora, nos dias seguintes prestei mais atenção ao que ele falava. Percebi ter um ritmo. Percebi haver um sentido. E então, lentamente, comecei a seguir aquele som, que se tornou cada vez mais compreensível. Eu desejo, eu entendi isso imediatamente. Então, lentamente, como eu disse a você, eu entendi. Percebi que ele estava dizendo algo bom e escreveu para mim. Agora leio para o Sr. o que consegui escrever. Não quero parecer maluca, me parecem palavras lindas, nunca conseguiria dizer coisas assim.

– Ouça.

Eu gostaria de uma casa no topo da encosta,

com as ondas claras espalhadas por toda parte,

e quando o dia morre e ao cair da noite

somente de barco se possa retornar:

somente de barco e somente com você.

Me cante uma canção bem baixinho,
dê-me a sua mão e diga-me uma palavra,
não me tenha assim pregado na cruz,
diga-me que me ama. Por favor, diga-me.
Perdi-me neste mundo amargo,
quem se foi e não pode mais voltar;
Me diz, meu amor, me diga que é verdade
que você ainda me ama, ao menos você.
Eu gostaria de ter uma casa no topo da encosta,
silenciosa e perfumada com o cheiro do mar,
pássaros brancos voando ao anoitecer,
e a fumaça de um barco a desaparecer:
Que desaparece ao longe, sem mim.
Fale comigo novamente. Fale suavemente.
Se ouço a tua voz, não desaparece aquele prateado
que se vê no mar contra o vento,
você fala, e eu renasço ouvindo você falar.
Cante-me uma música baixinho,
não me tenha assim pregado na cruz,
diga-me que me ama, diga "oi", né?
e deixe-me sonhar com você.

– Então, advogado, esse homem, grande e gordo, que fica horas olhando a parede e diz essas coisas. O Sr. saberia dizer coisas assim tão bonitas?

N. da T.:

(*) LIMONCELLO – Licor feito de limão-siciliano típico da região Campânia na Itália.

110

BOA NOITE

E no final da feira o mundo deu outra volta, e o sol foi embora para o outro lado. É noite. Para mim, é noite. Para muitos, a noite começa. Aos 20, 40 anos atrás, eu estava me preparando para sair. E ao sair, tomava e dava, golpes e beijos, carícias e tapas.

Como o tempo voa. Agora estou aqui a escrever para o mundo inteiro, sentado numa escrivaninha, e o mundo todo passa sorrindo, como um grupo de moças com os cabelos ao vento: eles têm toda uma vida pela frente, eles não sabem o que é a vida.

Boa noite, o mundo deu outra volta.

Boa noite, o sol se foi: e eu gostaria de ir embora com ele, do outro lado do mundo, para um lugar onde por algumas horas eu não entendesse nem meia palavra do que as pessoas estivessem dizendo.

Boa noite a todos os loucos, e aos sábios, às crianças e jovens, aos advogados e aos vigaristas, aos que votam sim e aos que votam não.

Boa noite, meus amigos. Foi difícil, mas também hoje o mundo deu outra guinada.

111
TRIBUNAL DE QUARK UNIVERSO PARALELO

O ministro da justiça anunciou que atingiu seu objetivo: em Quark, em média, o primeiro grau de um processo é encerrado em 367 dias.

TRIBUNAL DE XXXX MUNDO REAL

O ministro da justiça anunciou que atingiu seu objetivo: na Itália, em média, a primeira instância de um caso é encerrada em 367 dias.

– Pare de rir. Digo a você, barrigudo, pare de rir. Portanto, o que faz, está rindo sozinho? Por quê? Vamos, você está sufocando... Cala a boca, vamos, que isso me faz rir também. Vamos, por favor, você está vendo que todos estão rindo? Você vê que estamos rindo tanto, que as lágrimas correm nos olhos? O que você está fazendo agora, está chorando? Então você é bipolar...

– O que diz? Ah, tudo bem, eu entendi... A discussão dos recursos em dois ou mesmo três anos... Claro, a Suprema Corte em quatro, cinco anos.

– Aqui está a solução: abolimos o primeiro grau e o recurso, vamos diretamente ao Supremo Tribunal Federal. Tudo inaceitável e resolvemos o problema. Na Itália, os processos seriam encerrados em quatro meses.

– E pare de rir.

Um dos duzentos e cinquenta mil.

112
ADVOGADOS IRRITANTES

Boa noite, advogados, rápidos, caralho, um ano para o primeiro grau, mas realmente é inacreditável. Boa noite, florzinha.

Amanhã teremos um novo jornal que colocará os direitos na primeira página. Dizem eles.

Nós, amanhã de manhã, com as nossas roupas habituais, sem capas e sem tocar no alto-falante, com os nossos beijos à família e aos nossos entes queridos, defenderemos os direitos dos nossos clientes, como sempre fizemos.

Esbarrar em nada: com calma, com paciência, com determinação. E sem espaço publicitário nas jaquetas, para serem vendidas pelo maior lance.

Boa noite, florzinha.

Os advogados, aqueles de verdade, são assim: um pouco sabe-tudo, um pouco chatos, mas com um coração grande, que sabe acolher os sofrimentos dos outros e esquecer os seus.

Os advogados, aqueles de verdade, são assim: com uma cabeça capaz de conter tudo, com um cérebro que pensa na velocidade da luz.

Os advogados, aqueles de verdade, não se deixam enganar pelos ladrões de rua.

Boa noite, florzinha. Até amanhã, para mais um dia na justiça, para defender os direitos dos nossos clientes. Sem fanfarra e sem diretor de orquestra.

Profissional livre, livre, livre, livre, 250 mil vezes livre.

O anel, obviamente, ficará na praia: os mendigos podem ir buscá-lo quando quiserem. Eu não preciso disso.

113

QUEM É? IDENTIFIQUE-SE. QUANDO O DELÍRIO ENTRA NO PRETÓRIO

Não te direi o que é o pretório, porque é chegado o momento de cada um fazer o seu trabalho, aprender a ficar no seu lugar e a avaliar as consequências do que faz. Direi apenas que esta manhã um jovem colega me disse que estava no pretório da aula do crime de um determinado tribunal, ao lado do promotor de quem havia abordado por que um homem à paisana havia começado a vasculhar os fascículos, e ele foi interpelado pelo referido senhor com a pergunta – Quem é você? (é quase inútil dizer que o senhor em questão era um operante chamado na qualidade de testemunha). O jovem colega respondeu que isso obviamente não era da sua conta, e teve a ordem peremptória de se qualificar: sempre como um indivíduo à paisana, sempre como uma pessoa irreconhecível. Obviamente, ao recusar, o homem extraiu um cartão e só então (no pretório) se qualificou como comandante de uma certa estação de Carabineiro. Ele praticamente arrastou o colega para fora, com a intenção de levá-lo ao comando. Abuso de poder, ameaças e tudo o mais que você quiser: mas o pior é que esse sujeito estava no solo sagrado da justiça, no solo inviolável da defesa. O Ministério Público, não sei se com a toga ou não, não teve coragem de intervir: e o assunto ficou nas mãos do jovem colega, a quem aconselhei apresentar relação aos diversos COA (Conselho da Ordem dos Advogados e Procuradores) interessados, e também ao comandante da companhia dos carabineiros. A moral é uma só: gostem ou não, queridos outros, somos advogados, temos uma função muito específica e a desempenhamos cumprindo o nosso ministério em perfeita solidão. Aos dirigentes dos clubes, aos mafiosos, àqueles que se sentem um Deus eterno porque (neste caso virtualmente) usa uniforme, lembro apenas uma coisa: vocês são filhos do trabalho incansável e contínuo de gerações de advogados, que tutelaram os seus direitos e os defenderam quando vocês cometeram um erro, e os ouviram. Até quando nós existirmos, por Deus, haverá liberdade. Ponha isso bem na sua cabeça. Cada advogado é um baluarte da liberdade. E aos jovens advogados eu digo: não tenham medo. Nelson Mandela, um advogado, passou 30 anos na prisão para defender a liberdade de outras pessoas, não a sua. Um de duzentos e cinquenta mil, pobre, maltrapilho, cansado, velho, melancólico, mas um ADVOGADO LIVRE.

Vão em paz, a missa acabou.

114

PROFISSÕES DESAPARECIDAS, ADVOGADOS E JOVENS ADVOGADOS

Fui ao Conselho Forense Nacional, na via do Governo Velho, verificar o resultado de um recurso em matéria disciplinar. Obviamente eu estava na sala errada, porque deveria ter ido ao Gabinete de Recursos do Ministério da Justiça. No entanto, o passeio, digamos assim, foi útil para fazer algumas reflexões. Cheguei na via do Governo Velho vindo por uma rua lateral e me deparei com uma loja de encadernação. Essa loja, há 30 anos, funcionava a ritmo acelerado, pois os advogados eram vinculados às anuidades das diversas revistas jurídicas. Encadernações caras com frisos dourados ou menos exigentes, com a capa da parte de trás e a capa branca escrita em preto, mas mesmo assim o trabalho era muito. Entrei para bater um papo e me falaram que, obviamente, não tinha mais trabalho. Isso porque a consulta da jurisprudência agora é feita pela Internet.

Reflexão n.º 1: os escritórios de advocacia mudaram de aparência, e quem mostra uma estante cheia de livros mostra um fantasma, uma decoração. Por outro lado, alguns idosos de quando eu era jovem me disseram que muitos advogados compravam livros legados por metro, um total de metros para decorar a parede.

Um pouco mais adiante, a porta do antigo Tribunal da Magistratura, velha, empoeirada, sabe, fechada com uma corrente: ao lado da porta ainda está a placa de mármore e a inscrição em vermelho "Magistratura de Roma".

Reflexão n.º 2: muda a geografia judiciária e a gente se acostuma com tudo. Ainda assim, para mim, naquele momento ainda parecia-me ver advogados jovens e velhos com a toga debaixo do braço lutando para entrar naqueles escritórios.

De repente, então, mas não tão repentinamente, percebi que o número de jovens que comparecem aos tribunais (apesar dos gritos de alarme e das reclamações cada vez mais imponentes) é sempre alto: de 35 para baixo, são muitos os que se lançam em um empreendimento que parece desesperado. Eu perguntei a alguém: – Por que você faz isso?, e ele respondeu: – Paixão. E não comece a dizer ser inútil, porque isso é o que ouvimos diariamente.

Reflexão n.º 3: Os jovens, na qualidade de jovens, são inconscientes, talvez loucos, mas mesmo essa profissão alguém tem que fazer. E eles, os jovens, querem fazer isso.

A demanda por justiça é alta.

Os lugares, os caminhos, os tempos podem estar errados, mas as pessoas precisam enfrentar seus conflitos, que fazem parte da vida: não existe uma vida sem conflitos.

A coragem não é falta de medo, coragem é a capacidade de enfrentar as dificuldades.

As novas gerações logo estarão na meia-idade, e terão as chaves da advocacia em suas mãos. Eles farão escolhas, individuais e coletivas, e nós, com mais de sessenta anos, estaremos fora disso. Poderemos ter só um papel, o de "velho sábio", de "*dominus*", se o merecermos. Ao contrário, gostemos ou não, seremos colocados de lado, com uma tigela e uma colher de pau, para comer o que pouco sobrar. Este é o fim de um conto de fadas russo, mas também será o nosso se não fizermos um novo pacto com as novas gerações que avançam, porque o tempo é a força deles.

115

ADVOGADOS E TRAPACEIROS; QUEM COMPLICA O QUÊ

– Porque esta deve ser a terra dos encrenqueiros, os cidadãos mantêm as coisas simples e cabe ao advogado complicá-las.

Disse o presidente do Conselho, ontem, durante um programa de televisão.

Então, eu penso nesta afirmação de extraordinária gravidade. Este país foi construído também com o sangue de advogados. E não só aqueles físicos, mas também aquele que moralmente temos de tirar toda vez que alguém permite outro dizer uma frase desse tipo.

Enquanto isso, os cidadãos não fazem nada, porque são os "políticos", em mil citações, ou melhor, as ações que fazem. E depois os advogados impedem essas pessoas de fazerem o que bem entendem. Isso é tudo. Claro, complicamos sua vida. E, que porra, ainda esses advogados! Mas o que eles querem? Que as coisas sejam benfeitas, presidente. Quando algo é feito da maneira certa, não há trapaceiro que tenha. Quando a justiça é rápida, não há como complicar. Quando os juízes estão preparados, não há como confundi-los. Quando os corruptos são punidos, não há como virar a esquina assobiando.

Dizer de um componente da liberdade qual é o advogado "os advogados complicam as coisas" é uma frase que não pode ser dita por aquele que tem a responsabilidade de liderar um país. Um país que precisa de uma reforma seria do setor de justiça, uma reforma onde os advogados devem e querem participar. Não se pode usar uma palavra só porque é a mais conhecida dos italianos, cuja ignorância é sabiamente cultivada no dia a dia.

Trapaceiros? Heróis silenciosos, operários, explorados, gênios, gente que conhece a lei e as pessoas, gente preparada e honesta. Estes são os advogados, aqueles verdadeiros. Obviamente, você, presidente, só conhece trapaceiros e nunca teve nada com um advogado de verdade. Mas, isso, me perdoe, é a seu demérito, e não é uma medalha bonita para os advogados que lhe estão perto.

Atenciosamente, Um dos duzentos e cinquenta mil.

116

A NÃO RIQUEZA DOS ADVOGADOS

– Olá, aos surdos? Disse-me uma vez um velho, sábio, mas também vulgar. Não, respondi. Então você não entende, porra alguma. Então, os advogados italianos não entendem merda nenhuma por isso: eles não são uma classe rica. Cheia de ideias, de vontade de inovar, de experimentar, de jogar tudo pro ar e recomeçar. É uma economia unha de fome, feita de caça aos clientes, de honorários, de longas esperas, de liquidações baratas, de pagamentos fracionados, perseguidos, arrancados das mãos dos clientes. É um corpo social com a cabeça pobre. Desafio qualquer um a me dizer que não, ele está bem, que não tem dificuldades financeiras. Nem os grandes estúdios podem dizer isso. Tiramos do meio dez ou 20 grandes nomes de escritórios de negócios. Todos vivemos o momento com uma cara de pobre, porque o dinheiro não gira. E, por isso, segundo meu antigo cliente, vulgar, mas também sábio, não entendemos merda nenhuma: não somos interlocutores de ninguém.

117

UMA NOITE SEM FIM

Perdi o voo de Palermo para Roma e não há vagas disponíveis de amanhã até 23 de setembro. Então parto amanhã às 6h00 para Nápoles, depois pego o trem da Termine, vou para Fiumicino, pego a moto, vou para a casa no Castelli*, pego o carro e volto para Fiumicino para buscar uma pessoa que chega às 13h00.

Vou pernoitar nas salas de espera do aeroporto de Palermo, pois devo procurar um hotel próximo e dormir lá quatro horas. É inútil.

As escadas rolantes continuam girando no silêncio geral. Ruídos estranhos, guinchos. Alguém fala em siciliano. O sono virá, espero que em breve.

Abro o computador. Entre os e-mails, encontro um em que sou definido como "o bom Giuseppe": basicamente me chamam de idiota.

No Facebook, li sobre a teimosia e insistência com que um punhado de pessoas decidiu fazer o que querem: mas não das suas vidas, das nossas, as de 250 mil advogados.

Protestos, moções, determinações. E eles vão em frente de cabeça baixa. Como se os chifres não tivéssemos também nós. Um delegado para cada 500 membros. O fórum da Biela conta com 300 membros. O fórum de Biela não tem direito a delegados. A incapacidade de tal proposta deveria ressaltar aos olhos de todos. Mas não, a proposta será apresentada, e as Ordens, que seríamos depois nós, estão pressionando os delegados, que depois teríamos eleito nós, para que essa moção seja aprovada.

E a escada rolante do aeroporto continua girando. Um apito se somou ao rangido.

Eu gostaria de estar em casa, mas em vez disso estou aqui, nesta terra de ninguém. Eu gostaria de ter uma casa de advogados e, ao invés disso, o cenário é o de um assalto no trem. Digam que estou errado. Me diga que é mentira que alguém pode pensar em foder 250 mil colegas. Digam-me por favor.

Mas vocês estão em suas casas e eu estou sozinho no aeroporto Falcone e Borsellino de Palermo.

Senhores delegados, vocês votarão de acordo com sua consciência e segundo o mandato ou obedecerão a ordens? No segundo caso, provavelmente terão recompensas e prebendas, mas também terão nosso desprezo sem fim, como essa escada rolante que continua girando no vazio. Senhores delegados, vocês são advogados. Lembrem-se de que em plena consciência e solidão cumpriram seu dever e, em tantos outros casos, também pagaram com a vida.

Senhores delegados, lembrem-se de que a advocacia é composta por homens e mulheres livres: nenhum de nós está disposto a ser o degrau de uma escada rolante que continua a girar mesmo quando não é necessário, mas que pode ser interrompida apertando um botão.

Boa noite, do aeroporto, Falcone e Borsellino, Palermo. Um advogado sozinho à noite, um dos duzentos e cinquenta mil.

N. da T.:

(*) CASTELLI – Castelli Romani, conjunto de cidades das colinas de Albano, a curta distância de Roma.

118

DEZESSEIS ANOS DE FELICIDADE

Dezesseis anos de felicidade. E agora a vida apresentava a conta.

Assim pensou o advogado xxxx, enquanto sua esposa o olhava com desprezo, ele nunca tinha entendido, em sua vida, o que deveria ter feito. Tudo o assustava, sempre, desde que começou a frequentar a escola. Ele se sentia, em uma palavra, inadequado.

Inadequado na escola, inadequado na família, inadequado com as mulheres, inadequado em sua figura desajeitada, gordo e, ao mesmo tempo, forte.

Ele se tornou advogado porque assim o decidiu a família. Ele não tinha direito de escolha. Ele vivia em um estado permanente de ansiedade, o medo de cometer um erro, o medo de que todos percebessem o quão inadequado ele era.

Depois, gradualmente, foi construindo uma armadura, um personagem rude e simpático, um fanfarrão, que tinha sempre uma piada pronta.

Mas, por dentro, ah, por dentro, o quanto ele sofria: seu maior problema era a relação com o dinheiro.

Nunca conseguiu entender o que o dinheiro realmente era. Ele havia corrido muito, é verdade, mas não sabia o que era.

Ele não sabia uma coisa essencial: o dinheiro é o motor que faz o mundo girar, é a chave de leitura da vida. Ou você tem o dinheiro, ou não entende porra nenhuma.

Essa era a verdade. E ele obviamente não entendia nada.

Ele estava sempre em apuros. Quanto mais dinheiro ele ganhava com seu trabalho, mais ele precisava.

Quando chegou a crise, aquela que morava, aquela que massacrava dezenas de milhares de profissionais livres (meses e meses para serem pagos, pessoas que desapareciam na hora de pagar, compromissos cada vez mais rígidos, impostos, filhos que cresciam), sua esposa havia notado uma série de besteiras, feitas e não ditas.

Os 16 anos de felicidade desapareceram como a neve ao sol: mas ele, sendo um louco (assim sempre pensava ser), por aqueles 16 anos de felicidade, puro, absoluto, cristalino, teria feito e refeito as mesmas coisas novamente.

Não houve compreensão, no entanto. Ele agora estava morto, um homem morto vivo, sem direitos, mas apenas deveres. Um prisioneiro mal tolerado. Assim ele se sentia. O escritório, seu escritório, havia se tornado seu canil. Ele era um vagabundo que lutava contra si mesmo todos os dias para evitar parecer vagabundo. Mas a felicidade cristalina foi quebrada em fragmentos, e os fragmentos permaneceram, que ele havia coletado e preservado, e que todas as noites quando ele estava sozinho ele tirava e olhava contra a luz, captando apenas pequenos flashes de luz do que antes havia sido um brilho indescritível.

Como todas as noites, ele estendia a mão para a gaveta onde guardava a arma: um momento, ele pensou, e tudo estaria acabado.

Como todas as noites, então, em sua cabeça começava a sequência das valsas de Strauss, desesperada felicidade, langor por um mundo que dançava na orla do abismo.

E ele voou para longe, no céu, para olhar para baixo na expansão de luz e sombra, de casas que guardavam pessoas felizes e pessoas infelizes.

119

A ADVOCACIA É MORTA. OS ADVOGADOS, NÃO

Veremos em breve a explosão ao vivo da Advocacia italiana, entidade que nunca existiu, enquanto uma realidade composta por interesses de todos os tipos, sem coesão e sem representante.

Será uma bela explosão, um *Big Bang* colossal.

Partindo do conceito de que somos todos iguais, e que cada um de nós vale exatamente o mesmo que o outro, e que somos, dizem, 250 mil, há quem se ache mais igual, mais bonito e mais espertinho do que os outros. Coordenação do Conselho da Ordem eleito é assunto público com um regulamento ilegítimo. Pessoas que não querem ir para casa e ignoram o princípio da alternância. Os mesmos rostos, há décadas, que nos explicam como será o nosso futuro. Nosso futuro. E que nesse ínterim ele está serrando nossas pernas, para dividirem um bolo gigante.

Pelo fato de o conceito ser muito, muito simples: há trabalho, e muito, mas está concentrado nas mãos de quem está com as mãos na torta.

Todos sabemos que nos grandes escritórios você trabalha como escravo por pouco dinheiro. Não há muitos 250 mil advogados, se é verdade que existem, são muitos os malandrinhos e aqueles que pensam que podem foder seus próprios colegas.

Portanto, a advocacia morrerá. Felizmente, acrescento. E veremos, em breve, o espetáculo indecente que está se formando. Uma realidade que não é capaz de organizar a disciplina (ocorrem cerca de dois anos para uma decisão do CNF no Judiciário), que ainda não decidiu se adequar às indicações, tanto quanto em base aos tribunais sobre as eleições, uma realidade em que quem te sorri está disposto a te pôr a corda no pescoço, que ainda não reconhece o trabalho assalariado da enorme massa de advogados que criou, fomentando uma concorrência desleal e a evasão fiscal, que não consegue criar um modelo de sociedade de capitais e no entanto permite a qualquer um criar verdadeiros escritórios cheios de advogados escravos (e estou falando de bancos), que proíbe a publicidade e tolera as violações flagrantes, evidentes e violentas quotidianas dessa normativa, é justo que isso termine. Que não exista mais.

MAS CERTAMENTE OS ADVOGADOS NÃO MORRERÃO, AQUELES VERDADEIROS, OS GUARDIÕES DA ART. 24 DA CONSTITUIÇÃO, QUE CONTINUARÃO A EFETUAR O SEU TRABALHO, ENTRE A TUTELA DA JUSTIÇA DOS DIREITOS E A SOLUÇÃO DAS DISPUTAS, E TUDO QUE UM VERDADEIRO ADVOGADO SABE FAZER E FAZ DIARIAMENTE.

COMEÇAMOS EM 1945, APÓS A SEGUNDA GUERRA MUNDIAL, RECONSTRUINDO UMA ITÁLIA A PARTIR DE SUAS RUÍNAS... FAREMOS ISSO DE NOVO: OS VERDADEIROS ADVOGADOS NÃO MORREM, SE NÃO FISICAMENTE, E CONTINUAM A EXISTIR NAS GERAÇÕES QUE OS SEGUEM.

Todos os outros, no que me diz respeito, podem ser ferrados. Um dos duzentos e cinquenta mil.

120

ADVOGADOS NO CONGRESSO

Os diretores nacionais, as secretárias, as seções territoriais, os presidentes, os conselheiros, os tesoureiros, as comissões, os congressos, as comissões no Congresso, a ágora, as comissões, as moções, as publicações.

Os juízes de paz que resolvem contratos de 250 mil euros no valor, e cagam fora da sua jurisdição o valor de 245 mil euros, e que ninguém lhes dá um pontapé na bunda.

Os operadores da justiça, chamados a depor, que, enquanto aguardam uma audiência, interrompem um advogado que fala com o Público Ministério, e então se qualificam e pretendem bloquear o advogado porque este no que lhe concerne não qualificou "Recusa em dar as suas generalidades".

Os jantares sociais, os delegados, os 70 anos que demorou para fazer uma lei profissional que vaza como uma peneira ou talvez seja uma grande cagada. Advogados que trabalham por migalhas em grandes empresas.

Os 60 anos que acreditaram na fábula do direito à educação e no artigo 24 da Constituição.

Os controladores da Cotral*, que prendem uma garota indocumentada que lhe dá o nome de outra, e a Cotral que multa o pai da outra, e quando esse protesta respondem – Você tem que nos provar que ela não é sua filha. (Mas, se ela não tinha os documentos, não era teu dever levá-la ao comissário de polícia ou é correto escrever a primeira besteira que te passa pela cabeça da moça?) Multa de, bem, 50 euros. Se você for num advogado, terá de lhe dar 100. Pague a multa e cale a boca.

Muitos advogados. Tantos advogados. Todos os advogados. Venham lutar!

As revistas da paróquia que custam o que custam. As ilusões dos jovens, as desilusões dos velhos. As garras dos que se sentaram nos braços do sofá.

A bunda manchada de cola, mova-me se puder. A visibilidade. Os grandes temas da justiça. A proteção judicial de direitos ou a solução de controvérsias?

– Advogado, adiemos para 2019.

– Ok presidente, a que horas?

– Advogado, não faça o engraçadinho.
– Eu, presidente? Eu nunca me permitiria.

N. da T.:

(*) COTRAL – Empresa de Transporte da Região Lácio.

121

OS ADVOGADOS MORDEM

No meio de sua apaixonada argumentação final, o velho advogado, daqueles que usavam calças bem acima da cintura, magro, com cabelos brancos, soltos como um maestro de orquestra, percebeu que algo estava errado em sua boca.

Era muito velho para implantes, então ele usava dentaduras que colava com a pasta adesiva.

Mas já falava há muito: ocasionalmente enxugava a saliva com um lenço de proporções gigantescas, que guardava com cuidado no bolso.

Mas a pasta adesiva, não sabendo em que boca estava e o que o dono daquela prótese estava fazendo, em algum momento se dissolveu, sumiu, e a prótese começou a escorregar.

Mas o puto não fica quieto, – senhor presidente, não, o puto é muito alto, outro quero dizer, me desculpem... E com a mão correu rapidamente à boca, para deter aquele terrível e vergonhoso deslizamento à terra. Eis que estão todos olhando para mim, o que faço, o que eu digo?

– Ignor, presidente, preciso de uma pausa.

Os grisalhos do Colégio, afligidos pelo mesmo problema, idade avançada e próteses dentárias (uma se tornara alvo do neto) entenderam de imediato. O presidente, que já começava a ouvir risos, agarrou a campainha e tocou, chamando o auxiliar. – Audição suspensa, disse ele com voz firme.

O auxiliar entrou trazendo água, e consultou o presidente, que o havia feito aproximar o velho advogado.

A solução foi encontrada rapidamente, e o balconista rapidamente trouxe um estoque de pasta adesiva de uma farmácia próxima. A discussão foi retomada.

– Senhor presidente, obrigado... Posso agora retomar minha discussão com tranquilidade, focando em particular na minha intervenção adesiva...

Os dois velhos, de um lado ao outro das trincheiras, trocaram um sorriso conhecedor, lembrando-se dos tempos em que, como leões de verdade, poderiam morder o adversário.

122

O ADVOGADO E O TIGRE

Trágico fato de sangue esta manhã nas ruas da capital. Na madrugada desta manhã, em uma área residencial de Roma, um tigre idoso (escapou imprudentemente do cativeiro pacífico de um pequeno circo em turnê) foi capturado e parcialmente devorado por um advogado, um tal XXXXX YYYYYY. Alertados pelos rugidos desesperados do tigre, os moradores alertaram a polícia, que cercou toda a área. No momento, o prefeito, a Florestal e o presidente local do Conselho da Ordem estão discutindo as iniciativas mais oportunas a serem tomadas.

O advogado aparece em evidente estado de agitação e vagueia ao redor do pobre corpo da fera atacada gritando frases aparentemente sem sentido "Ius retinendi, ius soli, ius primae noctis... Qualquer pedido contrário desconsiderado e rejeitado... Lembro a mim mesmo".

– É uma crise de abstinência do contencioso, afirma um conselheiro da Ordem que deseja manter o anonimato. – Esses advogados de uma certa idade foram mal-habituados, os processos foram encerrados, o dinheiro corria... Agora com essa crise, os advogados estão batendo a água no morteiro, acredite, nessas condições há mais de um.

O prefeito perguntou se não era o caso de atirar no advogado:

– É perigoso, existem outras feras selvagens ao redor que estão em evidente e constante perigo. Precisamos dar um sinal forte e claro à população, que nos olha com apreensão.

O presidente do Conselho da Ordem sugeriu narcotizar o advogado em uma área de supervisão, uma espécie de parque natural.

Numerosos espectadores chegaram ao local, entre os quais se destaca um grande grupo de mediadores: – Dê ele a nós, gritavam, faremos um curso intensivo e vamos convertê-lo em mediador.

123

ADVOGADOS CAPIVARAS

Eu sonhava em ser um mortal comum, e não um dos 250 mil advogados que infestavam a Itália.

Sonhei que, como quando há muitos javalis, fossem autorizadas batidas de caça com o intuito de tiros a reduzir o número. No sonho, eu via advogados fugindo, tropeçando nas togas, perdendo códigos, e depois pam, pam... E eles caíam. Um golpe bem sobre o ombro esquerdo e o assunto estava encerrado. Presuntos e linguiças de advogado, uma raridade, uma bondade, primeiramente uma necessidade.

Então, novamente no sonho, eu, um mortal comum, vi que alguns advogados, claramente advogados, envoltos em suas togas, caminhavam entre os caçadores, carregados com cintos com cartuchos e espingardas. E conversavam amigavelmente com eles. Às vezes, com uma sobrancelha ligeiramente levantada, indicando um arbusto: Pam, pam.

Obrigado, senhor conselheiro, presidente, componente deste e daquele outro Conselho: não o havia visto realmente. Os advogados abatidos eram fotografados, catalogados, medidos.

Alguns caçadores posavam ao lado deles. Do fundo do mato vinha o lamento dos parentes, e não quero usar termos como mãe, esposa, filhos, porque qualquer mero mortal... sabe bem que advogado não tem coração, não sabem o que é o amor.

Acordei, com o coração disparado. Eu disse a mim mesmo "É um sonho". E abri a janela para respirar o ar matinal.

Pam, pam. Apenas o segundo tiro me acertou bem em cima do ombro esquerdo. No curtíssimo intervalo entre o primeiro e o segundo tiro, vi distintamente o presidente, conselheiro, membro da comissão, secretário de quanta outra, levantar a mão em uma saudação, estendendo as mãos e erguendo as sobrancelhas como se dissesse "O que você quer fazer?, essa é a vida."

124

AS BOLSAS DOS ADVOGADOS E AS ESTRELA DO MAR

Às 15h25 de uma abafada tarde de verão, o advogado xxxx deu uma corrida e levantou voo. Ele voou, leve como uma pena, mas tão determinado quanto um avião sobre a cidade, não muito longe da vila onde morava. Posicionou-se em voo estático sobre o edifício do tribunal, como um helicóptero, e com os seus superóculos (presente de um homem não identificado do Serviço) começou a esquadrinhar o interior deserto do edifício, fechado desde às 14h00.

Era como estar no mar, fazendo observação subaquática com uma máscara. Flutuando de bruços, observou as pilhas de papel nas escrivaninhas abandonadas e algumas pilhas de pastas que, movidas por uma leve brisa, se mexiam como algas marinhas no fundo do mar. Com duas braçadas rápidas, dirigiu-se para o interior do bar e notou uma velha bolsa de couro, a do advogado Yyyyyy, que há três dias estava desesperado porque a tinha perdido. Era entre a geladeira de sorvetes e as cadeiras de uma mesa onde, no intervalo do almoço, magistrados e promotores da República paravam para comer: o advogado Yyyy deve tê-la colocado em uma das cadeiras para tomar um café com um amigo e, então, provavelmente devido ao calor, provavelmente por causa da falta de tarefas importantes, ele havia se esquecido completamente dela. Alguém, tendo que se sentar, a apoiou no chão, e depois entre uma coisa e outra, a bolsa acabou praticamente atrás da geladeira.

O xxxx advogado com uma elegante pirueta de mergulho, e novamente graças a um superdispositivo do seu amigo dos Serviço, passou pelas paredes do tribunal, mergulhou no bar e recuperou a bolsa. Ele imergiu no céu claro de uma pequena cidade e foi para casa com a sua presa. Mas, primeiro, ele foi ao escritório de Yyyyy e deixou a bolsa na frente da porta.

Ele foi para a casa e se deitou no sofá, para descansar um pouco.

E foi acordado pelo toque do telefone. Era Yyyy. – Tenho que te contar uma coisa extraordinária, disse o colega, – Alguém deixou minha bolsa na frente do estúdio. Você não sabe, na verdade, você sabe, porque eu te disse, o que tinha dentro. Eu estava praticamente desesperado.

O advogado xxxx estreitou os olhos, como um gato. – Colega, este acontecimento é realmente estranho! Só pense que adormeci no sofá e sonhei ter recuperado a sua bolsa. Mas como estou feliz.

– Francesco, disse Yyyyy, entrando em uma dimensão mais confidencial, sabe o que é estranho? A bolsa cheira a mar, e assim que ele a abriu encontrei um cavalo-marinho e uma estrela-do-mar, você sabe como são aquelas que eu e você costumávamos pescar quando erávamos crianças?

– Filì, não pense nisso, o importante é que você recuperou a bolsa.

Ele se virou de lado, segurando em suas mãos os superóculos de seu amigo do Serviço.

Teve tempo para pensar "Esperemos que este Serviço não seja desviado", e já estava dormindo, com um sorriso malicioso nos lábios.

125

EU VENDO LIVROS, DIGO BESTEIRAS INÚTEIS E FAÇO AQUILO QUE EU QUERO...

Uma coisa legal que aprendi no escritório, quando rapaz, é a seguinte: você me chama de Sr. advogado, eu te chamo de Sr. juiz. Você me chama de advogado, eu te chamo de juiz.

Somos todos iguais, meus queridos: só teve um que se pôde permitir dizer – Eu sou o alfa e o ômega, e aí se, pôs o fardo nas costas.

Portanto, somos todos iguais: desde o presidente da CNF* até ao último que jura esta manhã, somos todos advogados. Eu dessa profissão adoro a liberdade. Ninguém pode me dar ordens. No momento em que começarem a me dar ordens, deixarei de ser advogado.

E que todas as pessoas ambiciosas desta terra saibam que os advogados são livres, quando dizem aos seus colegas que ocupam cargos de qualquer espécie. Presidente, conselheiro, mesmo cultivam um saudável temor dos atos inconsultos ditados pela doença do poder, dentro deles riem, riem, riem...

Alguém me disse que falo besteiras inúteis...

Bem, eu gosto de falar besteiras sem valor e digo quantas eu quiser e quanto gosto disso.

Hoje eles me disseram – Você pensa só no seu caralho. É verdade. Chamo isso de liberdade, porque os meus caralhos passam por sacrifícios e fadiga, e a capacidade de manter o ponto quando tudo parece dizer "onde diabos você está indo?"

E finalmente: você vende livros. No sentido de que você não é advogado, você vende livros, você encontrou o nicho certo e é isso que você faz. Além de ter vendido bem, mas não tão bem a ponto de pensar em desistir do outro trabalho, sim, eu escrevo livros e os vendo.

Nunca gostei de amadores.

Um dos 250 mil que fala muita besteira, escreve livros e os vende também. Presidente, conselheiros, meus cumprimentos.

N. da T.:

(*) CNF – Conselho Nacional Forense é o órgão representativo institucional da profissão jurídica italiana e representa toda a profissão jurídica.

126

TODOS À CASA

Todos fora. Quem permitiu que essa situação surgisse, fora, pra casa.

Os que ostentam essa mediação e agora, por mero cálculo político, falam sobre ela com entusiasmo, em casa, no escritório, onde quiserem.

Quem participou da destruição da lei 247 de 2012, em casa, a arar a terra. Que, embora sendo conselheiro da Ordem, nunca deu início a uma revisão dos registros, pra casa.

Que permitiu que surgissem empresas como cogumelos, sociedades que lidam com recuperação de crédito, indenização por danos, problemas de saúde e que usam advogados como escravos, pra casa.

Quem foi alistado por essas empresas por bagatelas, atropelando não só a sua dignidade, mas também a nossa, pra casa.

Quem não sabe dizer exatamente quantos somos, pra casa.

Os que montaram escritórios que recebem encargos de bancos e seguradoras, aceitam taxas vergonhosas e reuniram em torno deles jovens advogados que trabalham como catadores de tomates, pra casa.

Quem, ao sentar-se numa poltrona, imediatamente se paga, em casa.

Quem imprime revistas paroquiais alegando serem o jornal da advocacia, pra casa.

Aqueles que continuam a argumentar que o advogado tem dignidade constitucional, e não sabem nem mesmo explicar onde está escrito, em casa.

Quem se casa não com a cliente, mas a causa, e se torna agressivo e está disposto a fazer qualquer coisa, pra casa.

Aqueles que sabem de cor o código de ética, mas nada sabem sobre o código de ética que deve reger a nossa vida como profissionais, pra casa.

Aqueles que continuam a não entender que se de 250 mil advogados, sim e não, 5 ou 6 mil pessoas participam da política forense, talvez 10 mil (portanto, uma porcentagem irrisória), e a razão não está na inépcia da maioria obrigada ao silêncio, mas no mecanismo infame que pune quem discorda e recompensa quem abaixa a cabeça, pra casa.

Quem tem uma manjedoura baixa, pra casa.

Melhor faminto e com as costas retas, um dos duzentos e cinquenta mil.

Em suma, após essa rodada de exames de qualificação, mais 10 mil advogados serão colocados no mercado forense. Peço que o Estado adote uma avaliação de ética pública. Peço que os órgãos competentes, a começar pelo Ministério da Justiça, abram uma discussão séria sobre o destino dos advogados. Peço que todos aqueles que receberam o título de advogado tenham uma oportunidade real de trabalhar. Peço que o Conselho Forense Nacional trate dessa questão. Peço que as vozes de todos sejam ouvidas. Peço que a renovação da liderança forense seja realizada rapidamente. Peço que seja dado um espaço real aos jovens. Peço que sejam verificados os escritórios de dezenas e dezenas de advogados mal pagos. Peço que seja verificado o sistema de atribuição de nomeações fiduciárias. Eu pergunto. E eu não terei nenhuma resposta.

Peço que voltemos a falar sobre síntese política.

Peço que os juízes respeitem o trabalho dos advogados.

Peço que os clientes respeitem o trabalho dos advogados.

Peço uma política séria de limitação de acesso à profissão, começando pela universidade. Peço que os conselhos de disciplina façam seu trabalho com competência e seriedade, e não sejam centros ocultos do poder. Peço que os advogados aprendam a ser respeitados. Peço que os conselhos das várias ordens sejam administrados por dirigentes pagos pelo trabalho que realizam. Peço que paremos de uma vez por todas de falar em "espírito de serviço", indicando com estas palavras doentias a ânsia de poder. Peço o que todos os advogados de bom senso pedem, pensam e desejam.

127

O ADVOGADO GARFO

O advogado Garfo estava esplendidamente convencido de que era luminar e dava aulas de direito a qualquer pessoa, desde o cachorro da casa até a empregada e o porteiro: e quanto mais o interlocutor era sideralmente distante de seu mundo de papéis e papeladas, quanto mais advogado Garfo usava uma linguagem cortês, difícil e deliberadamente contorta.

O advogado Garfo às vezes ia aos mercados locais para fazer suas comprinhas gastronômicas, e para os assistentes surpresos ele dava aulas de direito processual, explicando como a justiça na Itália não funcionava.

A sua, acrescentava, era uma batalha perdida desde o início. Eu tento, dizia ele, segurando o braço da gorda romena que pesava os tomates, tento remediar a ignorância diletante da turma forense, mas não dá, é tudo inútil. E abaixava a cabeça, como um ator no final do monólogo, com aquele gesto que servia a concitar os aplausos.

Mas esse aplauso nunca chegava. Do cachorro à empregada, do porteiro aos atendentes das bancas do mercado local, todos continuavam a olhar para ele, balançando a cabeça e murmurando: – Tem razão, professor, como estamos reduzidos!

E, quando a reclamação acabava e ele ia embora, o cachorro se enrolava, a empregada recomeçava a limpar, o porteiro recomeçava a separar a correspondência, jogando diligentemente o olho para fora da portaria a cada quatro ou cinco minutos. Nas bancas do mercado, os atendentes e vendedores, que estavam acordados desde às quatro da manhã, se entreolhavam e diziam: – Mas o que foi que ele disse?

Apenas uma vez, um dos balconistas se lançou em um comentário arriscado: – Nada, a besteira de sempre, sem nenhum valor.

128

FALO SOZINHO

– Com licença, chanceler, o arquivo da pasta reserva não está ali. Você tem o número?

– Sim, é o número xxxx.

– Tem certeza de que estava na reserva?

– Sim, claro, a luz acendeu esta manhã. Como disse?

– Nada , chanceler, nada, falo comigo mesmo. Sim, tenho certeza de que estava na reserva. Tem certeza de que havia um prazo para anotações?

– Sim, senhor chanceler, por acaso tenho aqui comigo uma cópia da ata, aqui, hoje é o último dia... Você fez as três cópias?

– Sim, chanceler, para ficar tranquilo, trouxe quatro. Você quer saber quanto peso? Como disse?

– Nada, chanceler, falo sozinho. Então, hoje é o último dia, podemos baixar agora do PCT, assim posso ficar tranquilo?

– E não, os computadores hoje não funcionam. Apenas os computadores, verdade?

– Como disse?

– Nada, falo sozinho. Por favor, coloque um carimbo no depósito na minha cópia, por favor, assim posso ficar tranquilo? (Suspiro) É, que paciência é necessária...

– Chanceler, o que fala sozinho? Eu também, sabe, eu sou muito paciente, mas por favor, coloque o meu carimbo e me deixe ir antes que...

– Antes que?

– Nada, chanceler, estava falando sozinho e, de repente, fiquei sem palavras...

129

ADVOGADOS, PESSOAS ESQUISITAS (OS ADVOGADOS DEVERIAM SER MORTOS QUANDO CRIANÇAS)

Os advogados, os verdadeiros, são assim: um pouco conhecedores, um pouco sabidos, mas com um grande coração, que sabe acolher os sofrimentos dos outros e esquecer os seus.

Os advogados, os verdadeiros, são assim: com uma cabeça capaz de conter qualquer coisa, com um cérebro que pensa na velocidade da luz.

Os advogados, aqueles de verdade, não se deixam enganar pelos ladrões da praça. Um dos duzentos e cinquenta mil...

130

AS FILAS DO TRIBUNAL E AS CUECAS DO VOVÔ

Ele diz: – Com licença, senhor, mas como funciona aqui? Com efeito, a pergunta é pertinente: junto à porta da aula do tribunal, por baixo da placa com o número da sala, os advogados vão inserindo pedaços de papel de vários tamanhos, com o número da função e o das partes em causa. Uma forma como qualquer outra de reservar a fila. A velha, vestida de preto, cabelos brancos presos em um coque, certamente um aviso de despejo, porém, não consegue entender. Então, eu lhe expliquei, e então vem à mente uma comparação que me parece poética e pertinente: Como o túmulo do Rabino Loew, no Cemitério Hebreu de Praga, onde os fiéis colocam nas fendas os bilhetes com seus desejos. Você sabe, Madame, Rabi Loew, aquele do Golem, o fantoche de lama que ganha vida se alguém coloca um bilhete sob sua língua.

A senhora me olha impassível e não pisca. Aí ela pega o celular e diz ao sobrinho que a espera em algum lugar: – vem logo pra cima, que você tem que colocar um bilhete na porta, que passa então Rabbilò e dá ao Sr. Gole, que faz uma lista e depois chama. – – Vem aqui em cima correndo, diz ela, e eu penso em como era lindo quando nas filas do tribunal ainda se falava de coisas bonitas e talvez você ainda aprendia alguma coisa como vem em cima correndo, que eu tenho que ir a comprar as cuecas do vovô.

Então, da Praga à cueca do avô de Roma: uma bela e longa jornada. Enquanto isso, o balconista chega com o carrinho de fascículos, e pelo jeito que ele se move um pouco com o Golem ele realmente se parece.

131

OS DOIS FUNERAIS DO ADVOGADO DO ESTADO

O advogado da Comarca do Estado de Nápoles Beniamino etc., morreu em 1958 e teve dois funerais. Um em Nápoles, do estado, com grande alarde, o outro em Carinola, onde fora prefeito, e onde toda a cidade, que não se esquecera do bem que fizera, se apoderou de seu féretro.

Olivetta, a querida nora, a jovem esposa de Ciccillo, a menina dos olhos de fogo, carregava seu terceiro filho, Tommaso, e pela mão os outros dois homens, Beniamino e Giuseppe. Luísa devia ainda nascer.

Apesar do calor, do esforço e do cansaço, Olivetta enfrentou as duas cerimônias fúnebres, a eloquência interminável e a fila interminável de velhas damas do campo com bigodes pontudos que a beijavam, sussurrando palavras de incentivo e a digna dor da mãe, a esposa do advogado, e o desespero das irmãs do marido Francesco Saverio, e chegavam com doce firmeza até o consolo, isto é, no momento em que chegavam da cidadezinha pratos de todo tipo, e as garçonetes preparavam constantemente litros de café, e os mais velhos contaram os heroicos, os divertidos, os engraçados feitos, sérios, estudos e travessuras do falecido advogado do Estado, que assim parecia reviver no conto tumultuado, nas palavras sobrepostas, nas rodas de lasanha e *sartù* de arroz, nos aspectos trazidos pelos notáveis à composta viúva.

Foi nessa ocasião que Giuseppe, chamado Peppolino e depois promovido, pelo seu tamanho, a Peppò, soube que o seu avô não piscava, mas carregava perto dele os sinais de uma granada explodida enquanto era oficial, com a faixa azul e o sabre na mão; liderou o assalto a uma trincheira inimiga durante a Grande Guerra.

O advogado da comarca de Nápoles era o marido da mamãe, a marquesa Maria Luísa, e pai de Ciccillo, Chicca, Rosetta, Enrichetta, Mariolina e Ninì.

Morreu porque fumava demais: com a bituca da seleção nacional sem filtro acendia o cigarro seguinte e assim por diante, até a chegar à quantidade de mais de 80 cigarros por dia.

Ele impôs uma educação severa a seu filho Ciccillo, que mais tarde se tornou o advogado Francesco Saverio, e o mesmo fez o advogado Francesco Saverio, uma vez Ciccillo, com seus quatro filhos.

Três deram certo, mas o segundo (Peppò, a propósito), um brutamontes com cabelos ruivos, que estranhamente ficou preto, foi o seu desespero.

Pouca vontade de estudar, 15 anos e pancadas diariamente pelos motivos mais disparatados (as varas me perseguiam, nem sempre se escapava, o Tizio me olhava mal, caía, é verdade que briguei, mas não saia primeiro): mas eles se queriam bem sem saber.

O advogado distrital trabalhava até tarde e um dia mandou chamar um jovem procurador em seu gabinete. Na época não havia máquina de escrever nem computador, tudo era realizado à mão, desde as minutas até as cópias agrupadas.

O advogado distrital leu tudo, até as minutas.

E acenando sob o nariz do jovem procurador uma certa minuta exclamou. – Doutor, o senhor escreveu btg em vez de batalhão. Isso é preguiça mental. Faça um exame de consciência, considere se é apropriado continuar nesta profissão...

O promotor considerou. Peppò ficou sério, e até advogado. Os dois se encontraram no Tribunal Administrativo, onde o primeiro era juiz, e onde pretendia no final da audiência contar a Peppò o episódio: – Advogado, ainda tremo, e 30 anos já se passaram.

E Peppo, que ria sempre quando alguém o chamava de advogado, lembrando o que fizera na juventude, sorriu.

132

TIA ROSA E O CUTELO

Rosetta era irmã de Nini. Quando criança, ela teve uma forma leve de meningite, e a família decidiu não a mandar mais para a escola. Era a década de 20 do século passado, a família estava bem de vida, Rosetta teria uma vida digna, mais do que digna.

Rosetta, portanto, cresceu em uma aparente ignorância, quase alardeada por ela. Na verdade, ele lia livros após livros e ouvia, na verdade, não, não ouvia, bebia as palavras de seu pai, advogado do Estado, homem de extraordinário saber.

Destinada ao serviço da mãe, Rosetta cuidou da mulher durante décadas: era a avó Luísa, que passava os dias ligando para os filhos e que ocasionalmente chamava – Rosetta, leva-me ao camarim, onde o camarim está por banheiro.

Rosetta tinha uma coragem extraordinária: um dia, quando um dos seus muitos netos, perseguido por jovens idiotas, refugiou-se na sua casa (elas, Nini, Rosetta e vovó Luísa), tremendo de medo, disse sem hesitar: – Eu, levarei você em casa. Ela pôs o sobretudo, pegou o sobrinho pela mão e foi primeiro à cozinha pegar uma faca, um cutelo de verdade.

Com o cutelo na mão, ela passou por baixo do nariz dos bandidos com um ar de desafio astuto: ela é louca, ria-se, mas nesse ínterim manteve uma distância segura.

Rosetta cozinhava sempre e seu momento de glória era o almoço de Natal: e todos sabemos o que significa uma ceia de Natal e uma tia gentil e afetuosa (e sim, tia Rosetta), que enche seu prato com sartù e depois com talharim, e depois lasanha, usando a colher como uma pá de escavadeira.

Rosetta, também cheia de amor e de pensamentos, beijada pela vida e imediatamente lançada ao chão pela própria vida, que viveu uma vida cheia de amor puro e sem malícia. Rosetta, irmã de Nini, a professora que não sabia dirigir e tinha muitos problemas, palavras e pensamentos, puros e impuros, e um desejo desenfreado de viver, uma fé inabalável no comunismo e o amor de muitos rapazes.

133

ADVOGADOS E GARRAFAS. NÃO HÁ MAIS MORAL, CONDESSA

Como diabos acabei nessa situação, pensou o advogado, enquanto o guarda-costas do dono do clube se aproximava rapidamente. Estávamos devolvendo o lugar, aí esses dois sujeitos começaram a falar em dialeto, e eu não entendia mais nada.

Entrega amigável, uma porra. Relatório de entrega, o caralho.

O velho, o dono, um daqueles que dizia não precisar de advogados e que exigia que tudo fosse feito como ele dizia, depois que o último depoimento incompreensível do jovem, ainda com uniforme de chef, agarrou uma garrafa, a quebrou e começou a lançar estocadas.

Quem foi ferido não foi dado a entender, porque o caos estourou.

O que era certo era que no relatório de devolução, incompleto, conspícuas manchas de sangue brilhavam e deslizaram para a borda.

Assim, o guarda-costas rochoso avançou mirando o advogado, sem saber que o advogado praticava artes marciais há anos, embora tivesse uma aparência branda e sempre disposto a sorrir.

O advogado pensou rapidamente: claro que não tenho o *commodus discessus* (para os não iniciados, a possibilidade de fugir implica o dever de fugir da luta). E ele havia acabado de pensar nisso, que imediatamente seu pé esquerdo voou pelo ar, em uma trajetória perfeita, e acertou o grandalhão, o grande bicho exatamente sob o queixo.

O animal de terno e gravata parou por um momento, seus olhos se arregalaram e então lentamente desabou sobre si mesmo.

O advogado voltou-se para o velho e disse-lhe: – Então, ou paramos e pensamos, ou farei de ti um cu como um caldeirão, e depois podes entrar com um processo. Vê você.

O velho largou a garrafa manchada de sangue, enxugou as mãos na camisa e sentou-se.

O jovem saiu de trás do balcão e caminhou lentamente até a mesa.

Os três perceberam que do lado de fora do clube, pelas janelas, uma pequena multidão olhava para dentro, conforme as luzes azuis da polícia se aproximavam.

A patrulha entrou. – Levante-se, seu idiota, disse o velho ao guarda-costas.

Em seguida, olhou para um dos dois policiais: – Ele sempre quer exagerar, meu motorista, e anda feito um elefante. Escalou em alguma coisa e levou meio local com ele, olha a bagunça que ele combinou.

Tudo se acalmou. O relatório de devolução foi reescrito e o cheio de sangue foi rasgado.

O velho olhou para o advogado e disse: – No meu país, os advogados não chutam como mulas. No seu país, pensou o advogado. Mas estamos aqui e não em seu país, e ele respondeu: – Tudo bem, isso significa que da próxima vez eu te darei uma cabeçada.

– Não existem mais os advogados como antigamente, meu caro amigo, pensa só que ainda ontem um advogado safado deu um chute na cara do meu motorista, assim, sem motivo.

– E, meu amigo, queremos ser democratas, escolas para todos, universidades para todos. Você quer saber a verdade? Muitos advogados se acotovelando pelo trabalho.

– Não há mais moral, condessa.

134

VINTE E SETE JANTARES DE NATAL NA CASA DA MAMÃE

Mamãe era a mãe de Ciccillo, Chicca, Rosetta, Enrichetta, Mariolina e Nini. Ela também era a orgulhosa esposa do advogado do distrito de Nápoles, um grande fumante: uns 80 ou mais cigarros por dia eram a causa provável de sua morte prematura aos 58 anos, em 1958.

Dois anos depois, aos 60 anos, mamãe teve seu primeiro e único ataque cardíaco. Na época, o infarto se curava com a absoluta imobilidade.

E foi por isso que os próximos 27 anos da vida da mamãe eram entre o quarto e o sofá.

Mamãe tinha uma bela mesa esculpida à sua frente, sobre a qual reinava o telefone. Por 27 anos consecutivos, a sua ocupação era telefonar para todos os filhos, várias vezes ao dia, para organizar o último Natal de sua vida e perguntar como estavam os netos.

Ciccillo, que com o tempo se tornou o advogado Francesco Saverio e assim por diante, era o alvo favorito de mamãe. A conversa típica era a seguinte:

– Francesco...

– Mãe, estou trabalhando, estou recebendo, me liga depois..."

– Francesco, mas você vem no Natal?

– Mãe, tem (e aqui você conta de um a 27) anos que você me faz essa pergunta todos os dias... Sim, a gente vai, tchau, deixa eu trabalhar...

E desligava o telefone.

Com o tempo, mamãe ficou cada vez mais curvada. E, assim, quando ela se foi e a colocaram na cama, todos puderam finalmente medir sua real altura e a minuta elegância de seu corpo, sempre vestida de preto e envolta em xales.

Mamãe era mãe de Ciccillo, Chicca, Rosetta, Enrichetta, Mariolina e Nini, e a única coisa que ela queria da vida era poder ver a família reunida à sua mesa para o Natal pela última vez.

Ela desejava tanto isso, que isso lhe foi concedido por 27 anos consecutivos.

135

FRANCESCO SAVERIO NA SUA TORRE DE MARFIM

Francesco Saverio foi o primeiro. Depois vieram Chicca, Rosetta, Enrichetta, Mariolina e Nini, todos filhos do advogado geral do distrito de Nápoles.

Francesco Saverio não sabia, mas deveria ser advogado: o descendente masculino de uma família de juristas poderia fazer outra coisa?

Mas ele não sabia, e a sua infância foi feliz. Mesmo na velhice, seus olhos brilhavam como os de uma criança quando se lembrava de um episódio particular: ele havia sobrevivido a um ataque de paratifo, uma doença mortal na época, e seu pai, para premiá-lo por essa sua empresa heroica, um dia entrou em seu quartinho com um cacho de bananas. Um cacho de bananas: um prêmio excepcional, naquela época, quando basicamente você podia ser feliz com pouco.

No entanto, ele alternava entre a felicidade e a infelicidade: foi infeliz quando o mandaram para o colégio, longe da família, por motivos que ele nunca conseguiu entender. Não foi um castigo, foi um estímulo para focar nos estudos, dizia o pai.

Era feliz quando voltava para casa aos 18 anos. Mas não durou muito: foi declarado "voluntário" pelo regime, e aos 20 anos, após um breve treinamento, saiu como subtenente de Bersalher* para uma frente muito dura: Grécia, depois Albânia, depois Kosovo.

Mas ele cultivou um jeito próprio de ser feliz, um distanciamento do mundo que lhe permitiu encontrar um jeito de sorrir de tudo: e assim, quando disse que ele e seu pelotão, sob fogo inimigo na neve, tinham que mijar na metralhadora Breda, congelada, para responder ao fogo, você ria com ele, pensando como a vida pode ser absurda.

Em seguida, 2 anos em um campo de concentração, depois no 43, um prisioneiro de guerra alemão e, finalmente, seu retorno à Itália.

Francesco Saverio teria gostado de fazer teatro. Mas seu pai não permitiu e ele teve que se tornar um advogado.

Mesmo assim, a vida, que de um lado tirava dele, do outro lado, deu-lhe Olivetta, uma jovem advogada que o amou imediatamente, intensamente, com orgulho, ferozmente e se casou com ele com o coração em tumulto.

Bem, esse era Francesco Saverio, advogado da Ordem dos Advogados de Roma, que a cada dois anos com a renovação do Conselho da Ordem era obrigado a prometer votos a uma longa série de pedintes, que se lembravam dele e de seus colegas apenas naquela circunstância particular.

Francesco Saverio iria votar com seu sorriso feito mais com os olhos do que com a boca, e então dizia: – Quando você entra no Palazzaccio, te abraçam, te beijam, juram amizade eterna. Quando você sai da mesa de voto, eles nem te olham mais na cara.

Francesco Saverio, lentamente, fechou-se em sua torre de marfim. Trabalho e livros, livros e trabalho. Lia o tempo todo e não se importava mais com os telefonemas bienais – Caro colega, sou tal de tal, aceitei, por espírito de serviço, a candidatura a conselho e preciso do seu ilustre apoio.

Não. O espírito de serviço, não, por favor. Digam-me tudo, mas isso não. E ia votar, com aquele sorriso nos olhos e o rosto sério de um ilustre advogado de setenta anos, ele, um menino feliz com um cacho de bananas, um menino infeliz no colégio, um rapaz durante guerra, um prisioneiro de guerra na neve, aquele que no campo de concentração conheceu Cindelar, conhecido como "Carta Velina", jogador austríaco de futebol na época muito famoso, e que havia encontrado um jeito de sorrir mesmo sob as bastonadas dos alemães.

Francesco Saverio era o primeiro.

N. da T.:

(*) BERSALHER – Os Bersalheiros são uma especialidade da arma de infantaria do Exército Italiano, assim chamada porque foi originalmente formada por soldados treinados em tiro com rifles de precisão. O chapéu de penas é o símbolo da especialidade.

136

NINI, QUE NÃO SABIA DIRIGIR E ESTAVA CHEIA DE PROBLEMAS, ENTUSIASMO, AMOR E IDEAIS

Anna Clementina, conhecida como Nini, uma professora de fé comunista declarada, amada por todos, fascistas e companheiros, nos anos mais sombrios das escolas italianas, tinha uma preocupação secreta: ela não sabia dirigir.

Agora, na realidade, ela tinha tantas preocupações, e durante toda uma série de estranhas reviravoltas na vida, ela também se viu enredada em histórias realmente feias e perigosas. Mas sua fé comunista e seu grande amor pela vida, e sendo a caçula de seis filhos e, portanto, amada e mimada tanto, a faziam sorrir mesmo nos momentos mais sombrios.

Dizíamos então que Nini tinha essa preocupação de não saber dirigir: e ele teve que admitir publicamente no dia em que comprou um carro (um dos mais feios em circulação na época, verde, cinco lugares, caixa de câmbio guarda-chuva). Ela tinha tudo: carteira de motorista e carro. Ela foi ao concessionário, entrou no carro e pulando e puxando, prendendo e derrapando, foi direto pra casa. Para chegar em casa, tinha que fazer uma curva em ângulo reto. Ela corajosamente fez a curva e esperou o carro voltar ao eixo. Mas ninguém lhe disse que a direção hidráulica era um luxo na época (muitos anos atrás) e que não era de série.

O carro então continuou a virar e colidiu com o muro à esquerda: da concessionária ao acidente, não havia percorrido mais que sete quilômetros.

Nini consertou o carro, aos poucos aprendeu a dirigir, também conseguiu fazer sua mãe (outra cruz e deleite dela) dar umas voltas, uma vez para ir ao cemitério visitar os entes queridos, outra vez para visitar uma irmã em Santa Maria Cápua Vetere.

Alguns bastardos (não pessoas de direita, todos a amavam, outro tipo de bastardo que ainda hoje gira) a queimaram. Uma lata de gasolina, um fósforo, vooooom, o carro de Nini não existia mais.

Bastardos e boas pessoas. Canalhas e uma pequena professora de grego e latim, muito culta, admirada por todos. Carros sem direção hidráulica e alunos que a respeitavam que se fazia amar pela cultura e coragem.

Nini, uma professora de grego e latim, que não sabia dirigir e estava cheia de problemas, entusiasmo, amor e ideais.

137

A CERTEZA JURÍDICA E AS PROVAS TESTE

Provas testemunhais: – conhece a atriz? – Sim. – Você a viu trabalhando no bar?– Sim. – O que ele estava fazendo? – Um pouco de tudo.

– O dono do bar o conhece? – Sim, pensei que fosse o atendente. Valor da pergunta: 160 mil euros. Tudo como exatamente descrito. Mas vão a cagar, todos, a lei, os tribunais, a Itália, o berço da lei, a direito estrangulada no berço, as testemunhas fictícias, os advogados das testemunhas fictícias, aqueles que pedem 160 mil euros por passarem o pano no chão três ou quatro vezes, os reenvios por 24 meses, as grafias incompreensíveis, os colegas que chegam e têm 12 audiências ao mesmo tempo, as pessoas que pensam que desde que recorreram ao advogado têm necessariamente razão, as sentenças criativas, a lógica torturada cruelmente antes de ser assassinada, e todas as esplêndidas amenidades desta justiça italiana.

E nós, advogados, devemos correr atrás desse delírio.

138

AMOR NO TEMPO DOS ADVOGADOS

Francesco, advogado, e Olivetta, também advogada, se conheceram, se amaram e se casaram há muito, muito tempo: existiam, imaginem, ainda os tribunais da magistratura, e não havia (ó Mãe de Deus, e como é que eles faziam?) Facebook.

Eles se conheceram, digamos, quando o Tribunal de Magistrados de Roma estava na via do Governo Velho, e os outros escritórios judiciais estavam concentrados no Palazzaccio (como os romanos são bons em batizar lugares, pessoas e coisas, você não pode imaginar), do outro lado do Tibre.

Eles se cruzaram lindos, jovens e cheios de esperança enquanto um e outro corriam sob os plátanos de Lungotevere (quem é advogado, corre sempre de um escritório para o outro) e seus rostos sérios e serenos se espalharam em um sorriso cúmplice que tinha a velocidade de um raio e continha a promessa de felicidade infinita.

Na enésima passagem da ponte que conduzia os jovens advogados ao triunfo das escadarias de travertino do Palazzaccio, Francesco deteve desavergonhadamente Olivetta e pediu-a em casamento: a resposta foi imediata e sincera, um sim que se tornou o princípio de um amor infinito.

Agora, eu gostaria de dizer que amores infinitos são de fato infinitos. E talvez sejam, mas não na dimensão física que conhecemos.

E, assim, enquanto a água do Tibre continua acariciando o Palazzaccio, Francesco e Olivetta não estão mais lá, e não há mais nem mesmo o som de seus passos apressados.

Não havia mais sons
nas ruas solitárias
não havia mais rumores
"E vá ao diabo a advocacia toda, minha Olivetta.
Você e eu, para sempre..."

Você, sem mais relutância,
se aproximava ainda mais
a sua mão na minha
e florescia em nossos corações
em cadência ternária
o ritmo extraordinário da FELICIDADE!

Os advogados se amam e às vezes se casam. Os advogados riem, jogam, brincam e pensam por toda a vida sobre os problemas dos outros. E quando se vão (assim fez minha mãe) levantam o braço para expor a própria defesa, e movem os lábios em silêncio: e vocês não sabem se estão discursando no tribunal, ou se estão dizendo: amo todos vocês, meus filhos. Ou se adormecem em silêncio, com um braço cruzado sobre o peito e um sorriso no rosto enfim sereno, como se dissesse: aqui estou, meu amor. E tenho certeza de que meu pai estava pensando exatamente isso.

139

MAIS UM ANO SE FOI

A pipita tocada pelos gaiteiros chegou no frio. Uma das coisas que abriam as portas do Natal era aquele som agudo e envolvente que de repente se ergue da rua. Os gaiteiros chegaram. Olhei para a varanda e joguei uma moeda de cem liras na rua. Aqueles que o crerão, ela o pegou, enquanto a gaita de foles continuava com seu canto fúnebre. Em seguida, os dois acenaram com a mão em saudação e agradecimento.

A partir daí, o caminho para o Natal se abria. Pacotes misteriosos que estavam escondidos nos armários, árvores que entravam de repente na casa e a enchiam de fragrâncias resinosas. Caixas cheias de frágeis bolas de vidro, verdadeiras obras-primas delicadas, embrulhadas uma a uma em jornal.

Todos os anos a avó paterna dava uma série de telefonemas: é o último ano que estamos juntos, venha para a ceia de Natal, não me deixe morrer de tanto arrependimento.

A ceia de Natal na casa da família do meu pai era algo desconcertante. A preparação começava dias antes. O ragu foi objeto de uma liturgia misteriosa, enquanto as almôndegas para serem colocadas no *Sartù*, no caldo dos leques e no meio da lasanha eram produzidas em quantidades industriais.

A lasanha era o prato principal. Camadas e mais camadas de macarrão cobertas com o molho, almôndegas, salame, ovos cozidos, muçarela e parmesão, e ao forno até que o topo esteja dourado.

Tudo foi posto à mesa com um procedimento preciso e meticuloso, que se repetia sempre da mesma forma. Começamos tardiamente, em horas impossíveis, por volta das 10h00, para poder dizer que se comíamos carne já era dia 25, ou estávamos perto disso. E depois passeamos pelas mesas (entre irmãs, maridos, esposas, sobrinhas e sobrinhos... éramos umas 18 pessoas), comendo pão, roubando alcachofras e verduras das saladas de reforço, perseguidas pelas tias que agitavam as colheres de pau.

Então, em certo ponto, saímos. Tudo começou com um caldo de galinha leve, dentro do qual colocamos os *f*ãs, umas estranhas bolas de trigo estufadas.

Aquele caldo leve fazia nossos estômagos se abrirem. E aí vem a lasanha, em rodas incrivelmente compactas e pesadas. Tia Rosetta perambulava pelas mesas com uma colher grande, com a qual punha (não consigo encontrar outra definição mais exata do que esta) porções gigantescas de lasanha nos pratos. Depois da lasanha veio a salada de reforço, com brócolis, alcachofra, ovos cozidos, anchovas, azeitonas. E depois veio o sartù, outra delícia, um gigantesco timbale de arroz temperado com tudo de bom. Mas nem por um sonho. Duas *tagliatelle* com molho genovês para assar, absolutamente deliciosas. E depois o assado, temperado com este molho de cebola, marrom, espesso e saboroso. Depois, as almôndegas que sobraram (e o que devemos jogar fora?). E finalmente chegaram as sobremesas: *struffoli**e o legendário "casatiello"**. Tudo isso servido em uma mesa onde os adultos pertenciam a todo o período constitucional da vida política italiana, dos monarquistas aos comunistas. E, portanto, o motim da comida correspondia a uma discussão política cada vez mais acalorada, violenta e forte. O mais feroz de todos foi Nini, uma professora de latim e grego, comunista, que se acendeu como um fósforo e bateu as mãozinhas na mesa, soprando a lasanha aqui e ali, para sublinhar todas as passagens de suas declarações. E ela pegou fogo com sua irmã Henrietta, uma monarquista, enquanto meu pai olhava para eles rindo.

Ao longo de tudo isso a avó não parava de repetir: – Não briguem, deixe-me passar o último Natal com você, deixe-me morrer em paz. Durante 20 anos, sistematicamente, ela implorou ao público que lhe permitisse uma partida em harmonia com seus entes queridos.

E após ter colocado o pequeno Jesus em seu lugar no presépio à meia-noite, cantando "Você desce das estrelas", começaram os jogos de canastra e outros jogos de tabuleiro.

E de repente tudo isso que parecia eterno para você se foi.

Desaparecem os pedaços, primeiro uma coisa, depois uma pessoa, depois outra que se vai. E você não se lembra disso, como era antes. Ou você pensa que não se lembra. Então, de repente, você vira uma esquina enquanto caminha ao vento norte da tarde e se vê na frente de um gaiteiro e seu amigo com o xamã, e tudo volta à sua mente com clareza. Inicia o canto nênia fúnebre, que todos nós conhecemos, começa com "você desce das estrelas", tocado pela gaita de foles, e você põe a mão no bolso para encontrar as cem liras. Mas não as têm, nem mesmo essas. E você ainda gostaria de estar na varanda para correr e olhar para o mundo desde o início da sua infância. E em vez disso, há apenas o frio intenso e mais um ano que passa.

N. da T.:

(*) STRUFFOLI – Os struffoli são doces típicos da época natalícia e da gastronomia do sul, principalmente da cozinha napolitana.

(**) CASATIELLO – É um produto da cozinha napolitana, um pão salgado, típico do período pascal. Os ingredientes básicos são: farinha, banha, queijo, salame, torresmo e ovos. Supõe-se que seu nome deriva da palavra napolitana *case* (ou seja, *cacio*, do qual *casatiello*), um ingrediente que faz parte de sua massa.

140

SEM SALÁRIO, SEM HORAS, E SEM CHEFES

Nós, advogados, somos autônomos.

Traduzido para o italiano atual, significa que trabalhamos sem salário, sem horas, sem patrões. Essas são três condições que poucos neste país conseguem entender.

Sem salário: no final do mês ninguém nos dá um contracheque. Em agosto e dezembro, se não separarmos como formigas para o resto do ano, ninguém nos paga feriados ou décimos terceiros. Ao lado do nosso trabalho diário, ser advogado, temos que fazer mais um trabalho, receber.

Tornou-se muito de moda zombar dos advogados.

São demasiados, são tubarões, são arrastar tarefas, são esponjas... Isto significa que a avaliação que a opinião pública faz de nós é muito baixa. Exceto então depois correr para o advogado quando não pode mais ficar sem o que traduzido sempre para o italiano atual significa aparecer com os ovos já quebrados e exigir que o profissional os conserte, tudo obviamente grátis *et amore dei*.

Sem horário: Quanto tempo pode durar uma audiência? Ninguém pode saber, senão aqueles que frequentam os tribunais. Pode durar apenas um momento, ou uma hora, ou três horas. Depende do assunto com o qual você está lidando, o que você tem a dizer e fazer nessa audiência. Mas aquele momento, ou aquela hora, ou aquelas três horas, podem ser no início, ou no meio, ou no final de uma manhã inteira. E você não pode saber quando será chamado, e então espera por horas a fio. Depois, é claro, há a recepção no escritório, as questões a serem estudadas e os procedimentos a serem preparados. Por exemplo, adoro trabalhar até tarde da noite. Eu me concentro mais. Conta como tempo de trabalho ou o fato de não ser um horário oficial o transforma automaticamente em algo que trabalho não é?

Sem patrões: orgulho-me de nunca ter recebido ordens ou disposições de ninguém. Meus mestres são meu coração, meu cérebro e minha dignidade.

Essa é a nossa condição. Nossa porque eu a compartilho com outros duzentos e cinquenta mil advogados em toda a Itália. Portanto, esta minha opinião muito pessoal conta uma fração igual a 1 / 250.000 de todo o corpo legal. Mas tenho certeza de que todos os meus colegas diriam as mesmas coisas que estou dizendo. Dê-nos a confiança que merecemos e, juntos, construiremos um novo caminho de justiça. Dê-nos as ferramentas de que precisamos para fazer o que precisa ser feito. Como alguém disse, dê-nos um ponto de apoio e nós ergueremos o mundo.

141

RAÇAS DE HOMENS

οἵη περ φύλλων γενεὴ τοίη δὲ καὶ ἀνδρῶν ὣς ἀνδρῶν γενεὴ ἣ μὲν φύει ἣ δ ἀπολήγει

Como é a linhagem das folhas, também é a dos homens:
Assim nasce uma dinastia de homens, e outra se extingue.
(*Ilíada*, encontro entre Diomedes e Glauco.)

E ainda esta manhã acordamos entre jaguatiricas e esquadrões. No meio, centenas de milhares de advogados que, se forem como eu, não compreenderão de que coisa estamos falando.

Aproxima-se o Congresso dos Advogados. Tema principal: a justiça fora do julgamento. Não se falará disso.

Falemos sobre representantes. Agora, o conceito de representante é tão claro que é difícil entender como possa ser falado se antes não foi discutido. Vocês verão, sentirão, ouvirão algo que se assemelha a uma assembleia de advogados legitimamente convocada para discutir questões congressuais?

Eu não. Moções, quantas quisermos. De indivíduos ou associações, a substância não muda. Uma associação vale tanto quanto um indivíduo, talvez certamente tenha maior peso político. Mas, como associação entre associações, representa a si mesmo.

Os delegados são verdadeiros delegados, ou poderíamos tê-los chamado de outra forma também, por exemplo, "participantes"? Quem os delegou sabemos: nós, com eleições que não foram precedidas de debates, confrontos, assembleias. Portanto, não sabemos "a que" os delegamos. Qual é o mandato deles? Nosso destino pode ser deixado para uma única consciência? Como verificamos se respeitaram o mandato que nunca foi conferido, a delegação que nunca foi expressa?

A imposição de uma ordem preestabelecida me é odiosa, e fascista. A advocacia, se existe, é republicana e antifascista, e renasce das cinzas (depois do incêndio provocado após duas décadas do período fascista) em 1947. Desmantelar tudo e reconstruir tudo, todos juntos sem chefes e patrõezinhos.

Um dos duzentos e cinquenta mil.

142

OS PLÁTANOS DA AVENIDA JULIO CÉSARE

Quero ser criança de novo. Quero parar o tempo da inocência, e crer ainda que a vida é infinita. Quero abraçar meu pai e beijar minha mãe. Quero brincar de soldadinhos com os após comer. Quero retroceder no tempo e pedir ao Pai Eterno que não me deixe morrer sem ter beijado uma menina. Quero olhar com estupor os papéis dos fascículos do estúdio do meu pai e entender o segredo de seus sorrisos feitos com os olhos, mais que com a boca. Eu quero... Quero retroceder no tempo, e fazer fila no escritório de notifica, e ser arrogante com as lindas secretárias do Fórum de Roma. Quero arrastar os pés nas folhas amarelas dos plátanos que caíram ao solo na avenida Giulio Cesare e fumar um cigarro junto com um grupo de jovens colegas. Quero ganhar uma causa novamente pela primeira vez e me emocionar. Quero ficar sem fôlego de emoção porque estou prestes a discutir pela primeira vez no Supremo Tribunal Federal. Quero refazer toda a minha vida exatamente como a fiz até agora, incluindo os erros. Sem pesos, cobranças, recomendações, solicitações. Erros e vitórias: tudo meu, tudo minha responsabilidade.

Quero ver o meu arquivo crescer e, ocasionalmente, olhá-lo de novo e dizer a mim mesmo: "Porém, eu era bom". Quero ser um bom advogado. Eu gostaria de ser um bom advogado. Gostaria que 2016 trouxesse continuidade profissional, mas não o que a CNF pretende. Minha continuidade profissional deveria ser feita de entusiasmo e força de espírito, respeito pelos colegas, orgulho pela profissão. Quero ensinar aos jovens colegas tudo o que sei e aprender com eles a manter o olhar entusiasmado. Quero ser Peter Pan, o Peter Pan dos advogados, e manter o brilho. Quero falar com todos e quero viver mais 100 anos. O vento não para, não para a profissão autônoma.

Enquanto houver um advogado, haverá liberdade. Não desistam. É morto o Papa, viva o Papa. É morto o advogado como nós o conhecemos, viva o advogado do futuro.

143

RELATÓRIO

E hoje estou no mundo há 60 anos.

Parece ontem que estava olhando pela janela da minha casa e pensando "O que será de mim?" Hoje sei, pelo menos sei o que aconteceu comigo durante 60 longos anos.

Parece-me ontem que estava tentando me convencer de que quem era velho enquanto eu era jovem antes de mim.

E hoje penso "Eu era jovem, era um rapaz, agora é com os outros". Não me sinto velho. Mas certamente percorri um longo caminho.

Tenho caminhado tanto que me parece que posso dizer que estou caminhado a vida toda. Cantei ladeira abaixo, prendi a respiração com os dentes subindo as colinas, tive frio, senti calor, tive muitos companheiros de viagem, tive medo de não chegar, tive vontade de não chegar. Atrás de cada curva, vi surgir outra curva e, no topo da colina, vi ainda muita estrada a percorrer. Eu caminhei, e descansei à sombra das grandes copas das árvores, e matei a minha sede nas fontes cantantes de água pura e cristalina. Eu caminhei, e nas noites escuras, senti medo, e quando o sol nascia, eu iniciei novamente o caminho.

Já imagino o dia em que entrarei no último corredor.

É longo, muito longo, mas a cada passo me aproximo daquela porta no fundo. Perto da porta está alguém sentado em um banquinho. Ele tem um grande caderno nas mãos e escreve. Ocasionalmente, ele levanta os olhos e procura os meus olhos. Cada vez que levanto o olhar, o vejo diferente. Ora ele é uma criança, outrora é um rapaz. Depois é um homem adulto, depois ele volta a ser um rapaz. Ele ri, sorri, as lágrimas caem no seu rosto. E ele escreve. Quanto é longo este corredor... Cada passo que me aproxima da porta também me aproxima daquela pessoa sentada no banquinho, que me parece cada vez mais familiar. Por quê? Aqui estou, bem na frente dele, e vejo um homem cheio de rugas, com um rosto velho e olhos de um rapaz. É o meu retrato, na verdade, sou mesmo eu, na frente daquela porta. Eu/ele fecha o caderno e guarda a caneta. – Estava te esperando, vamos... Correu tudo bem, fica calmo. Vamos. Ele põe a mão no meu ombro, e um grande calor finalmente entra em meu corpo. – Você fica com isso, e coloca o caderno na minha mão. Ele abre a porta, e uma grande luz me envolve, junto com um bisbilho de vozes, e de repente o silêncio, como se estivessem esperando a nossa entrada. Eu e ele, ele e eu damos um passo à frente. Antes de entrar, porém, olho a capa do caderno. Em cima está escrito: "Giuseppe Caravita di Toritto, ações e omissões, coisas boas e coisas ruins. Relatório".

Vamos em frente. Continuamos caminhando. Que nosso relatório seja repleto de gestos conscientes. Que nossa vida seja cheia de coisas para contar. Que o nosso "eu" que nos espera no final do corredor nos entregues um caderno cheio de coisas, páginas escritas com bela caligrafia e páginas cheias de correções. Páginas manchadas de comida e alegria, e páginas molhadas de lágrimas e nostalgia. Tudo está bem, exceto um caderno de poucas míseras páginas em branco e ordenadas.

144

EU SEI FAZER ISSO

Sei fazer isso. Este é o meu trabalho, este é o trabalho que me permite fazer viver a minha família, e ter grandes satisfações. Aposentadoria? Nunca pensei nisso, penso que nunca chegarei lá, porque trabalhei muito no exterior. Impostos? Pagos. Impostos trabalhistas? Pagos. Com dificuldade cada vez maior, mas não paro por isso. Se houvesse mais respeito pelo nosso papel, se houvesse uma justiça mais rápida, se as coisas funcionassem melhor, se você não tivesse que lutar por cada lira que você tem que arrecadar (sei, agora são euros, mas eu velho, lira me soa melhor) e me iria bem. Desistir jamais. E penso no que me disse ontem um advogado de mais de 70 anos, um grande cavalheiro: contou-me sobre o dia de sua formatura e como, após discutir sua tese, parou na longa escadaria que leva a La Sapienza*, leva à Faculdade de Direito, perguntou-se, antes mesmo de começar a descer: "E agora, o que faço?" Aqui, nós advogados, este "O que eu faço agora?", nós nos perguntamos isso diariamente. Não há trabalho mais rico em armadilhas e incertezas do que o nosso. Não, realmente não há. Por favor, não pensemos apenas no pior. Há momentos maravilhosos em nossa profissão: e não comece a dizer "agora não é como antigamente", "agora" e basta; nunca existiu: sempre há um antes e sempre há um depois. Cada geração de advogados se encontrou com enormes dificuldades, que pareciam intransponíveis. Pense nos advogados que começaram a trabalhar na Itália imediatamente após a guerra. Pense nas mulheres, emarginadas como mulheres: só em 1965 elas puderam acessar o judiciário, só para dar um exemplo. Pense no que antes não existia e o que torna essa profissão rápida e veloz hoje. Olhemos adiante.

N. da T.:

(*) LA SAPIENZA – É a Universidade de Roma, uma universidade estatal italiana fundada em 1303, uma das mais antigas do mundo. Nascida por vontade do Papa Bonifácio VIII, que, em 20 de abril de 1303, com a bula papal *In Supremae praeminentia Dignitatis*, instituiu o Studium Urbis em Roma, com mais de 113 mil alunos (2019), é a maior universidade da Europa: por muito tempo a única universidade estatal de Roma contava com metade da classe dominante italiana entre seus alunos.

145

UM DOS DUZENTOS E CINQUENTA MIL

Sou José, um dos duzentos e cinquenta mil. Falo com todo mundo, e não possuo preclusões de algum tipo. Se você me der um tapa, eu te devolvo dez, mas eu tendencialmente amo as pessoas. E isso não significa não poder argumentar. Tenho minhas próprias opiniões pessoais sobre muitas coisas, mas isso não significa que se você tem uma opinião diferente da minha eu não falo mais com você ou considero você meu inimigo pessoal. Não é por acaso que sou advogado e, portanto, sou adestrado na arte do contraditório. Eu não fico com raiva se eu perder, e não exulto se vencer. Ouço um barulho surdo de ferrolhos, portas se fechando, ouço declarações "ou comigo, ou contra mim". Eu não gosto disso. Não quero entregar aos meus filhos e jovens um mundo baseado na escolha da conveniência muscular, mas um mundo baseado no raciocínio, na compreensão, na piedade, na solidariedade. É uma utopia. O mundo pertence aos que estão no poder. Mas o mundo também pertence àqueles que sabem articular duas palavras, e que sabem que existem também o reconhecimento e a gratidão. E que não se pode trair tudo e todos em nome do poder. Você é um pobre iludido, Giuseppe. Tá bom: mas para mim quem tem certezas sólidas, contas correntes inchadas e corações vazios me são antipáticas.

146

ATÉ LOGO, DR., E POR ENQUANTO... MUITO OBRIGADO!

Ah, finalmente responde, miserável! (Dezenas de ligações mudas no celular, para realizar o balanço do que foi acertado.) (Falsa surpresa, ele tinha claramente errado ao responder.) – Sr. Advogado! (tom absolutamente falso como fingidamente respeitoso) – Juro que nunca recebi seus telefonemas! Deve haver algum problema no seu celular... – – Ciccio lindo, você teve que me trazer 1000 euros a saldo do caso, e você desapareceu.

– Sr. advogado, eu nunca retrocedi!

– Sim, bonitão, mas você nem se apresentou... O que faremos, me traga esse dinheiro, eu renuncio ao mandato e vamos à frente do conselho, eu executarei suas garantias. O que você me diz...?

– Pronto, advogado, não o ouço mais...

– Tem certeza de que não está me ouvindo mais?

– Sim, advogado, não o ouço mais...

– Mas tomará no cu. Eu irei capinar a terra, dá um cliente simpático que quer me ensinar o meu ofício: sou um capinador da terra praticante.

Deseje-me bons votos para o exame. Capina, capina, transporte em carrinhos de mão como testes práticos. Desenvolvimento de um tema em italiano sobre o tema: À terra e embaixo, e é um trabalho árduo. Pergunta oral sobre "Elementos gerais das estações, plantas de inverno e plantas de verão".

E foda-se o resto, até o jornal fanfarronices da CNF *A DÚVIDA*, que parece ser produzido em 8 mil exemplares. Basicamente, um mimeógrafo por conta própria.

Beijos a todos, 249.999 advogados, dos duzentos e cinquenta milésimos de todos vocês.

147

PALAZZACCIO

Ah, meu Palazzaccio, o que te toca ver... Advogados que ameaçam o cliente com uma faca, advogados que invadem jantares de réveillon, fingindo ser recomendados pela polícia fiscal... e eu que sonho com você no azul da capitolina, eu que vinha até você com a minha namorada para beijá-la na escada entre os, eu que em suas salas de aula vi meu pai transformar-se de um homem manso em um gigante em uma toga se dirigindo ao colégio com uma voz trovejante, eu que imagino um mundo feito de pessoas respeitáveis, advogados, heróis, homens e mulheres leais, admito, confesso: aos sessenta anos eu me pergunto se sou totalmente enlouquecido, ou se existe um mundo feito de pessoas que ainda acreditam que advogar significa exercer um ministério, uma posição extremamente relevante de peso social.

Sonhei com você, meu Palazzaccio, sonhei em voar sobre você desde o início, dançando uma valsa rodopiante. Sonhei, andando ao seu redor, que era um pequeno grande homem. E hoje me comovi, vendo ainda uma vez, pela enésima vez, um homem de 40 anos atrás caminhando pelos seus corredores com passinhos cansados: ele chegou quando eu havia acabado de depositar o recurso número 203/2016, número atingido entre 4 e 5 de janeiro. Elaborando os devidos cálculos, ao final do ano haverá pelo menos 25 mil recursos cíveis.

Continuarei a sonhar contigo no azul da cidade romana e, mais cedo ou mais tarde, enquanto continuo a sonhar, chegará o dia em que também entrarei a passos pequenos e cansados.

E você sempre estará lá, branco, firme, maciço para custodiar os problemas e as paixões de tantas pessoas, as ilusões de quem ainda acredita que a justiça é justa.

Mas as suas estátuas, aquelas estátuas gigantescas que dão para o Lungotevere, nunca vão se levantar de seus assentos. Não se levantam para dizer: a casa, finalmente, é.

A justiça é uma roda, lenta, inexorável, que nunca para e que esmaga tudo aquilo que encontra no seu caminho.

Não havia mais sons nas ruas solitárias, nas ruas solitárias não havia mais ruídos...

148

O NOSSO GRAN PAVESE

Sairei pela janela desta vez. Terei o varal na mão e, em cima do varal, estarão expostas todas as roupas da minha vida. Só eu saberei quando endossei o manto do amor e quando a camisa do ódio. Só eu saberei quão inútil pode ser uma gravata estúpida e quão importante é estar vestido de luz.

Amor e coração, rimas bobas, carícias dadas e carícias esperadas, beijos ao vento, e um beijo, o primeiro, que nos fez ouvir os sinos. Eu os ouvi e nunca os esqueci. Mãos que se procuram, açoitadas na alma que nunca vacilou.

Você também sairá pela janela e voará alto, e eu restarei a olhar lá em cima enquanto você vai embora com o fio de nossos poucos trapos: essa será nosso *Gran pavese*.

Casar-me-ia com você de novo, se você quisesse
Nossas mãos segurarão as flores
que a vida nos presenteou.
Serão rosas, grandes, vermelhas
e como todas as rosas
terão espinhos fortes e compridos.
Casar-me-ia com você de novo, se você quiser
nossas filhas vão segurar o manto
do nosso novo amor
elas serão filhas grandes e fortes
e terão asas para voar livres.
Casar-me-ia com você de novo, se você quisesse
Nossas mãos segurarão as flores
serão rosas e margaridas
e camélias, azáleas e buganvílias

e flores azuis do alecrim,

e flores de cerejeira, prontas a voar,

sorrisos e lágrimas e

gritos felizes de meninas

prontas para voar,

gritos de andorinhas e o latido dos cães,

o vento que passa pelas oliveiras:

esta será a nossa marcha nupcial,

Casar-me-ia com você de novo, se você quisesse

Agora em silêncio esperarei a manhã.

149
UM CORPO SEM CABEÇA

Hoje tive uma audiência conclusiva. O juiz disse: – Discutamos hoje e farei a sentença na ata. – Está bem, façamos assim.

E, enquanto discutimos, ele liga o vídeo em seu computador, e assim eu posso ver que a sentença é já pronta, só falta ser publicada.

Protestar? Pra quê? Pra ser injustiçado daqui a 80 dias, após ter escrito inutilmente conclusões e réplicas? Quem tenho atrás de mim para me proteger? Ninguém.

Um corpo social sem cabeça. Duzentos e cinquenta mil, ou quantos diabos somos nós, indivíduos tudo e o oposto de tudo. Tutores judiciais, figuras falidas, advogados dos bancos, advogados contra os bancos, advogados de seguros, advogados contra os seguros, advogados penalistas, civis, administrativos, trabalhistas.

Advogados das partes, armados uns contra os outros. Mediadores da lei, consultores jurídicos, advogados internos de empresas. Defensores oficiosos, procuradores honorários, juízes honorários, conselheiros auxiliares do Tribunal de Recurso. Conselhos da Ordem prorrogados, e não sabemos quando e como faremos novamente as eleições.

Existem os advogados altos e os baixos. Os advogados vaidosos e os tímidos. Os magros e os gordos. Entre os gordos, estão os rechonchudos, os pinguins, os redondinhos. Entre os magros estão os secos, os esqueléticos, os ossudos. Existem advogados penalistas e advogados civilistas. Existe o professor advogado e os professores advogados. Existem os administrativos e os trabalhistas, especialistas em locação e os advogados que lidam com execuções imobiliárias. Tem quem trabalha pela manhã em uma instituição pública e à tarde escreverá os atos no escritório de um seu amigo. Existem os advogados pobres e os ricos, os feios e os bonitos. Alguns têm uma voz estrondosa, outros sussurram e passam bilhetinhos. Existem os arrasta questões e o *paglietta**, os advogadinhos e os grandes advogados. Há aqueles que batem à porta das chancelarias e aqueles que entram com olhares fulminantes. Existem os internacionalistas e os advogados de imagem. Há advogados que adormecem imediatamente quando deitam a cabeça no travesseiro à noite, e há aqueles que ficam de olhos arregalados remoendo as palavras.

Existem advogados de todos os tipos, de todos os gêneros, de todos os tamanhos. E são duzentos e cinquenta mil, um a mais, um a menos.

E no meio de todo esse alvoroço também estou eu, um dos duzentos e cinquenta mil, que esmaga muita água no pilão. E de novo giro como um pião e corro daqui e dali.

Obrigado, advogado. Por nada, imagine, foi um prazer.

N. da T.:

(*) PAGLIETTA – No dialeto napolitano, um advogado de moralidade e competência duvidosa, astuto e peculiar.

150

PEQUENAS LÁGRIMAS INVISÍVEIS

E ainda estou aqui, sentado, sem querer me levantar.

Esperei que todos fossem embora e fui deixado sozinho neste longo corredor. Todos aqueles rostos cheios de medo, de raiva, de estupor. Todos aqueles advogados de casaco e gravata e o andar elegante e astuto. Todas aquelas advogadas em *tailleur*. Todos aqueles sorrisos e as facas prontas para atirar. As vozes que cresciam, e subiam, e então apenas olhos e mãos trocando verbais, e pessoas indo embora rapidamente agarradas umas às outras. O advogado à frente e o cliente atrás, a esperar uma explicação. O cliente na frente, carrancudo, e o advogado atrás, segurando-o pelo braço. Portas abrindo e fechando, jovens colegas com fascículos nas mãos, advogados anciões, advogados velhos, clientes de todas as idades. Quilômetros consumidos para frente e para trás de uma porta a outra porta no mesmo corredor. É sempre a mesma música. Dependendo da hora em que você olha para um corredor de tribunal, você verá, na verdade você sentirá o ar da batalha, a calma antes da tempestade, no início da manhã. Tudo é vazio, tudo ainda pode acontecer. Depois, no meio da manhã, a fúria da batalha. Não desistimos até o último suspiro. E, então, no final, isto: um longo corredor deserto, pedaços de papel agora inúteis sobre as mesas, um lenço esquecido por alguém, pendurado em uma cadeira, e o silêncio.

Talvez, se entrasse um raio de sol, alguém (não todos, apenas alguém) poderia ver contra a luz algumas gotas de lágrimas nas mesas. Nem todos choram. Nem todos sabem ver as lágrimas dos outros. Mas quem não consegue observar as lágrimas não consegue nem mesmo constatar a felicidade, que dura às vezes um momento, mas que pode ser eterna.

Estou aqui e olho contra a luz.

Pequenas estrelas da humana comoção brilham ainda nas mesas. E quando a última se apagar, eu me levantarei para voltar para casa.

151

ITALIANO JURÍDICO

Não é muito alto, mas tem uma presença física imponente. Quando o presidente do colégio dá a ordem, ele se levanta e cumprimenta respeitosamente. Ele fala, se questionado, com muita educação, mesmo que às vezes com um sorriso que trai seu pensamento oculto. Tenho razão, ponto. Duas vezes eu o vi ficar chateado. A primeira foi quando o juiz auditor preliminar lhe perguntou se era verdade que ele havia gasto quatro milhões de euros para comprar a casa da sua esposa. – Juiz, o senhor está brincando? Gastei quatro milhões de euros para arrendar a casa, não para comprá-la. Para comprar gastei muito mais. E hoje: ele se levanta, seus olhos estão cheios de indignação. Estamos brincando? Ele é um verdadeiro homem de negócios, siberiano, constrangedoramente rico, eles o estão julgando por uma lavagem de quinze milhões de dólares. Não conseguimos fazer entrar na testa dos juízes italianos que o presunto reato não apenas não existe, mas foi até mesmo objeto de julgamento na Rússia, e que o julgamento terminou com a absolvição de todos os acusados. Nenhum presunto reato, nenhuma festa: pra nós é claro, não para eles. Tudo bem, mas meu cliente hoje está bravo com outro assunto. Ele fala sete línguas (russo, inglês, alemão, árabe, espanhol, japonês, grego) e seu nível de preparação é soberbo. Mas certamente não se pode pretender que ele entenda tudo, absolutamente tudo. E agora ele está ali, soltando vento pelas narinas como um touro, os olhos arregalados de raiva (sua frase favorita é "Deus, dê-me uma morte com os sapatos", que significa "deixe-me morrer lutando", e não em uma cama). E por mais que eu puxasse sua manga e o chutasse nos tornozelos, ele exclamava: – Promotor, eu não produzi nada... Os meus documentos são todos autênticos.

O promotor acaba de dizer que o imputado produziu documentos. E ele entendeu "produto" no sentido de "manufaturado": "Hvatit, Alexander, vy ne ponimayete, Prokuror khochet skazat 'yeshche odnu veshch', hvatit... (pare Alexander, você não entendeu, o promotor diz outra coisa, pare com isso...). – Advogado, fale italiano.

– Desculpe-me, presidente, mas o que tem o seu cliente...? Ele levou a mal, presidente, porque ele entendeu erroneamente que tínhamos produzido, ou seja, segundo ele "fabricamos", os documentos, e ficou furioso.

O presidente não sabe como sair dessa. A intemperança deveria ser punida, o mal-entendido é óbvio demais para puni-lo. O cliente, porém, entendeu, baixou a cabeça, baixou os olhos, e sentou-se composto. O seu imponente físico enroscou-se na cadeira e não está mais, um momento de silêncio, e depois o Ministério Público retoma o seu discurso de onde foi interrompido: – A defesa do imputado produziu os seguintes documentos.

Uma mosca entra pela janela aberta, junto com um raio de sol. Meu cliente se vira para mim e diz – Não me chute com tanta força da próxima vez (o julgamento terminou com a absolvição total do acusado).

152

DINHEIRO, NÃO FÉ

A nobre Palivena era velha e gorda, rica ao inverossímil e além das palavras, muito piedosa e preguiçosa. Sua fala era nasal: além do que, ela era uma mulher doente imaginária. Ela ficava o dia todo trancada em seu quarto no andar nobre de seu grande e antigo palácio, incubando seus fantásticos males e sua preguiça na bela cama de jacarandá, entre os lençóis de seda carmesim e rendas, ou bordados e o falbalá de suas camisolas e suas toucas de dormir, e agradecia muito as visitas que Lucentina Rubro lhe fazia (como era chamada quando solteira, antes de se casar com o professor Stellieri) e sua amiga Matilde Armieri Delibé, que nunca mudou de nome porque nunca se casou. Pelas suas tenras idades e pelos seus espíritos de adolescentes, Lucentina e Matilde eram apelidadas de "as mocinhas".

Opulenta nobre mulher, Palivena era tão preguiçosa, que nem para suas necessidades corporais se mexia da cama e do quarto, mesmo escapando de qualquer intervenção ancilar e servil para as suas necessidades íntimas.

As "mocinhas" entreviram na enorme mesa de cabeceira ao lado da cama um delicado penico de cerâmica rosa com pequenas flores que devem ter gemido sob o peso da nobre senhora, sua dona.

E as duas malandrinhas não foram pensar (talvez movidas pelo destino amargo daquelas florzinha) em roubar o vaso?

Na primeira oportunidade, a nobre Palivena cochilando, as duas "jovens" apoderaram-se da olaria decorada com pequenas flores, fechada por tampa de porcelana: fugiram rindo em silêncio, arrepiadas e horrorizadas com o peso inesperado, e sem ter coragem de abri-lo e depois devolvê-lo ao seu lugar.

Mas em casa, quando levantaram a tampa com cuidado e seguraram o nariz, meu Deus, o penico delicado estava cheio, abarrotado, se fartou, inflado, transbordando, tilintando de ducados, ducadozinhos e ducadões*, todos de ouro.

Meu Deus, eles vão nos tomar por ladras! Matilde estava desesperada. E desatou a chorar.

A nobre Palivena tinha realmente visto tudo, no momento em que estava passando da ficção de estar dormindo que ela havia simulado para afastar as duas tagarelas "jovens" para um sono de verdade. E um pouco como uma brincadeira, um pouco para castigar as duas saqueadoras, nos dias seguintes falou de denúncia ao magistrado, sufocando o riso em seus delicados lenços todos de seda e bordados, enquanto as duas pobres Matilde e Lucentina, suando frio de terror, até fizeram votos de solteirona... eterno, batendo no peito nos bancos da antiga igreja, mas sem coragem de confessar o malfeito crime.

Tudo acabou bem, como em todas as histórias de outros tempos. A preguiçosa nobre Palivena voltou à posse de seu curioso cofre e Lucentina e Matilde castigadas pelo terror de acabar nas prisões do castelo por roubo e perdoadas com um abraço da nobre, que ao abraçá-las fingiu tossir para mascarar o riso sincero, o que fazia atrás delas; tiveram como doação um lindo ducado de ouro, que fizeram encastoar e penduraram num colar que usam sempre no peito, como uma memória perpétua daquele gesto audacioso e temerário. E, mesmo muito tempo depois, quando o destino as dividiu (uma mãe de família, a outra solteirona orgulhosa) e seus cabelos embranqueceram, quando se encontraram, cada uma rapidamente tocou seu próprio medalhão e um rápido piscar de cumplicidade brilhou em seus olhos.

Larga é a folha, estreito é o caminho, digam a vossa, que eu disse o que tinha a dizer.

N. da T.:

(*) DUCADOS, DUCADOZINHOS E DUCADÕES – O ducado foi uma antiga moeda, de 3,5 g de ouro de 0,986 de pureza, cunhada em diversas épocas e em vários Estados europeus. Foi também uma unidade monetária imaginária, equivalente a 375 maravéis de prata, utilizada para fixar transações internacionais. O ducado foi originalmente introduzido em circulação pela República de Veneza, no ano de 1284, durante o governo do doge João Dandolo (1280-1289), com uma moeda que apresentava no anverso a efígie do doge ajoelhado frente a São Marcos, santo padroeiro de Veneza, e no reverso a imagem de Jesus.

153

OS LOUCOS SOMOS NÓS

Ele fica no meio da rua. E para ser preciso, está no meio de um emaranhado de estradas, logo abaixo de Tivoli*. Carros passando zunindo, buzinas, caminhões diminuindo a marcha antes de fazer a curva, rugindo e atormentando o ar com gases de escapamento, motocicletas em zigue-zague dirigidas por meninos pouco mais que crianças, motocicletas de grande deslocamento dirigidas por idosos um pouco menos que roupas de meninos velhos, *scooters* com profissionais de todos os tipos a bordo.

Ele está em um canteiro de flores, miserável e amarelo. Ele está vestido de uma forma estranha, ele tem uma longa vara na mão com sinos de vaca. Ele assobia e faz gestos estranhos, como se direcionasse o tráfego. Mas o olhar se perde na distância. Não é monótono, é um olhar vivo, mas não é olhar para o que está ao seu redor e que posso ver eu.

Eu não entendo. Eu não entendo o que ele está fazendo. E então, de repente, tenho um flash: fecho os olhos e ouço apenas os sinos.

Abro os olhos novamente e, como se fosse um zumbido, minha imaginação dispara e consigo enquadrar a situação de outra perspectiva.

E aqui está o que vejo: a imagem é do alto. A cena elimina o emaranhado de carros, estradas, ciclomotores, ônibus e *autobus*. Só o homem pode ser visto no lenço verde-amarelado do miserável canteiro de flores, mas a cor e a pequenez do canteiro não importam mais.

O que importa são os sons e gestos do personagem que estou assistindo.

Os sons são os dos sinos de um rebanho, de um rebanho. Estamos a Tivoli, aqui já foi um campo bucólico, ovelhas entre as ruínas da Roma Antiga. E pastores.

Eis, ele é um daqueles pastores: talvez seja um fantasma, talvez seja uma espécie de holandês voador, um judeu errante, condenado por quem sabe, por que falta alimentar seu rebanho pela eternidade.

Os gestos que faz são os de pastor e o seu olhar é o de quem controla os animais de longe, cuida deles um a um e os chama a si.

Isso é o que vejo agora, que minha mente mudou de perspectiva. Não há mais carros, não há mais tráfego, não há mais asfalto.

O rádio de um carro passando lentamente perto de mim me traz de volta à realidade. Dos alto-falantes no volume máximo saem os versos de uma música: "Mas eu não estou mais aí, e vocês são os malucos..."

Retomo minha caminhada motorizada em direção ao tribunal. O pastor continua a gesticular. Somos os loucos...

N. da T.:

(*) TIVOLI – Uma cidade italiana.

154

TRIBUNAL DE QUARK UNIVERSO PARALELO

As eleições para a renovação do Conselho local da Ordem dos Advogados ocorreram ontem pela manhã. Nenhum advogado considerou oportuno denunciar a sua candidatura, por medo de não estar à altura da delicada tarefa e por não querer subtrair tempo e energia ao seu trabalho. Participaram na votação todos os advogados, com exceção de sete colegas (três em gravidez tardia, dois afastados do cargo devido a compromissos imprevistos de trabalho fora e dois acamados por influências incômodas). Os novos administradores foram chamados para cumprir a elevada missão de representante dos advogados de Quark: como se sabe, de fato, o cargo do conselho não pode ser superior a dois anos.

O conselho cessante e o conselho entrante procederam à troca de instruções perante uma grande assembleia, e o conselho entrante elegeu o presidente entre seus membros na meia hora seguinte. *Primus Inter pares* fizeram questão de sublinhar os recém-eleitos, com tímido orgulho

Tribunal Xyyy.

Após o desfecho do quarto recurso sobre a elegibilidade do candidato Caio, foram realizadas eleições para a renovação do Conselho local da Ordem dos Advogados. Correndo 23 listas, "Renovação para uma advocacia honesta".

"Honestamente por uma defesa renovada", "Orgulho forense", "Advogados para o futuro", "Um futuro para os advogados", "Juntos pelo direito telemática" e assim por diante.

Os 742 candidatos lotaram os corredores da Corte, acompanhados de seus apoiadores. As operações duraram dois dias. Os advogados votantes, 20% dos titulares, ficaram em longas filas.

O êxito da apuração e publicação dos resultados foram anunciados, recursos ao TAR (Tribunal Administrativo Regional), Corecom (Comitê Regional de Comunicações), à CEDH (Convenção Europeia dos Direitos Humanos) e ao Santo Padre.

E, seja como for, cinco hipóteses diferentes de combinações pós-eleitorais foram postas sobre a mesa, e o trabalho dos *sherpa** começou para reunir os votos do conselho renovado sobre este ou aquele candidato a presidente. No momento, seis candidatos diferentes foram indicados (entre os 12 diretores recém-eleitos) para o delicado cargo.

O conselho cessante, dada a ingovernabilidade da situação, ocupou a Câmara do Conselho em protesto.

N. da T.:

(*) *SHERPA* – São os guias tibetanos que acompanham as expedições no Tibete e especialmente no Monte Everest. Eles carregam cargas incríveis, montam e desmontam acampamentos, preparam comida. Nesse caso se aplica a quem faz acordos pra encontrar o nome dos candidatos para a eleição do presidente do consiglio da Ordem dos advogados.

155

A PAINEIRA

A neta havia colocado um colchão perto da cama de sua avó, a velha senhora durante toda a vida lhe contava histórias de sua vida enquanto lhe fazia um cafuné. Ela sorria pouco, porque suas mãos sorriam por ela. Debaixo da paineira havia um banco, e estabeleceram-se lá, na noite, quando o sol quente estava se pondo.

Então a velha lhe fazia um cafuné na cabeça. Debaixo da paineira havia um banco e as duas se acomodavam ali, à tardinha, ao pôr do sol quente, que tramontava. Então a velha fazia um cafuné no cabelo comprido da moça, e contava as suas histórias, em uma língua que era uma canção, cheia de melancolia de um mundo passado. Aquela paineira manteve a velha mulher por uma vida. Desenvolveu-se um entendimento especial entre a avó e a neta, reforçado pela doença que obrigou os médicos a amputarem a perna da mulher. A avó e a neta falavam uma com a outra, às vezes sem dizer uma palavra. E a neta sabia o que ia acontecer.

✶ ✶ ✶ ✶ ✶

Era noite de lua cheia. O quarto não tinha paredes, tudo era azul e celestial. A velha estava na cama, com a respiração curta. Ela virou-se para sua neta e disse:
– Me leve para debaixo da paineira. A menina entendeu. O amor não precisa de palavras. Ela era aparentemente frágil, mas forte como uma mulher feita, mesmo que tivesse apenas 17 anos de idade.

✶ ✶ ✶ ✶ ✶

Ela pegou sua avó nos braços. A mulher olhou para ela, feliz. Elas estavam indo juntas para a sua paineira. Talvez ela poderia ter ainda lhe contado mais uma história.

✶ ✶ ✶ ✶ ✶

Elas foram até a paineira, e a luz que emanava fazia esplendente as duas...

156

POIS É, QUERIDA SENHORA, ADEUS (E ASSIM MORRE UM ADVOGADO)

América do Sul. Um advogado, constantemente ameaçado, viaja em sua caminhonete. Não importa aonde, o que conta é quem ele é, um advogado que busca a verdade que nunca encontrará.

Em seu carro, uma passageira, a mãe de uma amiga.

Em uma rotatória, a pick-up é ultrapassada por uma primeira motocicleta, o que o força a reduzir a velocidade.

Uma outra moto vem logo atrás, o motorista e outra pessoa na traseira. Capacetes integrais. O advogado entendeu tudo em uma fração de segundos.

Treze tiros são disparados, dois são fatais. Nenhum atinge a outra pessoa: precisão da *killer*.

Enquanto os assassinos fogem, o advogado, forte, corajoso, num último gesto de consciência e dignidade, estaciona o carro e desliga o motor: um gesto de proteção, num momento supremo, pela sua passageira.

Ele se vira para ela, a olha e lhe diz, – Pois, é, Senhora, Adeus, e inclina a cabeça.

Assim, um advogado morre sozinho. As mãos de quem o amava o levam ao céu, seu sacrifício não será em vão.

Mas a solidão do advogado, aquela que ninguém que não seja advogado jamais compreenderá, está encerrada nestas palavras:

"Bem, Senhora, Adeus."

Não é uma história, é um fato verdadeiro.

Aqueles que o amaram o têm em seus corações sempre.

Deixe um espaço em seus corações pela dor dos outros, pela coragem e dignidade desse advogado, para aqueles que nunca desistem.

*****

Pois bem, meu amigo, não é um Adeus. Quem morre assim nunca morre.

157

A TIA MALUQUINHA

A tia louca era bem maluquinha

E vinha do passado

Ou talvez do futuro

A tia louca era doidona mesmo

E tinha as pernas

Compridas e bem torneadas

Ela usava um vestido com a cintura bem-marcada

De um tecido leve e azul

Azul como o céu

Azul como o mar

Ela tinha um cabelo comprido até a cintura.

Na realidade ela era uma fada.

Venham comigo!

Foi a ordem que ela deu aos dois sobrinhos.

Venham comigo!

Não foi um pedido,

Mas uma ordem da tia maluquinha.

Venham comigo!

E pulou no telhado da casa,

Com um salto felino

Deixando ver as pernas bem torneadas

E um bumbum bem esculpido.

Olhar e não tocar,

Prazer para os olhos e entorpecimento hormonal.

As crianças a seguiam,

Não sem esforço
No telhado tinha uma caixa d'água
O calor lá fora era sufocante
Vamos, disse a tia doidinha
Destampou a caixa d'agua,
Era quase uma piscina e disse:
Entrem!
Vamos! E numa fração de segundos
As duas crianças entraram
A tia doidinha havia sido antes irmã e irmão,
Que ensinava agora aos seus sobrinhos a mesma brincadeira de criança com o irmão.
Porém, o destino dos irmãos foi marcado para sempre,
Um, o Senhor levou.
Quando ele morreu, assassinado.
Ela deveria ter ido com ele.
Mas o Senhor não quis.
Eles dançavam na água
Os dois irmãos, ela com pernas bem torneadas,
era nada mais que a tia maluquinha
Ele era o irmão ousado, como a tia doidinha.
Eu voltarei, disse ele.
A tia louca disse então:
Agora queridos sobrinhos, voltem para casa.
E as duas crianças se foram correndo depressa.
Pelas ruas ardentes da cidade.
Até chegarem em casa.
A tia louca então saiu da caixa d'água.
E se transformou em um albatroz.
E voou para longe, não antes de voltar o olhar
Para ver os meninos que corriam.
Duas gotas umedeceram os olhos da tia maluquinha.

E alcançaram a testa das duas crianças.
Agora as duas crianças eram:
Terra, Água, Ar e Luz.
E ficariam pra sempre juntas.
Mesmo se divididas
Cada uma pelo seu próprio destino.

158

DE VOLTA AO NOVO MUNDO

* * * * *

Escorregando para o esquecimento por nada atemporal, essa nossa sociedade está se dissolvendo na web. Como as valsas do Império Austro-Húngaro, a trilha sonora são os milhões de vídeos absurdos que se repetem no Tik Tok, 90% dos figurantes nem sabem que são apenas figurantes, destinados a desaparecer no ar como uma bolha de sabão.

A chamada Inteligência Artificial avança, um prenúncio de danos indescritíveis: o falso e o verdadeiro misturados, sem restrição, sem controle.

Estamos falando de justiça preditiva, e temos o Supremo Tribunal de Cassação Civil que fixa (quando consegue) recursos a cada cinco anos (talvez) a partir do ajuizamento.

Temos Tribunais de Apelação cíveis que estão em silêncio há anos, que só produzem adiamentos para outra audiência.

Temos um sistema prisional terrível e, segundo a minha experiência profissional, um certo magistrado fiscalizador que, um ano e meio depois da apresentação de uma petição para à aplicação de penas alternativas, ainda não disse meia palavra. Temos as vendas a granel de empréstimos bancários que estão a sofrer ondas monstruosas sob os golpes de quem foi ler bem a legislação.

E, ao mesmo tempo, temos pessoas desesperadas que se suicidam depois de se tornarem fantasmas executados.

Temos pessoas que estão presas há 33 anos e são inocentes.

* * * * *

Temos uma representação do mundo, nos jornais, na mídia, nas redes sociais que não tem nada a ver com a realidade.

* * * * *

Temos um mundo que se prepara para uma explosão de malícia, guerra e derramamento de sangue.

Temos a certeza de que somos insubstituíveis e, no entanto, o mundo gira, conosco, mas também sem nós.

* * * * *

Temos sempre a música no coração e coragem para enfrentar a vida no dia a dia: mas do outro lado do nosso mundo de papel manche há milhões de pessoas que sofrem guerras, fome, sede, que vivem com dificuldades reais e sofrem dores indescritíveis.

* * * * *

E assim voltamos ao *Admirável Mundo Novo*, à tabula rasa* da *Idade das Trevas*, onde a queda no abismo profundo do silêncio foi o início de um novo renascimento.

Bem-vindo a todos, e um pensamento especial para as novas gerações.

N. da T.:

(*)TABULA RASA – Expressão latina usada para designar a tábua encerada usada pelos romanos para escrever, quando estava completamente apagada (portanto disponível para ser usada novamente).

159

DEDICADO AOS ADVOGADOS ROMANOS

*****

O advogado havia levado a bicicleta no carro até o topo do Monte Mario, bem onde fica o hotel Hilton. Vestiu a beca e lançou-se pela ladeira que leva à Praça Clodio.

A beca se espalhava rumorosa atrás dele, e ele havia decidido fazer uma espécie de roleta russa: não tocaria no freio, mas pedalaria cada vez mais. Era uma manhã fria, e o ar pungente fazia seus olhos lacrimejarem. À sua direita estavam os gabinetes judiciais da Suprema Corte e, em seguida, o Tribunal Penal e o Ministério Público.

No final do semáforo, o raro trânsito de uma fria manhã de domingo. A esquerda e a direita se entreviam rapidamente os estacionamentos vazios da Praça Clodio. Ele passou por um sinal vermelho, pedalando como um louco, enquanto alguns nos carros buzinavam.

Passou também pelo segundo semáforo, num silêncio surreal, e entrou na Rua Mazzini.

Um cachorro latiu atrás dele por alguns metros, depois parou.

O advogado continuou pedalando a toda velocidade.

Atravessou a Rua Angélico, desta vez com a reluzente vegetação verde, e passou em frente ao Tribunal de Contas.

Um grupo de gaivotas atravessou o silêncio matinal, dirigindo-se para o rio Tibre. Uma vez na Praça Mazzini, o advogado deu a volta por duas vezes, depois tomou a rua em direção aos Tribunais de Justiça. No final, já podia se ver o Palazzaccio. Ele passou por Rua Lepanto, atravessou a Rua Júlio César e continuou pedalando em velocidade vertiginosa.

Ele passou pela Rua Cola di Rienzo, e depois desceu cabisbaixo em direção à Praça Cavour. O Palazzaccio esteva sempre lá. Virou à esquerda e atravessou a ponte que levava à Praça Navona, onde entrou tocando a buzina.

Ele percorreu tudo de pé nos pedais, enquanto a toga continuava a esvoaçar atrás dele. No final da Piazza Navona, um grupo de seis freiras atravessou bem à sua frente.

Virou à direita, passou por baixo de Pasquino*, a estátua falante, e tomou a Rua do Governo Velho.

Bem em frente ao antigo Tribunal de Justiça, ele parou. Duas figuras cheias de luz o esperavam, com um certo sorrisinho no rosto: Francesco e Olivetta, seu pai e sua mãe, advogados de 50 anos atrás.

Cumprimentaram-no, sem dizer uma palavra, mas aquele silêncio valia mais que uma bronca de dois dias. Antes de desaparecerem, ele podia até sentir o cheiro do perfume que sua mãe usava sempre.

Ainda sem fôlego, ele apeou da bicicleta e acendeu um cigarro.

No céu, as gaivotas passavam em silêncio. A poucas centenas de metros de distância está o Tibre. Er Tibre. Continuando, voltaria ao Palazzaccio, de frente daquela que uma vez já foi sua entrada principal. Mas preferiu encadear a bicicleta, colocar a beca na mochila e chamar um táxi para voltar até Monte Mario. Ao passar por cima do Tibre (er Tibre!) olhou para o rio: ele corria, calmo, silencioso, como sempre.

Panta Rei.

N. da T.:

(*) PASQUINO: é a estátua falante mais famosa de Roma, que se tornou uma figura característica da cidade entre os séculos XVI e XIX. Ao pé da estátua, mas mais frequentemente ao redor do pescoço, à noite eram pendurados folhetos contendo sátiras em versos, com o objetivo de zombar anonimamente de figuras públicas mais importantes; deles emergiu, não sem certo espírito de desafio, o descontentamento popular ao poder e a aversão à corrupção e à arrogância dos seus representantes. A preeminência de pasquino sobre as outras quatro estátuas se dão pelo fato de esses folhetos serem chamados de Pasquinato. Além disso, até hoje é a única das cinco estátuas falantes em que ainda são afixadas, embora não mais na estátua ou na base, mas num quadro de avisos especialmente preparado.

160

TIA EDWIRGES

Tia Edwiges tinha 83 anos, bigode, um olhar terrível, cabelo sempre amarrado em um coque com um grampo. Mais do que magra, era esquelética, ia à missa e nos dias recomendados, cozinhava divinamente, mas nunca sorria.

Era obviamente uma solteirona, mas ela também era tia de 14 sobrinhos que, por razões misteriosas, a adoravam tanto quanto os adultos a temiam: Talvez porque todos os sobrinhos (pirralhos, vestindo bermudas e roupas que as crianças usavam naquele tempo, se reuniam em torno dela para ouvi-la contar histórias que só elas entendiam). Ela sempre falando sério, e as crianças rindo, algumas sem dentes, outras com uma meia caída, outras com um sapato nas mãos.

Tia Edwiges era muito casta e temente a Deus, e uma vez ela havia mandado embora rudemente um parente de casa que tentou explicar-lhe por que certas ferramentas eram chamadas de "macho" e "fêmea".

Chegou o dia de seus 83 aniversários: as crianças estavam reunidas em torno dela, e ela olhava-as com seu rosto terrível, enquanto elas riam alegremente.

Tommasino, autoconfiante e atrevido, talvez o favorito da tia, conhecia a história das ferramentas masculinas e femininas.

E assim, em meio a um coro de risadas que se tornava cada vez mais cristalinas e altas, ele se levantou com um soquete Siemens na mão, no qual inseriu o soquete do fio que transportava a corrente.

Quanto mais escuro se tornava o olhar da tia, mais aumentava a impudência de Tommasino, no meio das gargalhadas das outras crianças: e quando a uma certa altura Tommasino, para explicar bem o conceito, teve a audácia de pronunciar a palavra "bilaù", aconteceu o impensável: a bigoduda tia Edwiges, a terrível velhinha que nunca riu, começou a rir como as outras crianças, Primeiro baixinho, depois cada vez mais alto, indo e voltando na cadeira de balanço. Foi um Deus nos acuda! As crianças enlouqueceram, rolando no chão, rindo feito loucas. Tia Edwiges não conseguia parar de rir, os adultos – correndo para aquele estardalhaço – olhavam amontoados na porta, permanecendo de boca aberta.

Ao último balanço da cadeira, tia Edwiges riu uma última vez, suspirou e voou para longe, até o Senhor. Ela voou e viu seus sobrinhos rindo rolarem no chão, enquanto os adultos também começaram a rir sem motivo.

Demorou uma boa meia hora para perceber que só restava o corpo da eterna tia Edwiges, de oitenta e três anos: mas ninguém chorava.

Deitaram-na na cama e eles (adultos e crianças) ficaram a noite toda, no funeral, para lhe fazer companhia, enquanto ela estava séria e temerosa no seu simples vestido florido da solteirona.

Apenas um canto da boca ficou curvado, o primeiro e último sorriso para os sobrinhos.

161

AS CRIANÇAS E SUAS PERGUNTAS INFINITAS

– Mãe, o que faz um advogado?

– Ah, se eu soubesse...

– Pai, o que é um advogado?

– Ah, se eu soubesse...

– Então, por que você está sempre dizendo: "Agora vou ligar para meu advogado e ver..."? Você tem advogado, mamãe? E onde você guarda isso? Qual o tamanho dele? Cabe na sua bolsa?

– E você, pai. Você tem advogado? Como é um advogado?

– São todos iguais? E se são todos iguais, por que vocês têm que ter dois?

– Quanto pesa um advogado, vovô? Porque você sempre diz que o "seu" advogado é o maior advogado da região...

– Mas se todo mundo tem advogado, quantos advogados existem? Ou são como o prédio de casa nossa? Ué, tio? Por que seu advogado não é igual ao da tia? O que significa que o seu é um advogado criminalista, e o da tia é um advogado trabalhista?

–Ah, ele se ocupa de direitos trabalhistas...

– O que você quer dizer direitos trabalhistas, tio? E o que o seu faz, tio? O que você diz, pai? Fumaça? Por que só fumaça, mas fogo que é bom nada? Mãe, por que você fica brava? Papai, mamãe disse que você não deve ficar fazendo o engraçadinho com os problemas dos outros... Por que devo parar de fazer perguntas, vovó? Por que não posso mais perguntar? Essa casa está cheia de advogados, vocês todos conversam com os advogados, e não dão a mínima para mim..., mas então, onde estão esses advogados? E acima de tudo, pai, você é comerciante, a mamãe é funcionária, vovô é aposentado, vovó cuida das coisas em casa, mas todos esses advogados que vocês estão sempre indicando, o que são para vocês?

162

E VAI À PQP ESSE 2023

*****

— Alfrè, Dona Santa ligou, mas não entendi o sobrenome dela.

— Santa Paciência, Clà....

— Aho, e não precisa ficar nervoso, Alfrè. Se eu não entendi o que deveria fazer?

— Pois então Clara, é que ela se chama mesmo Santa de nome e Paciência de sobrenome....

— Ele disse que tem urgência e que você é o único encanador que entende e é rápido, e que você é bom...

— Ah, eu sei...e se eu te dissesse como se chama o marido dela, e onde eles moram, você ia entender a urgência!

— Fala Alfrè, que essas coisas só acontecem com você...

— Então, o marido se chama Noel...

— Para com isso, Alfrè, para de tirar um sarro com a minha cara, que com essa chuva há pouco o que brincar...

— Que eu fique cego Clarè! E eles moram na rua dos barcos!

— Ah é? Então me fala também que o marido dela tem barba e constrói barcos...

— Pois é, de fatos eles moram em Fiumicino e ele tem um canteiro naval, Clà!

— Aho, Alfrè, eu nunca te pedi isso antes, mas dessa vez você tem que me levar. Me disfarço de ajudante e venho com você, assim esse 2023 de merda a gente termina rindo.

— Venha, Clara, venha, mas não te disfarçar de aprendiz, ou melhor, fique bem bonita, que depois vamos fazer umas brincadeirinhas no carro.

— Alfrè, mas se nós temos casa... você está pensando o que? Virar um adolescente?

– Sim, vamos da Noel, arrumamos a barca e depois, santa Paciência, e em seguida vamos a dar umas de adolescentes no carro na mata de pinheiros. Fica tranquila que a gente volta em tempo para os fogos de meia noite, e para o adeus ano velho de 2023.

✯ ✯ ✯ ✯ ✯

Feliz Ano Novo a todos,
Aos bonitos e aos feios
aos noivos e casados
A todos os namorados
e até mesmo aos advogados.

163

O ADVOGADO XXXX E YYYY

Às 17h25 do dia 12 de agosto, o advogado xxxx pegou o impulso e levantou voo. Voou, leve como uma pluma, mas tão determinado quanto um avião sobrevoando a sua cidade, não muito longe da vila onde vivia. Posicionou-se em voo estático sobre o prédio do tribunal. Como um helicóptero e com seus super óculos (um presente de um homem da Inteligência não identificado). Então ele começou a vasculhar o interior deserto do prédio, que estava fechado ao público há três dias.

Era como estar à beira-mar, fazendo observação subaquática com máscara. Flutuando de bruços, olhou para as pilhas de papel sobre as mesas abandonadas e algumas pilhas de arquivos que, movidos por uma brisa suave, se moviam como algas marinhas no fundo do mar. Com dois golpes rápidos, ele se moveu para dentro do bar e notou uma bolsa de couro velha, a do advogado Yyyyyy, que estava em desespero há três dias porque a havia perdido. Foi entre a geladeira de sorvetes e as cadeiras de uma mesa que, durante o intervalo do almoço, magistrados e procuradores da República pararam para comer: o advogado Yyyy deve tê-la colocado em uma das cadeiras para tomar café com um amigo, e depois, provavelmente por causa do calor, provavelmente por falta de titulares importantes, ele havia esquecido completamente disso. Alguém, tendo que se sentar, colocou-a no chão e, entre uma coisa e outra, e a bolsa acabou praticamente atrás da geladeira.

O advogado xxxx com uma elegante pirueta de mergulhador, e novamente graças a um super dispositivo de seu amigo do Serviço Secreto, atravessou as paredes do tribunal, mergulhou até o bar e recuperou a bolsa. Ele ressurgiu no céu limpo da pequena cidade e, com o seu achado, voltou para casa. Primeiro, porém, ele foi até o escritório do advogado Yyyy e deixou a bolsa em frente à porta.

Foi para casa e deitou-se no sofá para descansar um pouco.

*****

Ele foi acordado pelo toque do telefone. Era Yyyyy.

– Tenho algo extraordinário para lhe dizer, alguém deixou minha bolsa na frente do consultório. Você não sabe, na verdade você sabe; por que eu te falei, o que estava lá dentro. Fiquei praticamente desesperado.

O advogado xxxx estreitou os olhos, como um gato.

– Colega, esse acontecimento é muito estranho! Basta pensar que eu tinha adormecido no sofá e enquanto dormia eu tinha sonhado que tinha recuperado sua bolsa. Mas fico feliz com isso.

– Você sabe qual é a coisa estranha?

Disse Yyyyy, entrando em uma dimensão mais confidencial

– A bolsa tem o cheiro do mar, e assim que eu abri, encontrei um cavalo-marinho e uma estrela do mar, você sabe como aqueles que você e eu costumávamos pescar quando éramos crianças?

– Querido amigo, não pense nisso, o importante é que você recuperou a bolsa

* * * * *

Virou-se de lado, segurando os óculos do amigo do serviço secreto nas mãos.

Só teve o tempo de pensar: "Vamos torcer para que esses serviços não sejam ilegais", e já estava dormindo, com um sorriso no rosto.

164

VAI SE FUDER...

(Eu não sei falar de amor...)

✶ ✶ ✶ ✶ ✶

— Hei, Clà, chegou uma carta para você enquanto você estava fazendo compras...

— Oh meu Deus, Alfrè, e o que será agora?

— E como é que eu vou saber, Clara? É de um advogado...

— Um advogado? Oh meu Deus, Alfrè, mas eu lhe disse que você tinha que dizer "Clara, vou comprar cigarros.".

— Clara, eu não fumo, abra essa carta e veja o que eles querem.

✶ ✶ ✶ ✶ ✶

— Prezada Sra. Clara xxxxx,

— Em nome e por conta de seu esposo Alfredo xxxxx - Alfrè, *mortacci tua**, mas então você é que é ruim... Veja só o que você fez, eu já estou chorando...

— E leia, Clà, sem fazer todo esse drama

— Mas você é um fdp, então...

— Leia, Clara...

— Prezada Senhora, assim e assado, no nome e por conta daquele patife fedorento do Alfredo informo que meu cliente pretende declarar-lhe... a guerra, Alfrè, você quer declarar guerra a mim, *maldito seja você e toda a sua descendência*, eu estou até passando mal...

— Leia, Clara, encare a questão como um homem...

— Eu sou a tua mulher, seu patife, homem será você...

– Prezada Senhora, o fedorento, patife, que caia um raio na cabeça dele agora mesmo, entende declarar-lhe o...., pretende declarar o...

SEU AMOR ETERNO, À SUA GATONA QUE PARECE ONTEM QUE A VIU, PASSOU POR PONTE MOLLO, E ERA A MAIS LINDA DO MUNDO. A ESTE RESPEITO, ATRAVÉS DE MIM, ELE LHE PEDE UM ABRAÇO IMEDIATO, AVISA-A PARA BEIJÁ-LO IMEDIATAMENTE E LEMBRA-LHE QUE ELA TEM OS MAIS BELOS OLHOS E BUMBUM DE TODA ROMA.

Att. Advogado xxxxxxx

* * * * *

– Ah, assim o Sr. Tem amigos, advogados, que me vem pregar essas peças?
– E pare com isso Clarè, é você que fica me dizendo bobagens e eu com bobagens te respondo.

* * * * *

Para sempre, meu amor. O seu Alfredo
Até que o Senhor queira. A sua Clara.

N. da T.:

(*) *MORTACCI TUA* – É uma expressão típica romana, "Maldito seja você e a almas dos seus antepassados!" e, ao mesmo tempo, pode ser usada de brincadeira, "Maldito".

165

JURIDIQUÊS

– Olha, sr. Fulano, saiu a sentença do tribunal!
– E isso é normal?
– O quê, Sr. Fulano?
– Que sai a sentença? Não seria o caso que ela ficasse dentro do tribunal?
– Não, olha, eu quis dizer que eles publicaram...
– E o que por acaso virou uma novela? E para onde vai a minha privacidade?
– Ouça, cara, o juiz proferiu a sentença e...
– E onde você colocou essa sentença, que vamos a pegar?
– Cara, olha para mim, leia-se os meus lábios. O juiz do seu caso disse que você tinha razão, e que esses outros devem te pagar muito dinheiro.
– E o Dr. demorou todo esse tempo para explicar isso, advogado? E que não sabíamos que estávamos certos?
– Sr. Fulano, vamos fumar um cigarro e começar do início.
– Alguém me traga um copo de água e um cachet* para dor de cabeça.

N. da T.:

(*) CACHET – Embalagem farmacêutica para uso oral, em formato de pequena cápsula, contendo uma dose de medicamento (antinevrálgico, antirreumático etc.).

- FIM -

Caro leitor,

Quero a sua opinião

Antes de mais nada, agradeço por ter adquirido este livro, lhe peço que envie uma resenha por e-mail, para martins.vanise@gmail.com, ou marque nos *stories* se possível com uma foto do livro e o que mais gostou no #Instagram @tradutoravanisemartins, @EditoraAppris ou na minha página do #Facebook ou da #Editora.

Atenciosamente, e muito obrigada.

Vanise Moura Martins